普通高等教育汽车类专业系列教材

车用电机原理及应用

第 2 版

袁新枚 范 涛 编著

机械工业出版社

本书立足于电磁学的基本物理概念，通过理论和实践相结合的方式，重点介绍直流电机、永磁同步电机和感应电机的原理、设计及控制方法。在直流电机相关章节中，面向电机的建模与转矩控制，建立基本的电机系统控制的概念，同时辅以电力电子基础知识的介绍，使读者可以掌握电机控制系统的基本框架，满足汽车专业相关人员对电机系统了解的需求。在交流电机相关章节中，本书则详细地分析了现代交流电机的磁场、特性及控制原理，为从事电机系统开发或电动汽车相关开发的人员提供实用的技术支撑。本次修订增加了电机参数辨识方法和电流调节器设计及更多的电机控制系统开发实例，并更新了车用电机的标准及测试方法，便于读者更好地理解相关理论在实践中的应用。

本书可作为车辆工程、新能源汽车相关专业教材，也可供相关汽车技术研发人员学习参考。

图书在版编目（CIP）数据

车用电机原理及应用/袁新枚，范涛编著 . —2 版 . —北京：机械工业出版社，2024.1

普通高等教育汽车类专业系列教材

ISBN 978-7-111-74631-7

Ⅰ.①车… Ⅱ.①袁… ②范… Ⅲ.①汽车－电机－高等学校－教材 Ⅳ.①U469.72

中国国家版本馆 CIP 数据核字（2024）第 024356 号

机械工业出版社（北京市百万庄大街22号　邮政编码100037）
策划编辑：王　婕　　　　　责任编辑：王　婕
责任校对：甘慧彤　牟丽英　　封面设计：张　静
责任印制：张　博
北京建宏印刷有限公司印刷
2024 年 3 月第 2 版第 1 次印刷
184mm×260mm・12.75 印张・314 千字
标准书号：ISBN 978-7-111-74631-7
定价：59.00 元

电话服务　　　　　　　　　网络服务
客服电话：010 - 88361066　　机　工　官　网：www.cmpbook.com
　　　　　010 - 88379833　　机　工　官　博：weibo.com/cmp1952
　　　　　010 - 68326294　　金　书　网：www.golden - book.com
封底无防伪标均为盗版　　　　机工教育服务网：www.cmpedu.com

序 1

电动汽车之所以能享受不限购、不限行、财政补贴等优惠政策,是因为它是一种绿色环保、节能减排、能为治理雾霾做贡献的新能源汽车。新能源汽车已被我国实施制造强国战略的第一个十年的行动纲领《中国制造 2025》列入大力推动的重点发展领域之一。

电动汽车要想替代传统的燃油汽车,还有漫长的路要走。许多关键技术,如电池技术、电机及其控制技术、整车技术和能量管理技术等,有待于通过不断的创新研究和开发得到解决。电机及其控制系统是电动汽车的关键部分,要使电动汽车具备优良的性能,驱动电机系统应具有调速范围宽、起动转矩大、体积小、重量轻、效率高及制动性好和能量可回馈等特性。《车用电机原理及应用》正是应电动汽车发展的需求而出版的。

该书的特点是根据电机在汽车系统中的应用,把传统的电机学、电力电子技术和电机控制系统课程的相关内容按照电机及其控制种类重新编排整合在一起,有利于读者用较短的时间掌握车用电机的原理、建模与控制,方便学以致用。该书既有理论分析又有实际应用实例。

全书共分 13 章:第 1 章为导论,介绍电机发展简史、电机的基本概念及分类和电机在汽车系统中的应用;第 2~6 章分别介绍直流电机的工作原理、建模与控制,以及车用直流电机实例,还介绍了直流电机控制中用到的 PWM 技术、典型电力电子器件及其损耗散热问题、整流与逆变电路和单极双掷开关实现等电力电子技术;第 7 章主要介绍交流电机的工作原理、结构及分类;第 8~10 章分别介绍永磁同步电机的磁路与电路分析、外特性与效率特性、建模和各类控制等;第 11 章主要介绍感应电机的建模与控制;第 12 章介绍车用永磁同步电机矢量控制系统建模与仿真和纯电动汽车动力学模型与仿真实例;第 13 章介绍车用电机测试方法及电动汽车电机系统标准。

书后附有参考文献,可供读者拓展学习时参考。

该书可作为普通高等学校和成人高等学校汽车专业及机电一体化专业的教材或参考书,也可供有关科技人员学习参考。

邱阿瑞

2016 年 1 月于清华园

序 2
热爱、认同、信心

受范涛博士邀请，我为《车用电机原理及应用》一书写序，备感荣幸！

书的内容读者可以自己阅读，而我更多要对袁新枚博士撰写的前言发表自己的看法。

袁新枚博士和范涛博士本科教育都在清华大学完成，从其字里行间可以读出清华教育的精髓：从表面现象着手，进一步挖掘现象背后的问题，再把问题归类，纵横联系已有知识，最终从物理的本质来认识电机的问题、汽车的问题。感谢伟大的麦克斯韦先生把电机学背后的电磁场理论帮我们都厘清了！

但是，科学理论和工程技术并不是一回事。比如，从科学理论上来说，电机可以有无数种结构形式。但是，考虑到材料特性、制造工艺和经济性，真正实用的电机类型到现在为止也为数不多。因此，我们需要一直跟随材料的进步，不断创造新工艺，去满足新的需要。在这本书里，这个新的需要就是电动汽车。

我对电动汽车的热爱是在二十多年的时间里慢慢地酝酿出来的。这些年来，电动汽车的电机驱动从直流电机驱动、交流异步电机驱动到永磁电机驱动，每一次变迁都是为了解决问题。现在，永磁电机以高效、高功率密度以及优良的控制性能成为电动汽车的主流驱动电机，这些电机的工作原理、控制方法都已经写入这本书中。但是，我想提醒读者的是，这些原理和方法之所以被写入书中，是因为它们被证明在过去的一段时间内解决了很多问题，但并不是说，该方案永远是最优解。在学习过程中，读者同时需要掌握：问题是什么，解决问题的初始想法是什么，是如何推演、如何证明、如何应用的。

在社会发展如此之快的现在，我感叹几位年轻的作者还能从已经十分繁忙的工作、生活中抽出时间来写书。我认同这种努力，这种勤奋也给了我信心！

我感叹屠呦呦老师终于获得了诺贝尔奖，她已经八十多岁了！以屠老师为参考坐标，再借点你们的年轻锐气，我斗胆放言：让我们憧憬再过一二十年，在我们中将出现国际闻名的大师！他或她，可能就是你们中的一个！

温旭辉
2016 年 1 月

第 2 版前言

2016 年，《车用电机原理及应用》第 1 版出版后，很多教师、学生和社会各界朋友都对本书面向非电机专业的逻辑框架设计和专业内容的针对性简化给予了肯定，同时也提出了大量宝贵的意见，谨在此表示诚挚的感谢。

综合教学和科研应用的考虑，本书第 2 版的内容在原有的逻辑框架下，主要对交流电机建模控制的部分内容进行了增补，具体如下：

范涛在第 6 章中增加了宽禁带器件的简要介绍，在第 9 章中增加了基于全磁链的电机模型及其参数辨识方法，在第 10 章中增加了永磁同步电机电流控制器设计的相关内容，在第 12 章中提供了一个完整的车用永磁同步电机参数辨识的实例，并更新了第 13 章中的电机相关标准。本人在第 12 章中增加了将永磁同步电机模型应用于硬件在环（HIL）测试的实例和逆变器死区补偿的实例，并对本书上一版中的少部分文字和图片进行了修改和更新。

在此还要感谢中国科学院电工研究所的章回炫博士，本人课题组的庞博、苏建华、陈一鸣、冯时和杨帆等同学在本书的编写过程中，给予的帮助以及家人们的支持。

由于电机与电力电子涉及领域广泛，加之编者水平的限制，书中难免还存在一些疏漏，殷切希望广大读者继续给予批评指正。

袁新枚
2023 年 5 月

第 1 版前言

6年前，我从清华大学电机系博士毕业，来到吉林大学汽车工程学院任教，并承担了车辆工程专业卓越工程师班的本科生选修课"电机与驱动"的教学工作。随着混合动力汽车及电动汽车技术的快速发展，电机及其控制系统的基本知识对于车辆工程专业的学生越来越重要，但车辆工程专业的学生一般缺乏电气工程相关的基础，所以起初这门课让我觉得无从下手。传统的电机学和交流电机传动这两门专业课一般就需要上百学时，而这两门专业课又是建立在电路原理、电磁场、自动控制原理、电力电子技术等一系列专业基础知识体系之上的，这一系列复杂的知识不可能在短短的32学时中讲授给学生。经过几年来与学生们的交流和我在科研课题中的实践体会，我将这门"电机与驱动"课程的教学思路定位为"抓两头"，即重点强调电机系统中"顶层体系"的介绍和电机系统中"底层物理概念"的介绍。所谓"顶层体系"，就是电机系统的知识框架，让学生知道遇到问题后应该找哪方面的知识。例如：混合动力汽车建模应当去找电机的外特性和效率特性；电机转矩控制应该去看矢量控制；交流电压调制应该去看电力电子技术等。至于这些技术的具体实现和很多工程细节，则定义为需要课外的进一步深化实践。所谓"底层物理概念"，则是介绍电机系统中典型原理的基本物理背景。工程技术的变革日新月异，不断有新技术产生、旧技术淘汰，但物理概念通常不会过时。所以在课程中我愿意更多地强调工程技术背后的物理本质。例如：电机产生转矩的物理背景是什么，开关调制电压的本质是什么，基本的磁路和电路分析方法是什么，交流电机中各种复杂的坐标变换的原因又是什么。对于这样的教学思路，很多选课的同学都给予了高度的肯定，但也表示该课程学习过程中的难度远远大于传统的专业课程。尤其是该课程知识面非常广，且"抓两头"的讲授体系与电机的专业课有明显的区别，所以很难找到一本合适的参考书用于该课程的复习和拓展。正是在这样的背景下，我萌生了写这样一本教材的想法。

为了让本书更贴近汽车系统工程应用的实际，我邀请了中国科学院电工研究所的范涛副研究员和潍柴动力股份有限公司的王宏宇部长与我共同完成本书的撰写。范涛是我的大学同学，大学毕业后一直在中国科学院电工研究所从事车用电机及其系统的设计和分析工作，已有十余年时间。他在2009年获得中国科学院研究生院博士学位，对车用电机理论有着深刻的理解和丰富的实践经验，所以承担了本书交流电机基本原理相关内容的撰写。王宏宇部长在美国汽车行业工作十余年，曾就职于美国通用汽车公司和德尔福公司。他于2011年回到中国，并被评为国家千人计划专家，现任潍柴动力新能源系统工程部部长。王宏宇部长从产业化的角度为本书撰写了车用电机测试及标准的相关内容。本书的成书当然也要归功于我成长道路上各位老师的指点和帮助。我首先要提到的是我在清华大学攻读博士学位时的指导老师——邱阿瑞教授，是他打开了我通往电机及其控制系统领域的大门，让我第一次建立电机模型，第一次控制电机旋转，第一次完整地完成一篇学术论文的写作。其次，我要感谢清华大学电机系的诸位老师，他们的辛勤工作为我日后的电机研究打下了扎实的理论基础。我特别要感谢的是威斯康星大学麦迪逊分校的 Robert·D. Lorenz 教授。2008年，Lorenz 教授接受我作为联合培养博士生，在 WEMPEC (Wisconsin Electric Machines and Power Electronics Consortium, 威斯康星州电机和电力电子协会) 学习生活。在 WEMPEC 的一年时间里，Lorenz 教授的言传身教对我影响巨大，让我终身受益。我还要感谢与 Lorenz 教授同在 WEMPEC 的 Johns 教授和 Giri 教授，他们所讲授的"ECE711-交流电机瞬态与控制"和"ECE412-电力电子电路"课程，让我对电机与电力电子的理解有了大幅度的提升。本书也加入了部分我在这两门课中的所学内容。当然我还要感谢清华大学、威斯康星大学和吉林大学一路走来的同学、同事以及我的研究生和朋友们，正是与他们的讨论、交流才会有我目前对电机系统的一点理解，正是他们一直以来的帮助，才促成了本书的成稿。感谢我的研究生邢增臻、孙科和李海湘，他们对本教材的整理和校对工作做出了重要的贡献。最后，我还要感谢我的父母和妻子，正是他们无微不至的关怀和陪伴，才让我能安心努力的工作，完成本书的写作，他们是这本书最大的功臣。

本书首先简要地介绍了电机的基本概念及其与汽车相关的应用，接下来的内容主要分为四个部分：第一部分为第 2~4 章，介绍直流电机；第二部分为第 5、6 章，介绍电力电子技术；第三部分为第 7~12 章，介绍交流电机；最后一部分为第 13 章，介绍车用电机的测试与标准。

第一部分的核心内容可分为电机的原理与控制两方面。在电机原理方面，着重强调电机转矩产生的基本原理，以及定子、转子、电枢和励磁等概念；在控制方面，着重强调电机系统的建模和模型参数的物理意义及其对控制的影响，希望使读者了解基本的电磁及机械运动系统的建模方法和电流/转速双闭环的基本控制结构与原理。在第 4 章中选取的汽车系统中的起动机和节气门实例，主要希望使读者更好地理解以上的电磁/机械系统建模方法的应用。第一部分的内容从某种意义上并非是特别针对直流电机的介绍，而是可通用于常见电磁控制系统的。

第二部分介绍电力电子技术。在电气工程中，电力电子技术是独立的教程，相关内容也极为广泛，仅两章的内容很难触及电力电子技术的核心。但电力电子技术与现代交流电机的控制不可分割，所以笔者在这部分内容中只期望阐述"PWM"和"单极双掷开关"两个电力电子的基本概念。"PWM"面向电压的调制算法，为矢量控制中的空间矢量 PWM (SVPWM) 算法的介绍奠定基础；"单极双掷开关"面向电路拓扑，为三相逆变电路的原理和实现提供基本的理论支撑。

第三部分介绍交流电机，这部分内容是当前电机控制的热点。具体到车用驱动电机，目前多以交流永磁同步电机为主，所以在该部分内容的设置上也主要集中于交流永磁同步电机。这部分内容本书也有自身的特色，第 7 章讲解了交流电机的基本概念，包括工作原理、结构及分类。在介绍电机结构时，引用了作者在长期电机研发过程中的大量实物照片，力图使读者更加容易地建立起电机的形象概念，为第 8 章讲解电机的模型建立一个感观基础。第 8 章将对电机的感观认识提升为理性认知层面，即电机的数学模型。从电路和磁路两个视角对电机进行建模。考虑到国内电机学教材在磁路方面的介绍相对欠缺，而磁路相比电路能更加本质地反映电机内部的物理构成，在本章中用更多的磁路语言描述电机原理。同时，通过有限元仿真的方法使电机磁场形象化，特别是在电机学和电机控制理论中占有重要地位的"d、q 轴"概念，使其不再是一个抽象的数学概念，而是一个实在的物理存在。以相量模型为基础，本章还介绍了电机的转矩特性、外特性和效率特性，掌握这些特性对应用电机大有帮助。第 9 章利用长达一章的篇幅推导得到了永磁同步电机在转子同步坐标系下的"d、q 轴"模型，重点希望读者看到交流电机坐标变换的思路及"任意"坐标系下交流电机模型的表达形式，从而能对"d、q 轴"模型在第 8 章的基础上从控制角度进行更为深刻的认识；关于交流永磁同步电机矢量控制相关的算法和电路都汇集于第 10 章，从该章中可以相对集中地获得实际车用驱动电机控制系统的基本原理；第 11 章介绍了感应电机的建模与控制，对于磁场定向控制，感应电机和永磁同步电机没有本质区别，所以该章相比传统电机专业教材中对感应电机大篇幅的介绍，内容是相对简略的。第 12 章中给出了两个交流电机的实例及模型，第一个模型详细描述了旋转坐标系下的交流永磁同步电机模型及其矢量控制算法，该模型可以直接应用于实际矢量控制算法开发；第二个模型是从能量角度出发对电机外特性的建模，这种建模方法也是实际在电动汽车及混合动力汽车系统开发中经常使用的。

第四部分内容面向车用电机的产业化，介绍车用电机的测试方法与标准。由于相关内容更新较快，且不同国家体系标准也存在着一定差异，所以该部分内容旨在起到一个索引的作用，使读者在需要面向产业化应用时，可以方便快速地找到所需的电机测试要求及标准。

本书的使用不仅局限于车辆工程专业，对其他专业的人员了解电机及其控制系统同样是适用的，所以它既可以作为本科高年级及研究生的课程教材，也可以作为电气工程专业及相关领域工程师的参考书。

由于时间有限，书中内容难免有不当之处，敬请有关专家和各位读者给予批评指正。

袁新枚
2016 年 2 月　长春

目　　录

序 1
序 2
第 2 版前言
第 1 版前言

第 1 章　导论 ……………………………………………………………… 1
1.1　电机发展简史 ……………………………………………………… 1
1.2　电机的基本概念及分类 …………………………………………… 3
1.3　电机在汽车中的应用 ……………………………………………… 4

第 2 章　直流电机概述 …………………………………………………… 5
2.1　直流电机及其用途 ………………………………………………… 5
2.2　电、磁、力与速度 ………………………………………………… 6
2.3　直流电机的工作原理 ……………………………………………… 8

第 3 章　直流电机的建模与控制 ………………………………………… 11
3.1　等效电路与励磁分类 ……………………………………………… 11
3.2　数学模型 …………………………………………………………… 12
3.3　转矩控制 …………………………………………………………… 14
3.4　速度/位置控制 ……………………………………………………… 18
3.5　状态反馈控制 ……………………………………………………… 21

第 4 章　车用直流电机实例 ……………………………………………… 23
4.1　起动机建模与特性分析 …………………………………………… 23
4.2　电子节气门建模 …………………………………………………… 26

第 5 章　PWM 技术 ……………………………………………………… 30
5.1　PWM 原理 ………………………………………………………… 30
5.2　将模拟信号转化为 PWM 的方法 ………………………………… 32
5.3　PWM 的实现 ……………………………………………………… 33
5.4　PWM 在直流调制中的应用 ……………………………………… 35

第 6 章　电力电子技术 …………………………………………………… 38
6.1　电力电子技术概述 ………………………………………………… 38

IX

6.2 典型的电力电子器件 … 40
   6.2.1 二极管 … 41
   6.2.2 MOSFET … 41
   6.2.3 IGBT … 42
   6.2.4 宽禁带半导体器件 … 43
   6.2.5 小结 … 44
6.3 单极双掷开关的实现 … 45
6.4 整流电路与逆变电路 … 47
   6.4.1 整流电路 … 47
   6.4.2 逆变电路 … 49
6.5 电力电子器件的损耗与散热 … 50

第7章 交流电机概述 … 52
7.1 交流电机的概念及其用途 … 52
7.2 交流电机的工作原理 … 53
7.3 交流电机的结构及分类 … 55
   7.3.1 交流电机的结构 … 55
   7.3.2 交流电机的分类 … 58

第8章 永磁同步电机分析 … 60
8.1 永磁同步电机的模型观 … 60
8.2 永磁同步电机的磁路分析 … 61
   8.2.1 简单磁路分析 … 61
   8.2.2 电机磁路分析 … 63
8.3 永磁同步电机的电路分析 … 72
   8.3.1 电机电感模型 … 72
   8.3.2 电机相量模型 … 73
   8.3.3 电机转矩模型 … 77
8.4 永磁同步电机的效率特性与外特性 … 78
   8.4.1 永磁同步电机的效率特性 … 78
   8.4.2 永磁同步电机的外特性 … 80

第9章 面向控制的永磁同步电机的建模 … 82
9.1 自然坐标系下的电机电压方程 … 82
9.2 正交坐标系与旋转坐标系的变换 … 84
9.3 旋转坐标系下的电机模型 … 88
9.4 基于全磁链的电机模型 … 91
9.5 多项式磁链模型及其参数辨识方法 … 92

第10章 永磁同步电机的控制 ·············· 95

10.1 永磁同步电机矢量控制原理 ·············· 95
10.1.1 直流电机的转矩控制与永磁同步电机的转矩控制 ·············· 95
10.1.2 永磁同步电机的矢量控制方法 ·············· 96

10.2 永磁同步电机磁场的控制 ·············· 98
10.2.1 最大转矩电流比控制 ·············· 98
10.2.2 弱磁控制 ·············· 99

10.3 永磁同步电机电流控制器设计 ·············· 102
10.3.1 永磁同步电机控制结构 ·············· 102
10.3.2 基于PI控制的控制率设计 ·············· 103
10.3.3 基于模型预测控制的控制率设计 ·············· 106

10.4 交流电机控制的功率电路与SPWM ·············· 109
10.4.1 三相逆变电路拓扑 ·············· 109
10.4.2 三相逆变电路的实现 ·············· 109
10.4.3 三相逆变电路的六阶梯波调制 ·············· 110
10.4.4 三相逆变电路的PWM ·············· 112

10.5 空间矢量PWM技术 ·············· 113
10.5.1 电压空间矢量原理 ·············· 114
10.5.2 电压空间矢量PWM原理 ·············· 115
10.5.3 SVPWM与SPWM ·············· 116
10.5.4 电压空间矢量PWM的常见软件实现算法 ·············· 118

第11章 感应电机的建模与控制 ·············· 121

11.1 传统感应电机的描述及控制方法 ·············· 121
11.1.1 感应电机的稳态等效电路 ·············· 121
11.1.2 感应电机的机械特性曲线 ·············· 122
11.1.3 传统感应电机的调速方法 ·············· 124

11.2 感应电机的矢量控制原理 ·············· 126
11.2.1 感应电机与永磁同步电机控制上的区别 ·············· 126
11.2.2 感应电机在同步旋转坐标系下的等效电路与数学模型 ·············· 127
11.2.3 感应电机的直接矢量控制原理 ·············· 130
11.2.4 感应电机的间接矢量控制原理 ·············· 132

11.3 感应电机的直接转矩控制原理 ·············· 133

第12章 车用交流电机实例 ·············· 136

12.1 车用永磁同步电机参数辨识算法 ·············· 136
12.1.1 基于自动化设备的辨识流程 ·············· 136
12.1.2 仿真与试验验证 ·············· 141

12.2 车用永磁同步电机矢量控制系统建模与仿真 … 147
12.2.1 电机系统及模型框架 … 147
12.2.2 派克变换与克拉克变换 … 148
12.2.3 电机模型 … 149
12.2.4 逆变器模型 … 150
12.2.5 控制器模型 … 151
12.2.6 模型的初始化与仿真结果的处理 … 154
12.2.7 仿真结果 … 154
12.2.8 硬件在环测试 … 156
12.3 逆变器死区及其补偿 … 161
12.3.1 逆变器死区的原理和零电流钳位效应 … 162
12.3.2 逆变器死区特性的估计与补偿 … 163
12.3.3 逆变器死区影响仿真分析 … 167
12.4 纯电动汽车纵向动力学模型 … 171
12.4.1 纯电动汽车系统及模型框架 … 171
12.4.2 电池模型 … 172
12.4.3 电机系统模型 … 173
12.4.4 传动系统模型 … 174
12.4.5 整车动力学模型 … 175
12.4.6 驾驶员模型 … 175
12.4.7 仿真结果 … 177

第13章 车用电机测试及标准 … 179
13.1 车用电机测试方法 … 179
13.1.1 电机测试台架的基本组成 … 179
13.1.2 车用电机的技术要求及试验方法 … 180
13.2 车用电机标准 … 184
13.2.1 标准组织简介 … 184
13.2.2 电动汽车电机系统标准汇总 … 186

参考文献 … 189

第 1 章

导 论

本章简要介绍电机技术的发展、电机的基本概念与分类，并针对其在汽车领域的应用及未来的发展趋势进行讨论。

1.1 电机发展简史

19 世纪初，伴随着对电磁现象研究的深入和电池的发明，如何利用电磁现象实现电能和机械能的转换成为当时物理学界研究的一大热点，大批科学家和发明家投身于该项技术的研究。由于早期的电机设计不成熟，与现代电机也有较大不同，所以在大量的探索研究中，很难明确定义哪项研究创造了世界上第一台电机。一种说法认为著名英国物理学家、化学家法拉第（Michael Faraday）发明了世界上第一台电机。因为法拉第发现的电磁感应现象是电机学的基础，所以这里简单介绍法拉第的电机发明。1821 年，法拉第设计了一套装置用于实现电动机的基本原理——"电磁转动"，他将导线放置于内嵌磁铁的汞池之中，利用化学电池在导线中通入持续电流，此时导线绕着磁铁旋转，从而实现了电能向机械能的转化。虽然这个装置的原理与后来的单极电动机是一致的，但这一装置当时还无法实用化。1831 年，法拉第利用电磁感应现象，发明了法

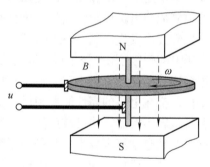

图 1-1 法拉第盘原理示意图

拉第圆盘发电机（也称为法拉第盘）。法拉第盘的主体是一个金属圆盘，当该金属圆盘在垂直于磁场的平面内旋转时，其半径切割磁场的磁力线，在圆心与圆周之间产生感应电动势。法拉第盘原理示意图如图 1-1 所示。该电动势可以使检流计的指针发生偏转，从而证明了发电过程的实现。法拉第盘也是典型的单极发电机。

1833 年，俄籍物理学家楞次（Lenz, Heinrich Friedrich Emil）发表了一篇题为《电动机与发电机的可逆性》的文章，揭示了发电机和电动机本质上的一致性。这一原理的发现对电机技术的发展具有重要的意义。例如在汽车行业，电动汽车相比传统内燃机汽车的一大优势在于其电机可以在制动过程中将车辆行驶的动能转换为电能储存在蓄电池中，提高整车行驶的经济性，也就是所谓的制动能量回收。电动机与发电机可逆运行的原理在本书的后续章

节中还有讨论。

在法拉第发现电磁感应现象之后的近50年间，一大批著名的发明家如斯特金、雅可比、达文波特、西门子等人一直在改进电机的设计。这些设计使电机结构不断创新，并使电机的输出功率越来越大，越来越接近实用化。但这些电机都属于直流电机，需要电池供电。受到电池成本、能量密度等因素的限制，电机的供电系统成为直流电机应用推广的主要障碍。需要指出的是，伴随着电机技术的发展，发明家们一直尝试着采用电机来驱动车辆，但同样受到电池的限制，19世纪发明的电动汽车没有得到持续的发展，最终在20世纪初被内燃机汽车所取代。

第一次真正意义上电机技术的长足发展得益于交流输电技术的广泛应用。为了摆脱电池供电的束缚，人们开始尝试远距离输电，其中最为著名的是美国发明家爱迪生一直大力推动的直流输电方式。但是，若要降低直流输电的损耗，就需要有更高的直流输电电压，但随着电压的升高，直流发电机变得越来越不适用。19世纪80年代，美国物理学家特斯拉发明了交流电以克服当时的直流电不适用于远距离传输的问题，交流输电开始逐步被接受。1888年，俄国电工科学家多利沃-多布罗沃利斯基制成了一台功率为2.2kW的交流发电机，这是世界上第一台实用化的三相交流异步发电机。自此，通过电网供电的交流电机迅速发展起来。在其后的100多年间，三相交流异步电机以其结构简单、性能优异的特点，成为生产生活中最常用的电机种类。在现代工业生活中，60%的电能被用在电机上，而其中的80%都被交流异步电动机所利用。

虽然电网解决了电机的持续大功率供电需求，但也给电机高性能运行提出了新问题。传统的直流电机只需要控制直流供电电压的幅值，就可以实现电机转矩的控制，但交流供电涉及供电电压的频率和相位，且频率和相位对于电网来说是不可调节的，所以交流电机的高性能控制成为电机控制领域的一个新难题。20世纪中叶，随着电力电子技术的快速发展，电能控制技术发生了新一次的革命。得益于MOSFET、IGBT等高速功率半导体器件的发明，利用PWM电压调制技术可以同时实现交流电压幅值和相位的精确控制，这就意味着可以通过精确控制交流电机中定、转子磁场的幅值和相位实现转矩的精确控制。所以在20世纪80年代，交流电机的高性能控制得以实现，也就是所谓的矢量控制和直接转矩控制。矢量控制和直接转矩控制算法已被广泛地应用于交流传动系统控制。在汽车系统的应用中，混合动力汽车和纯电动汽车技术也都是基于交流电机的矢量控制技术发展起来的。

随着电机技术的发展，电机已被应用到工业生活的各个领域。小到电子表中微瓦量级的电动机，大到水力发电系统中几百兆瓦级的水力发电机。因为电机具有设计灵活、调速范围广、动态响应快、控制性能好、效率高、无排放等一系列的优点，越来越多的动力设备正在被电机所取代。在舰船领域，电力推进成为现代舰船的新趋势。2007年，美国成功研制成了世界首台36.5MW的高温超导电机作为其新一代船舶的动力来源。在铁路方面，传统的内燃机车也已逐步被电力牵引所取代，法国的TGV、德国的ICE、日本的新干线及我国的高铁均已采用全电驱动的形式。在航空领域，虽然目前商用客机仍均采用传统的航空涡轮发动机，但波音787客机的设计上已呈现了明显的"电气化"的趋势，大量机械和液压部件被电机所取代。与此同时，以丰田普锐斯为代表的混合动力汽车和以特斯拉为代表的纯电动汽车也开始向传统的内燃机汽车发出挑战。相信随着电机、电池技术的不断进步，电机的应用范围也将变得越来越广阔。

1.2 电机的基本概念及分类

从电机的发展历史可以看到，无论是哪种形式的电机，它的本质都是用于电能与机械能之间相互转换的。一般人们把用于将电能转换为机械能的电机称为电动机，把用于将机械能转换为电能的电机称为发电机。当然，根据1.1节介绍的电动机与发电机的可逆性，电动机与发电机的工作状态并不是绝对的。一般用平面直角坐标系的4个象限描述电机的工作状态，如图1-2所示。

在该坐标系中，横轴为电机转速，纵轴为电机输出电磁转矩。一般定义转速转矩之积为正时，代表电机输出机械功率为正，反之为负。当输出机械功率为正时，电能转化为机械能，为图中第一、三象限，电机处于电动机运行状态；反之，第二、四象限电机输出机械功率为负，处于发电机运行状态。

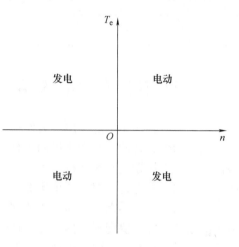

图1-2 电机的工作状态四象限

电机除了可以被分为电动机和发电机两大类之外，还有多种分类方式。

根据电机的运动形式，可以将其分为旋转电机、直线电机和平面电机等。人们一般见到的电机属于旋转电机，它通过转子旋转输出或输入机械能；在直线电机中，其运动部件由转子变为了动子，动子通过直线运动输出或输入机械能。直线电机在自动控制领域应用较广，因为一般的运动控制都是直线运动，所以若由直线电机直接驱动，则可以获得更快的动态响应速度。人们在生活中看到的磁悬浮列车就是直线电机应用的典型代表，可以发现磁悬浮列车上并没有驱动轮等旋转驱动部件，它直接通过轨道磁场与列车磁场的相互作用，实现列车的悬浮和驱动。

按照电机的原理或者电源分类，可以将其分为直流电机和交流电机。直流电机即直接用直流电源供电的电机。直流电机虽然控制简单，但受到机械换向器的限制，并不适用于高速、大功率的场合，且可靠性和耐久性也不如交流电机，所以正在逐步被交流电机所取代。交流电机即直接用交流电源供电的电机，交流电机又分为交流异步电机（或称为感应电机）和交流同步电机。交流电机的分类将在7.3节中详细讨论。

不同类型电机优缺点的比较一直是电机应用领域关注的一个焦点，这里给出一组对车用驱动电机的评估结果（满分为5分），见表1-1。该结果参考了2006年文献[7]的研究，但编者根据近年来技术变化的趋势也对个别评分项进行了改动。表1-1中分数越高，代表该项性能越具优势。电机的各项性能不仅与其类型有关，还与设计、材料、工艺及控制策略等一系列复杂的因素有关，所以不同类型电机之间的比较没有明确的界限，表1-1中的结果只是总体趋势的一个参考比较数值。

表 1-1 车用驱动电机评估表

	直流电机	交流异步电机	交流永磁同步电机	开关磁阻电机
功率密度	2.5	4.5	5	3.5
效率	2.5	4.5	5	3.5
可控性	5	5	4.5	3
可靠性	3	5	4	5
技术成熟度	5	5	4.5	4
成本	4	4	4.5	4.5

1.3 电机在汽车中的应用

提到电机在汽车中的应用，人们往往会首先想到混合动力汽车和纯电动汽车。利用电机相对均匀的效率特性及制动能量回收特性，混合动力汽车可以有效地提高传统汽车的燃油经济性。丰田普锐斯以其实际行驶工况下 5L/100km 左右的平均油耗和其在日本及美国市场上的成功证明了混合动力汽车的市场竞争力。在混合动力汽车中，目前弱混是应用最广且最为成熟的产品。所谓弱混，即通过集成起动发电机（ISG）实现汽车的起停功能，该技术已成为中高档轿车的重要配置。据统计，通过 ISG 的起停功能，传统汽车的油耗率可下降 5%～10%。同时，近年来，包括奥迪、宝马、奔驰及保时捷等汽车厂商正在加速推动采用直流 48V 低压供电系统取代传统的直流 12V 低压供电系统。直流 48V 系统推广的主要目的就在于加大车载电机及用电器的功率。所以在直流 48V 系统下，ISG 将在整车中起到更为重要的作用，直流 48V 系统的推广也代表着混合动力技术将得到大范围推广和普及的趋势。

在目前的电池技术下，纯电动汽车的续驶里程还不能达到传统汽车的水平，但已完全可以满足中短途行驶的需求。纯电动汽车完全靠电机驱动，要求驱动电机有较大的功率，但也可以更为有效地进行制动能量回收。由于电机的调速范围远大于传统发动机，所以纯电动汽车的动力总成中往往不必加入变速器。

无论是纯电动汽车还是混合动力汽车，其驱动电机目前较多采用永磁同步电机，因为永磁同步电机具有转矩密度高、效率高等优点。但目前的永磁体均为稀土永磁体，稀土资源有限且价格昂贵，不利于未来大规模生产，所以欧美一些国家也在研究采用高效的交流异步电机替代永磁同步电机。

其实电机的应用远远不局限于整车的驱动，随着汽车电子控制技术的发展，传统的机械机构越来越多地被电控装置所取代。一个典型的概念就是"X-by-wire"。X 代表汽车中各个系统，"X-by-wire"指的就是用线控的手段控制整车系统中的部件，如线控转向（Steering-by-wire）、线控换档（Shifting-by-wire）、线控制动（Brake-by-wire）、线控节气门（Throttle-by-wire）等。这些部件是如何实现线控的呢？答案就是电机！因为"线"里只能走电，而这些部件又必须动作，根据电机的定义可知这些连接电与动作的机构就是电机。例如：电动助力转向（EPS）多采用交流电机，电子节气门采用直流电机，而最简单的燃油喷嘴本质上也可以认为是一种直线电机。据统计，目前一辆高档内燃机轿车中安装有多达 120 台电机。这些电机遍布整车的不同应用，从底盘系统中的电动助力转向（EPS）、主动悬架、制动防抱死系统（ABS）、电子驻车系统，到发动机系统中的发电机、起动机、各类风扇、水泵、电控阀，再到前照灯随动（AFS）、风窗刮水器、电动车窗、电动后视镜、电动座椅等，电机已成为汽车电控系统中最为重要的执行器部件。可以预见，未来更多更高性能的车用电控执行器也都将通过电机来完成，电机技术已成为汽车工程学科的重要组成部分。

第 2 章 直流电机概述

本章介绍直流电机的基本特点、结构及用途，回顾电、磁和机械等基本物理量间的转换关系，并利用洛伦兹力的原理推导通电线圈在磁场中受力的表达式，最终引出直流电机的基本工作原理。

2.1 直流电机及其用途

直流电机一般指有刷直流电机，即通过机械换向器进行电流换向的直流电机，这种电机通过直流电源供电，因此得名。虽然有刷直流电机由于其电刷需要定期维护、寿命相对较低等问题，在很多场合正逐渐被交流电机所取代，但考虑到其控制简单、控制系统成本低等优点，在汽车电控系统中仍有广泛的应用。

直流电机由定子和转子两部分组成。定子上的绕组称为励磁绕组，用于产生恒定磁场，称为励磁磁场，所以励磁绕组也可以用永磁体取代（此时称为永磁有刷直流电机）。转子上的绕组称为电枢绕组，其中的电流与励磁磁场相作用，产生转矩。所以，一般直流电机通过调节作用在电枢绕组上的电流，控制直流电机的转速与转矩。电枢绕组接头引出到转子转轴一端，分别连接在相互绝缘的触片上，这些触片称为换向器。电源连接在电刷上，通过电刷与换向器接触，向电枢绕组供电。直流电机的主要组成部分如图 2-1 所示。

有刷直流电机在汽车电控中多被作为小功率执行器使用，一个典型的应用就是发动机节气门。发动机节气门一般采用"直流电机 + 减速齿轮"的驱动结构，只需在对应电枢绕组上施加直流电压，就可以实现对节气门阀片开度的控制。本书 4.2 节将对发动机节气门的建模与控制进行更为详尽的介绍。

有刷直流电机的另一个典型应用是发动机系统中的起动机。与节气门不同的是，起动机的驱动电流要求很大，可达几百安培，所以其绕组需要较大的截面积，由粗铜线绕制而成，起动机的特性将在 4.1 节中讨论。因为起动机不要求实时精确的转矩或转速控制，所以一般直接采用继电器控制起动机的起停。当然，随着现代交流电机控制技术及混合动力汽车技术的发展，发动机起动和发电过程的控制要求也越来越高，直流起动电机也正在被集成的起动发电机（ISG）所取代。

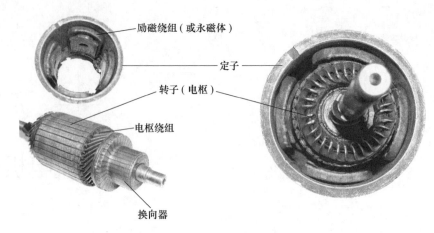

图 2-1　直流电机的主要组成部分

2.2　电、磁、力与速度

电磁感应和电磁力是电磁学中最基本的概念。

1831 年，英国科学家法拉第首次发现了电磁感应现象。电磁感应现象指出，如果磁通穿过闭合线圈，则线圈中会感应出电动势，且该感应电动势的大小与线圈交链磁通相对时间的变化率成正比。法拉第发现，产生在闭合回路上的电动势（EMF）和通过任何该路径所包围的曲面上磁通量的变化率成正比。这意味着，当通过导体所包围的曲面的磁通量变化时，受到感应电动势的作用，电流会在任何闭合导体内流动。电磁感应现象的发现不仅揭示了电与磁之间的内在联系，而且为电与磁之间的相互转化奠定了实验基础。电磁感应电动势一般分为感生电动势和动生电动势，由于与线圈相交链的磁场发生变化而产生的电动势，称为感生电动势；由于导体以垂直于磁感线的方向在磁场中运动所产生的电动势，称为动生电动势。考虑到运动的相对性，两种电动势的本质也可以看作是统一的。图 2-2a 描述了导体以垂直于磁感线方向运动产生动生电动势的情况。在均匀磁场中，导体中产生的电动势可以表示为

$$e = (v \times B) \cdot l \tag{2-1}$$

式中，v 为导体相对运动速度；B 为磁感应强度；l 为导体长度。

$(v \times B)$ 矢量积（也称为叉积）的方向通过右手定则确定，而该矢量积结果与 l 的运算为数量积（也称点积），为标量。

在电磁学中，电磁力一般泛指电荷在电磁场中受力的总称，它是由荷兰物理学家洛伦兹（Lorenz）于 1892 年首先提出的。因为电机中不存在独立电荷，为了方便讨论，下文中电磁力专指载流导体在磁场中的受力，如图 2-2b 所示。在均匀磁场中，电磁力可以表示为

$$F = I(l \times B) \tag{2-2}$$

式中，I 为导体中的电流。

$(l \times B)$ 的矢量积方向同样通过右手定则确定（当公式用标量形式 $F = BIl$ 表示时，一般习惯用左手定则确定力的方向，读者可以自行证明两种表达形式求得的力的方向是一致的）。因为 I 为标量，所以该矢量积结果即电磁力的方向。

电磁感应与电磁力虽然描述了不同的物理过程，但二者的表达式却有相似的形式。将

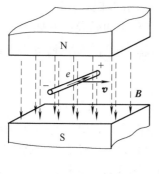 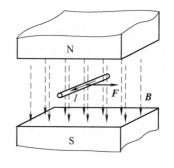

a) 电磁感应　　　　　　　　　　　　b) 电磁力

图 2-2　电磁感应与电磁力

式（2-1）等号左右两侧与式（2-2）相乘可得

$$eI(l \times B) = F[(v \times B) \cdot l] \tag{2-3}$$

将等式右侧的矢量混合积展开，可得

$$F[(v \times B) \cdot l] = -(F \cdot v)(l \times B) \tag{2-4}$$

将式（2-4）代入式（2-3），当 B 与 l 不同向时，可以得到

$$eI = -F \cdot v \tag{2-5}$$

即

$$P_e = -P_m \tag{2-6}$$

式中，P_e 为导体上的电功率；P_m 为导体的机械功率。

式（2-6）可以解释如下：若定义向导体输入功率为正，则当 P_e 为正时，P_m 为负，导体输入机械功率为负，即导体输出机械功率，电能减少，机械能增加，电能转化为机械能，相当于电动机状态运行；反之，当在导体上施加力推动导体运行时，P_m 为正，P_e 为负，力对导体做功，机械能减少，电能增加，机械能转化为电能，相当于发电机状态运行。

以上过程恰恰对应了电机电能与机械能转换的两个基本现象：

1）无论是电能转换为机械能，还是机械能转换为电能，都是电磁感应和电磁力两个物理现象共同作用的结果。

2）电能与机械能之间的能量转换是可逆的，所以发电与电动两种物理现象是可以相互转换的。

对于电机，除了电能与机械能的相互转换，电能转换成磁场能的过程也同样重要，因为除了励磁绕组可以利用永磁体产生磁场以外，电机定、转子的磁场都要通过电流产生。在只考虑传导电流作用的情况下，电流激发磁场的过程可以用安培环路定理描述为

$$\oint H \times dl = I \tag{2-7}$$

式中，I 为闭合环路 l 交链的净电流（A）；H 为由 I 产生的磁场强度（A/m）。

一般情况下，都用磁感应强度 B 来描述磁场的大小，而不采用磁场强度，这是因为磁场强度只是描述了电流对磁场所做的贡献，磁场的大小还同时受到其所在空间介质的影响。磁感应强度与磁场强度的关系可以表示为

$$B = \mu H \tag{2-8}$$

式中，μ 称为磁导率（H/m），它表征了介质中建立磁场的难易程度。

磁感应强度方向的确定同样采用右手定则。真空介质的磁导率一般用 μ_0 表示，其值为 $4\pi \times 10^{-7}$ H/m，在常规计算中，空气的磁导率等于 μ_0，其他介质的磁导率与 μ_0 的比值称为相对磁导率，定义为

$$\mu_r = \frac{\mu}{\mu_0} \tag{2-9}$$

在工程中，一般应用相对磁导率描述物质的导磁特性，如现代电机中，铁心的相对磁导率可达 3000~6000 甚至更高。这就意味着同样的电流励磁下，铁心的磁路中产生的磁感应强度是空气的磁路中所产生的磁感应强度的上千倍。这里需要指出的是，电机主要包含有铁和铜和/或铝三种金属，铁具有极高的相对磁导率，属于导磁材料，但铜的相对磁导率略小于 1，属于非导磁材料。

2.3 直流电机的工作原理

本节讨论直流电机的工作原理。假设在均匀磁场 $\boldsymbol{B}$ 中放置可沿中心轴线旋转的单匝矩形线圈，在线圈中通入直流电流 I，线圈几何结构及其在磁场中的相对位置如图 2-3 所示，线圈的两条长度为 l 的边受到电磁力的作用，分别为 $\boldsymbol{F}_1$、$\boldsymbol{F}_2$。因为磁场均匀且线圈各条边中的电流均为 I，所以可以令 $\boldsymbol{F} = \boldsymbol{F}_1 = \boldsymbol{F}_2$，此时线圈受到的转矩可以表示为

$$T = 2(\boldsymbol{F} \times \boldsymbol{r}) \tag{2-10}$$

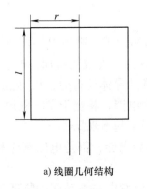
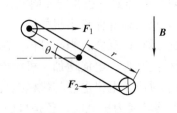

a) 线圈几何结构　　b) 线圈在磁场中的相对位置

图 2-3　线圈示意图

将式（2-2）代入式（2-10）可以得到

$$T = I(\boldsymbol{B} \times \boldsymbol{S}) \tag{2-11}$$

式中，$\boldsymbol{S}$ 为线圈面积的矢量形式。

式（2-11）也可以写作标量形式为

$$T = BSI\sin\theta \tag{2-12}$$

根据式（2-11）和式（2-12）都可以看到，在磁场恒定的情况下，单匝线圈在磁场中处于不同角度时，所受到的转矩依据角度成正弦分布，可以表示为图 2-4a 所示曲线。在该线圈旋转过程中，若转速恒定为正，则旋转一周所做的功为零，即前 180°区间所做功为正，以电动机方式运行，后 180°区间所做功为负，以发电机方式运行。为了使该单匝线圈在一个周期内输出转矩方向一致，可以控制线圈中的电流使得

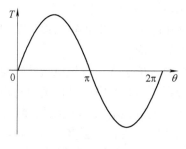
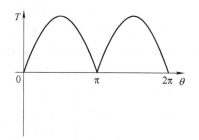

a) 通入方向不变的电流　　　　　　b) 通入与转角正弦值同符号的电流

图 2-4　单匝线圈的转矩输出特性

$$\text{sign}(I) = \text{sign}(\sin\theta) \tag{2-13}$$

式中，sign（ ）为符号函数。若式（2-13）成立，则转矩波形可以表示为图 2-4b 所示曲线，此时电机始终输出正转矩，保持以电动机方式运行，实现将电能持续转换为机械能。同时可以发现，若此时转子转速为负，或式（2-13）中电流符号设定为与正弦值符号相反，则电机始终做负功，保持以发电机方式运行，即实现了机械能向电能的转换。

在直流电机中，式（2-13）中的电流方向控制是通过换向器实现的。如图 2-5 所示，电源电压 u 通过电刷作用在转子的换向器上，向电枢绕组（转子线圈）供电。若转子沿顺时针旋转，当转子位置角 $\theta = 90°$ 时，线圈位于上方导体内的电流流出纸面，受到向右的电磁力作用；位于下方导体内的电流流入纸面，受到向左的电磁力作用，产生转矩。因为此时电磁力垂直于线圈平面，力臂为 l，所以此时转矩最大。随着转子的旋转，当 $\theta = 180°$ 时，线圈处于水平位置，两条边受到的电磁力在一条直线上，力臂为 0，所以不产生转矩。但由于转子的惯性，转子会转过水平位置，同时换向器与电刷接触位置发生改变，电源电压 u 反向作用在电枢绕组上，实现电枢电流的换向。正是由于电流在 $\theta = 180°$ 时发生换向，转子在 0°~180°区间与 180°~360°区间对应转子位置角所受到的电磁力完全相同，所以这一过程的转矩输出与图 2-4b 所示相同，即实现了在一个旋转周期内以同方向输出转矩。

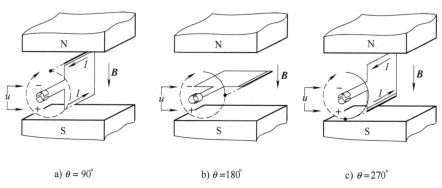

a) $\theta = 90°$　　　　　b) $\theta = 180°$　　　　　c) $\theta = 270°$

图 2-5　直流电机工作原理示意图

以上转子旋转过程的受力分析也可以通过考虑转子线圈产生的磁场进行。根据右手定则可知，当 $\theta = 90°$ 时，转子线圈产生的磁场向右，而定子磁场向下，超前转子磁场 90°，产生最大转矩；当 $\theta = 180°$ 时，转子线圈产生的磁场向下，与定子磁场同向，不产生转矩。所以可以认为，电磁转矩是定、转子磁场相互作用的结果，其大小正比于定、转子磁场的矢量积。这一结论不仅适用于直流电机，同样适用于交流电机。本书将在后续章节中对定、转子磁场相对位置与电机转矩之间的关系进行更为详细的讨论。

虽然以上基于单匝矩形线圈在磁场中受力旋转的讨论包含了直流电机转矩输出的基本原理，但与实际的直流电机仍存在一定差别。可以看到，图 2-5 中的结构输出转矩的波动非常明显，且在 $\theta=0°$、$\theta=180°$ 的位置下是无法起动的。实际的直流电机结构要比图2-5中的结构复杂得多，包括更为复杂的绕组布置、加入定子和转子铁心、更多的磁极数等。所以，气隙磁感应强度及其产生的电磁转矩不但受到励磁绕组（永磁体）的影响，同时也由一系列条件共同决定，如绕组布置、气隙长度、开槽、极面形状等。由于以上的因素并不在本书的讨论范围，有兴趣的读者可以参看文献[2]及文献[3]，这里仅以一个例子说明添加多个绕组线圈对直流电机转矩输出特性的改善作用。图 2-6a 所示为多线圈电枢绕组的直流电机示意图，可以认为，该电枢绕组结构等效于将 6 个相同的单匝线圈（见图 2-5）互差 30°均匀地分布在直流电机转子圆周上，每个线圈夹角是 30°。因为该结构每隔 30°转角重复一次，且换向器轴线与励磁磁场垂直，所以每隔 30°，定、转子相互作用的电磁转矩达到一次最大值。基于前文的电磁转矩产生原理的分析，可以得到其输出的转矩波形如图 2-6b 中实线所示。可见，通过加入多个线圈，直流电机的输出转矩波动大幅降低了。实际直流电机中，通过对绕组布置、磁极形状等电机结构参数的优化设计，可以很好地消除直流电机的转矩波动。所以，为了简化后续章节对直流电机的建模与分析，可以近似认为直流电机输出的转矩与电流、磁感应强度成正比，与转子位置无关。

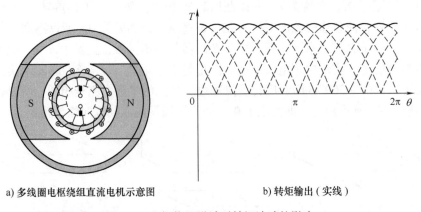

a) 多线圈电枢绕组直流电机示意图　　b) 转矩输出（实线）

图 2-6　电枢绕组设计对转矩波动的影响

第 3 章

直流电机的建模与控制

本章介绍直流电机等效电路及其基于励磁特性的分类。根据直流电机的等效电路，结合电磁学及机械运动公式，给出其数学模型，并基于直流电机的数学模型分别讨论直流电机的转矩控制、速度/位置控制和状态反馈控制的思想和基本方法。

3.1 等效电路与励磁分类

根据电磁学原理，直流电机通过转子（电枢绕组）和定子（励磁绕组）磁场之间的相互作用产生转矩，其定、转子磁场分别由励磁绕组中的电流和电枢绕组中的电流产生，而两套绕组中的电流都需要在相应的绕组上施加电压产生。电路是最为常用的描述电压、电流关系的方法，所以一般采用等效电路来描述两套绕组上电压与电流的关系。

在励磁绕组中，磁场与线圈相对静止，线圈在电路中只相当于一个电感和电阻的串联，所以励磁绕组的等效电路如图 3-1 中右侧电路所示。电枢绕组随转子旋转过程中，其交链的磁场的变化频率与转子转速成正比，所以在转子旋转时，电

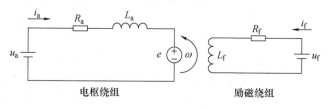

图 3-1 直流电机等效电路

枢绕组中会由于其交链磁场的变化感应出电动势，称为反电动势（Back-EMF）。由于反电动势的存在，电枢绕组的等效电路与励磁绕组不同，除了存在等效电阻与电感外，还增加了一个由反电动势等效得到的电压源项，如图 3-1 中左侧电路所示。这里反电动势专指由电枢绕组与励磁磁场相对运动产生的电动势，与直流电机的转速相关而与电感中电流的变化无关。

采用两套独立的直流电源分别为直流电机的励磁绕组和电枢绕组供电的方式相对烦琐。根据应用场合的不同，也可以将两套绕组通过不同的接线方式连接在同一直流电源上，获取不同的转矩-转速特性。根据励磁绕组和电枢绕组接线方式的不同，直流电机可分为他励直流电机、并励直流电机、串励直流电机和复励直流电机，相应的等效电路如图 3-2 所示。他励直流电机虽然需要采用两个独立直流电源供电，但控制最为灵活。他励直流电机的一个特

殊情况就是永磁直流电机，永磁直流电机没有励磁绕组，直接通过永磁体产生励磁磁场。但因为其励磁磁场的产生与电枢绕组电路无关，所以将其归为他励直流电机。其他三种励磁形式中，励磁绕组都与电枢绕组共用电源。并励直流电机中，励磁电压与电枢电压相同；串励直流电机中，励磁电流与电枢电流相同；复励直流电机的励磁绕组则分为两部分，介于串励与并励之间，根据复励直流电机励磁绕组两部分同名端的不同，复励直流电机又可以分为积复励和差复励。

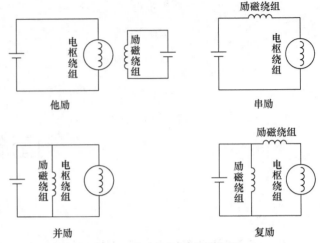

图 3-2　直流电机励磁的分类

3.2　数学模型

本节以他励直流电机为例，推导直流电机的数学模型。

直流电机励磁绕组产生的磁链可以表示为

$$\lambda_f = L_f i_f \tag{3-1}$$

式中，λ_f 为励磁绕组电流产生的磁链；L_f 为励磁绕组电感；i_f 为励磁电流。

将式（3-1）代入励磁绕组的等效电路，可得励磁绕组的电压方程为

$$u_f = R_f i_f + L_f \frac{di_f}{dt} \tag{3-2}$$

式中，u_f 为励磁绕组端电压；R_f 为励磁绕组电阻。

由于换向器的作用，可以近似地认为电枢绕组中电流所产生的磁场在一个磁极下的总磁通为零（不考虑电枢反应），所以一般不计算直流电机电枢绕组电流所产生的磁链。将电枢绕组中的反电动势定义为 e，参照励磁绕组的电压方程可以得到电枢绕组的电压方程为

$$u_a = R_a i_a + L_a \frac{di_a}{dt} + e + u_b \tag{3-3}$$

式中，u_a 为电枢绕组端电压；i_a 为电枢绕组电流；R_a 为电枢绕组电阻；L_a 为电枢绕组电感；u_b 为电刷压降。

由于电刷压降的值相对较小，一般情况下可以忽略，所以电枢绕组的电压方程一般写为

$$u_a = R_a i_a + L_a \frac{di_a}{dt} + e \tag{3-4}$$

根据电磁感应定律可知，反电动势 e 的大小与转子转速成正比，所以直流电机的反电动势方程可以表示为

$$e = K_e \lambda_f \omega \tag{3-5}$$

式中，K_e 称为反电动势常数；ω 为转子机械转速。

因为式（3-5）描述的是励磁磁场与电枢绕组的交链关系，所以反电动势常数的值是由电枢绕组的几何形状及其与励磁绕组（或永磁体）的空间位置决定的。同理，根据电磁力的公式可知，直流电机产生的电磁转矩与其电枢电流成正比，所以直流电机的转矩方程可以表示为

$$T_e = K_T \lambda_f i_a \tag{3-6}$$

式中，T_e 为直流电机产生的电磁转矩；K_T 称为转矩常数。

K_T 同样描述了励磁磁场与电枢绕组的交链关系。

根据直流电机工作的基本原理，式（3-4）对应的电枢绕组等效电路中各元件消耗的电功率可以分别解释为：电枢电阻上的电功率将转化为热能，引起直流电机温升；电枢电感只在电枢电流变化时吸收或产生电功率，在电流增加时，它将电功率转化为磁场能存储在电感中，反之，磁场能将转化为电能输出；而反电动势项则完成了电功率与机械功率的相互转化，机械转速 ω 通过磁链 λ_f 按反电动势常数 K_e 的比例转化为电动势，电枢电流 i_a 同样通过磁链 λ_f 按转矩常数 K_T 的比例转化为机械转矩。根据能量守恒可得，反电动势项消耗的电功率（消耗电能大于 0，为电动状态；小于 0，为发电状态）与直流电机产生的机械功率相等，可得

$$P_e = P_m \tag{3-7}$$

式中，P_e 为反电动势项消耗的电功率；P_m 为直流电机产生的机械功率。

利用式（3-5）和式（3-6），二者可以分别表示为

$$P_e = e i_a = K_e \lambda_f \omega i_a \tag{3-8}$$

$$P_m = T_e \omega = K_T \lambda_f i_a \omega \tag{3-9}$$

将式（3-8）和式（3-9）代入式（3-7）可以得到

$$K_T = K_e \tag{3-10}$$

根据以上推导，可以认为在直流电机中反电动势常数等于转矩常数。

这里需要指出的是，考虑到直流电机磁路的非线性，直流电机的转矩常数和反电动势常数都可能随直流电机的工况发生变化。例如，当励磁电流增加时，磁路可能发生饱和，此时，励磁电感 L_f 并非电流 i_f 的线性函数，式（3-1）将出现非线性以描述磁场的饱和特性；另一种情况是所谓的电枢反应，虽然理论上电枢电流在一个磁极下所产生的磁通为 0，但随着电枢电流的增大，同样会引起励磁磁通方向上的磁场饱和，此时，一个磁极下电枢绕组产生的总磁通减少，起弱磁作用，相应地，磁场 λ_f 与电枢电流 i_a 产生函数关系，引起非线性。关于电枢反应的详细介绍可以参看文献[11]。

在直流电机中，除了对电磁系统的描述，还需要对机械运动过程进行建模，相应的方程是通过旋转运动形式的牛顿第二定律得到的，即

$$J_\Sigma \frac{d\omega}{dt} = \sum T = T_e - T_L \tag{3-11}$$

式中，J_Σ 为直流电机转子及负载的等效转动惯量；T_L 为负载转矩。

若假定负载转矩与转速成正比，且其阻尼系数记为 K_v，则 T_L 的表达式写为

$$T_L = K_v \omega \tag{3-12}$$

从而获得考虑阻尼负载转矩特性的直流电机的运动方程为

$$J_\Sigma \frac{d\omega}{dt} = T_e - K_v \omega \tag{3-13}$$

该方程为典型一阶线性方程，机械响应时间常数由系统的等效转动惯量 J_Σ 和阻尼系数 K_v 共同决定。

综合式（3-1）~式（3-6）和式（3-11），便得到了完整的直流电机数学模型。若直流电机为永磁直流电机，则可忽略式（3-1）和式（3-2），直接获取永磁体的磁链；若直流电机励磁形式为并励、串励或复励，则需要利用电路连接关系，消去式（3-2）中的励磁绕组端电压 u_f，获得相应的直流电机模型。

3.3 转矩控制

为了简化直流电机控制的讨论，忽略直流电机的电枢反应及励磁磁场的调节，以直流电机励磁磁场恒定（如永磁直流电机）为例进行分析，对于其他励磁形式的直流电机控制算法的设计，基本的控制思想是相同的。为了方便后续的讨论，可以重新定义永磁直流电机的反电动势常数和转矩常数为

$$k_e = K_e \lambda_f \tag{3-14}$$

$$k_T = K_T \lambda_f \tag{3-15}$$

则相应的反电动势和转矩公式可以简化为

$$e = k_e \omega \tag{3-16}$$

$$T_e = k_T i_a \tag{3-17}$$

根据直流电机的数学模型可知，其动态性能由两个惯性环节主导：电磁惯性和机械惯性。直流电机的电磁惯性是由电枢电感引起的，因为电能到磁场能的转换不能瞬间完成，所以电感电流具有连续性，不能发生突变。考虑到电路电阻的作用，可以认为电枢电流为电枢电压的一阶响应；同理，直流电机的机械惯性由转子的转动惯量引起，转子转速具有连续性，不能发生突变。考虑到转子受到的阻尼，直流电机转子的转速也可以认为是转矩的一阶响应。因为直流电机转矩与电流成正比，所以对直流电机转矩的控制体现了其电磁瞬态过程。因为电磁瞬态过程的时间常数远远小于机械瞬态过程的，且从式（3-11）可以看出，转矩是转速控制的基础，所以一般认为转矩控制是直流电机控制的基础。

为了更清晰地理解转矩控制的思想，首先把3.2节中的直流电机数学模型利用控制框图的形式表示，如图3-3所示。

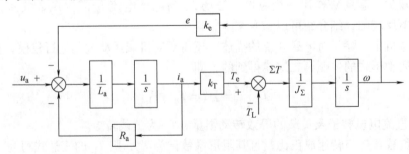

图 3-3 永磁直流电机控制框图

控制框图中，电枢电压 u_a 为直流电机输入，转子转速 ω 为直流电机输出，系统中的积分环节用频域中的 $1/s$ 表示。因为永磁直流电机的转矩与电流成正比，所以转矩控制等效于

电枢电流控制,而直流电机的电枢电流同时由电枢电压的前馈和电枢电阻压降、励磁磁场反电动势两个反馈环节共同决定。可以看到,图3-3中的框图表示与式(3-4)是完全一致的。

图3-3中,励磁磁场反电动势与转速成正比,直流电机转速会对电枢电流产生显著影响,从而影响直流电机转矩,所以在转矩控制中需要考虑如何消除这一影响。认为直流电机的转速可以实时测量,则反电动势的影响就可以实时估计并进行补偿。补偿的方法是:直接利用测得的转速计算反电动势,并将这部分反电动势计算在电枢电压中。因为转速的变化速度远远慢于电流的变化速度,在电流瞬态过程中可以认为转速不变,所以这种补偿方法一般认为是前馈而非反馈,这种方法也称为反电动势解耦控制或反电动势前馈。在假设反电动势影响完全被补偿的情况下,电枢电压与电枢电流的关系是典型的一阶线性关系,其传递函数可以表示为

$$G(s) = \frac{I_a(s)}{U_a(s)} = \frac{1}{L_a s + R_a} \tag{3-18}$$

极点位置位于

$$p = -\frac{R_a}{L_a} \tag{3-19}$$

若不对其进行闭环反馈调节,则电流响应速度由电感、电阻决定,电感越小,电阻越大,其响应速度越快。若电枢电流可测,调节电枢电流的闭环反馈增益,可以改变原系统的动态响应特性,将传递函数极点配置在极点 p 以左实轴上的任意位置。若采用比例积分(PI)控制器进行电流闭环控制,则可通过零极点对消,将系统极点配置在负实轴上的任意位置。可见,直流电机的转矩控制问题可以直接利用经典控制的方法解决。

对于PI控制器的结构将在后文介绍,其原理及参数标定方法在本书中不进行详细的讨论。有兴趣的读者可以参看文献[15]。下面讨论如何利用直流电机原理解释以上控制算法的设计。若电枢电流可测,则类似利用实时测得的转速估计反电动势 e 并进行补偿的方法,可以对电枢电阻上的压降进行实时估计和补偿。假设反电动势与电阻压降都可以被精确估计并补偿,则此时电枢电压与电流的关系如图3-4所示。

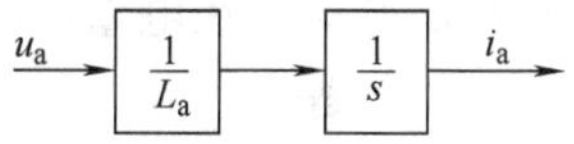

图3-4 直流电机电枢电压与电流的关系(假设反电动势及电枢电阻压降在控制中被实时估计并精确补偿)

这种情况下电枢电流不收敛,随着电枢电压的增加,电流将趋于无穷大。因为电路系统中的电流是依靠电阻收敛的,当电阻为零时,能量在电路中没有损耗,无法达到能量输入与输出之间的平衡,所以电流必然趋于无穷大。此时,可以考虑再次利用实时测得的电流值,构造一个虚拟电阻来帮助系统收敛。设估计得到的直流电机反电动势系数为 $\hat{k}_e$,电枢电阻为 $\hat{R}_a$,而构造的虚拟电阻为 $\hat{R}_k$,则可以得到基于物理系统特性的直流电机转矩控制框图,如图3-5所示。从图3-5中可以看到,若 $\hat{k}_e = k_e$,$\hat{R}_a = R_a$,则电枢电流的响应速度由 $\hat{R}_k$ 决定,$\hat{R}_k$ 越大,相当于阻感系统即式(3-18)的电阻值越大,由式(3-19)可知,系统响应就越快。

从另一角度,$\hat{R}_a$ 和 $\hat{R}_k$ 在数学计算上与反馈增益没有区别,相当于电流环采用了($\hat{R}_k - \hat{R}_a$)的负反馈增益。对于一阶线性系统,根据根轨迹图,反馈增益($\hat{R}_k - \hat{R}_a$)越大,系统极点越远离原点,系统响应越快。所以,对于控制理论,在工程应用中是可以找到其相应的

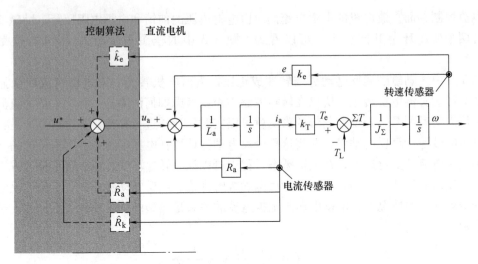

图 3-5　直流电机转矩控制框图

物理背景和规律的，这对于控制系统的设计和控制参数的标定非常重要。所以上述讨论的主要目的也是在阐述电流闭环控制中反馈增益的电阻物理特性，以期让读者更为清晰地理解和设计直流电机的电流闭环控制算法。以上讨论的这种反馈控制方法也称为主动阻尼控制。

在实际直流电机系统中，反电动势系数的估计值$\hat{k}_e$与电枢电阻的估计值$\hat{R}_a$不可能完全准确，但这并不意味着以上讨论的控制算法是无效的，设二者的估计误差表示为

$$\Delta k_e = k_e - \hat{k}_e \tag{3-20}$$

$$\Delta R_a = R_a - \hat{R}_a \tag{3-21}$$

此时对反电动势和电阻压降的补偿结果误差可以表示为

$$\Delta e = \Delta k_e \omega \tag{3-22}$$

$$\Delta u_R = \Delta R_a i_a \tag{3-23}$$

将以上两项分别看作系统的干扰，可以得到系统控制框图，如图3-6所示。

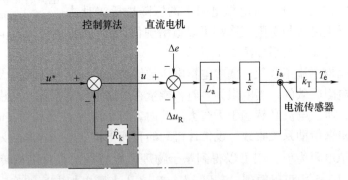

图 3-6　反电动势与电枢电阻估计误差对转矩控制的影响

从图3-6中可以看出，即使反电动势系数与电枢电阻估计不准确，其影响也可以等效为电枢电压上的干扰。通过控制理论的推导可以发现，这些干扰在闭环控制中是可以有效抑制的，而且由于干扰幅度较小，对瞬态控制性能的影响也较小。所以，即使存在系统参数估计不准确或参数变动的情况，以上讨论的控制思想依然是有效的。

为了尽可能抑制系统中由不同因素（系统参数估计不准确，执行器、传感器特性等因素）引起的干扰，控制系统必须具备抑制干扰的能力。固定比例的闭环增益往往无法实现对干扰的抑制，因为增益越高，对干扰的抑制能力越强，但高频稳定性越差。这一矛盾决定了需要在控制器中加入低频高增益、高频低增益的环节，最典型的实现方式就是积分器。积分器的稳态增益无穷大，且增益随着频率的升高线性衰减，所以可以在保证系统稳定的前提下消除系统的稳态误差。综合直流电机转矩控制电流闭环高频快速响应和低频抑制干扰的需求，将主动阻尼和积分器相结合，就组成了工程上最为常用的 PI 控制器，如图 3-7 所示。

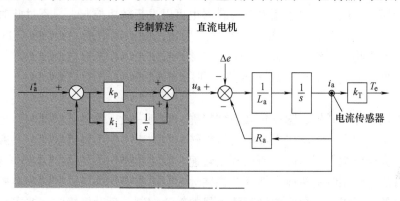

图 3-7 采用 PI 控制器的转矩控制框图

图 3-7 中，k_p 为比例系数；k_i 为积分系数。比例系数 k_p 与图 3-5 中的反馈增益 $\hat{R}_k$ 是没有本质区别的。考虑到电流瞬态响应过程，此时忽略积分项 k_i 的影响，若二者计算得到的电枢电压相等，则

$$k_p(i_a^* - i_a) = u^* - \hat{R}_k i_a + \hat{R}_a i_a \tag{3-24}$$

可见两种表达形式的闭环增益是完全相同的，即都为独立的闭环增益。若要求二者数值相等，则有

$$k_p = \hat{R}_k - \hat{R}_a \tag{3-25}$$

但由于目标值不同，所以在前馈回路上表达式略有区别，即

$$u^* = k_p i_a^* = (\hat{R}_k - \hat{R}_a) i_a^* \tag{3-26}$$

可以看到，式（3-26）就是欧姆定律的形式，所以控制算法的物理意义也是非常清晰的。

积分系数 k_i 主导系统的低频响应。当系统稳定时，积分环节的增益无穷大，即积分环节的输入为零，可得

$$i_a^* - i_a = 0 \tag{3-27}$$

从而实现电流控制的稳态误差为零，其传递函数推导的结果为

$$\frac{I_a(s)}{I_a^*(s)} = \frac{k_p s + k_i}{L_a s^2 + (k_p + R_a)s + k_i} \tag{3-28}$$

当 $s = 0$ 时，可得与式（3-27）相同的结论。同时，传递函数分母一次项系数（$k_p + R_a$）也与前述虚拟电阻 $\hat{R}_k$ 在式（3-25）中的表达式是一致的。同理，推导电枢电流 i_a 对干扰 Δe 和 Δu_R 的响应传递函数，可得

$$\frac{I_a(s)}{\Delta E(s) + \Delta U_R(s)} = \frac{s}{L_a s^2 + (k_p + R_a)s + k_i} \quad (3\text{-}29)$$

当 $s=0$ 时，电枢电流对干扰的响应为零，即该系统在稳态时可以完全抑制模型参数及反电动势等因素对电枢电流控制造成的影响。

本节中介绍的转矩控制算法同时需要转速传感器和电流传感器，系统结构相对复杂，但物理概念清晰，转矩响应速度可以精确控制。利用反电动势补偿，可以实现转矩和转速动态性能的解耦控制。

从实际应用的角度，单独采用电流传感器也可以进行转矩控制，只不过此时反电动势的影响需作为干扰处理，但由于 PI 控制器要通过反馈消除该项干扰，所以相应的电流响应速度会受到一定的影响。近年来兴起的无速度传感器技术可以在只有电流传感器的情况下，利用直流电机模型，估计直流电机转子转速，利用该项估计的转速，同样可以实现反电动势补偿。

如果只采用转速传感器，除非负载模型精确，否则一般很难做到精确的转矩控制。因为反电动势的大小决定了直流电机电能与机械能转换的效率，为了提高效率，一般直流电机的反电动势远远大于电枢电阻压降，所以利用转速（反电动势）信息估计电流信息相当困难。但是，由于直流电机系统的机械惯性环节往往远大于电磁惯性环节，此时转矩控制的瞬态过程是可以忽略的。所以，如果只关注直流电机的转速控制，且对转矩响应要求较低，则一些应用中可以不采用电流闭环控制。

直流电机的非线性因素同样会在一定程度上影响直流电机的转矩控制性能，包括电枢绕组发热引起的电枢电阻阻值变化、电枢反应引起的转矩系数下降等。考虑到这些非线性因素，要获得准确的直流电机转矩输出，还需要根据实际的物理背景，设计更为复杂的补偿算法。

3.4 速度/位置控制

如 3.3 节所述，通过电流闭环控制，可以实现精确的直流电机电枢电流控制。这就意味着直流电机控制中，目标电流与实际输出电流的关系可以近似为一阶响应，即

$$G(s) = \frac{I_a(s)}{I_a^*(s)} \approx \frac{1}{\tau_s s + 1} \quad (3\text{-}30)$$

式中，τ_s 为电流控制的时间常数，表示为

$$\tau_s = \frac{L_a}{\hat{R}_k} \quad (3\text{-}31)$$

因为一般直流电机转子机械惯性远大于电枢绕组的电磁惯性，所以电枢绕组中的反电动势压降即使不能完全利用前馈控制补偿，在电流变化的瞬态过程中也可以认为近似恒定，不影响电流环的响应速度。在以上假设下，τ_s 的大小直接由电流环反馈增益调节，反馈增益越大，τ_s 的值越小，电流响应越快。所以式（3-30）可以进一步忽略其瞬态过程，简化为

$$\frac{i_a}{i_a^*} \approx 1 \quad (3\text{-}32)$$

此时，图 3-5 中的直流电机转矩控制算法可以改为图 3-8 中的控制框图描述。因为直流

电机转速的积分即为其转子位置角,所以直流电机转速和位置的控制往往一起进行讨论。图3-8相比图3-5增加了直流电机转子位置角的描述,表示为

$$\theta = \int \omega dt \tag{3-33}$$

可以看到,图3-8中存在的两个惯性环节都是机械惯性环节,即转矩到转速的积分环节和转速到转子位置的积分环节。在这种框图的描述下,因为忽略了电磁暂态过程,所以形式上直流电机转矩与其施加的电压指令成正比,即可以理解为系统的输入即为转矩。从这个意义上,图3-8所示系统的控制对于旋转运动控制系统是通用的,并不只局限于直流电机。

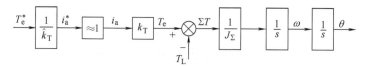

图3-8 在电枢电流闭环控制情况下直流电机的控制框图

在图3-8所示的控制框图中,最主要的系统干扰是负载转矩 T_L,因为一般情况下直流电机的负载是无法准确获得的,但如果提前已知负载的机械特性(负载转矩与转子转速的函数关系),利用直流电机转速的反馈也可以近似地对负载转矩项进行补偿。以下讨论中认为 T_L 是无法预先估计或进行补偿的。

直流电机中的三个状态变量即电流、转速和转角的能量是逐级递增的,电流能量最小,响应最快,转角能量最高,响应最慢。这一现象是多阶控制系统的普遍规律,一般也称为梯级控制或级联控制。梯级控制的基本思想是先对能量低、响应快的系统状态进行控制,利用响应快的系统状态驱动响应慢的系统状态,并根据响应快慢,逐级对系统中的各状态进行闭环,最终实现系统的状态反馈控制。

根据梯级控制的思想,直流电机的转速/转角控制应该先对状态变量转矩 T_e 进行闭环控制,在转矩控制的基础上对转速 ω 进行闭环控制,在转速控制的基础上对转角 θ 进行闭环控制。其控制结构如图3-9所示。

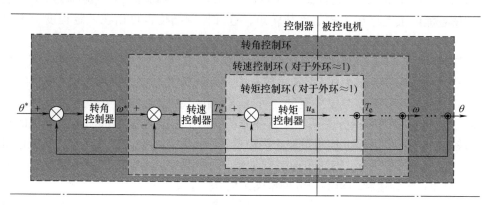

图3-9 直流电机梯级控制示意图

下面讨论其中转矩控制器、转速控制器和转角控制器的实现。

转矩控制器(即电流闭环控制)采用3.3节讨论得到的PI控制器实现,这里不再赘述。

转角控制器和转速控制器则一般采用 P-PI 结构实现，转角闭环控制只采用比例增益，而转速控制器采用闭环增益并叠加积分环节。控制器结构如图 3-10 所示，其表达式为

$$T_e^*(s) = \{k_p^\theta[\theta^*(s) - \theta(s)] - \omega(s)\}\frac{k_p^\omega s + k_i^\omega}{s} \quad (3-34)$$

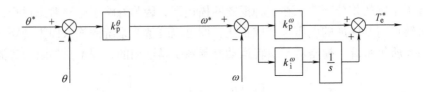

图 3-10 转速与转角闭环控制器的设计

这里认为转矩控制器中转矩系数 $\hat{k}_T$ 与反电动势系数 $\hat{k}_e$ 估计准确，且直流电机转矩响应速度远大于转速和转角的响应速度，即

$$T_e^*(s) = T_e(s) \quad (3-35)$$

由此可以推导得到直流电机转速、转角的指令追踪及抑制干扰的性能，相应的传递函数为

$$\frac{\omega(s)}{\omega^*(s)} = \frac{k_p^\omega s + k_i^\omega}{J_\Sigma s^2 + k_p^\omega s + k_i^\omega} \quad (3-36)$$

$$\frac{\omega(s)}{T_L(s)} = \frac{s}{J_\Sigma s^2 + k_p^\omega s + k_i^\omega} \quad (3-37)$$

$$\frac{\theta(s)}{\theta^*(s)} = \frac{k_p^\theta k_p^\omega s + k_p^\theta k_i^\omega}{J_\Sigma s^3 + k_p^\omega s^2 + (k_i^\omega + k_p^\theta k_p^\omega)s + k_p^\theta k_i^\omega} \quad (3-38)$$

$$\frac{\theta(s)}{T_L(s)} = \frac{s}{J_\Sigma s^3 + k_p^\omega s^2 + (k_i^\omega + k_p^\theta k_p^\omega)s + k_p^\theta k_i^\omega} \quad (3-39)$$

当系统稳态时，$s=0$，由式（3-36）和式（3-38）可知，转速和转角对于目标值的传递函数都为 1；而由式（3-37）和式（3-39）可知，对于负载转矩的响应都为 0。以上结果说明，即使直流电机上存在未知的负载转矩，这种控制结构也可以在一定程度上消除其影响，实现转速和转角控制的稳态误差为 0。

该控制结构中，转速闭环控制采用 PI 控制器，与电流闭环控制没有区别，积分控制器可以使转速的稳态误差收敛为 0。但转角控制中并无积分控制器，其稳态误差也为 0，这一特性是由直流电机这一被控对象决定的。可以认为此 P 控制器的积分环节为其被控对象中转速与转子位置角之间的积分关系，所以并非所有的 P-PI 控制器都能消除外环的稳态误差。具体解释如下：考虑以上控制系统的物理过程，当转角稳态误差为 0 时，直流电机转子稳定在目标位置，转速为 0，即转角控制器的输出 ω^* 为 0，所以转角控制器稳态下的输出 ω^* 已经由物理系统转速和转角的积分关系确定为 0。通过

$$\omega^*(s) = k_p^\theta[\theta^*(s) - \theta(s)] \quad (3-40)$$

可得

$$\theta(s) = \theta^*(s) \quad (3-41)$$

由此可见，以上过程中，转速到转角的物理积分过程取代了人为的积分控制器，实现了与 PI 控制器相同的功能。

从另一个角度分析直流电机的能量转换过程也可以发现，直流电机转矩到转速的积分过程，受到未知干扰即负载转矩 T_L 的影响，所以转速闭环控制必须通过积分控制器估计负载转矩的大小以消除相应的干扰；而直流电机由转速到转角的积分过程是不受到任何外界干扰和参数估计精度影响的，不存在稳态误差问题，无须抑制干扰，所以采用 P 控制器。

3.5 状态反馈控制

大量文献对速度/位置的梯级控制进行了详细的讨论，包括 3.4 节讨论的 P – PI 控制，以及 PI – P 控制和 PID 控制等，但通过传递函数的推导可以发现，不同的控制结构往往只影响相应控制参数的标定规则，不同控制器下系统响应的本质特性是一致的，即传递函数分子分母的阶次相同。所以即使表达式不同，最终的结果都是配置相应极点及零点的位置。而对于参数标定的规则，往往需要基于多次的尝试和经验。本节将基于 3.4 节所述 P – PI 结构，讨论一种等效的状态反馈控制结构，希望能更为清晰地解释反馈控制系统的本质及控制参数的物理意义。

为了使后文的推导结构更为对称，首先在图 3-10 所示的控制结构中加入一个目标转速的前馈，如图 3-11 所示。该前馈直接对目标转角进行微分，作为前馈计算目标转速，这种前馈的方法具有清晰的物理概念，可以消除一部分转速闭环控制器的计算工作。这种结构被用于在某些场合消除转速控制的跟随误差，但它不影响闭环系统的动态特性，所以该结构与图 3-10 所示结构并无本质区别。

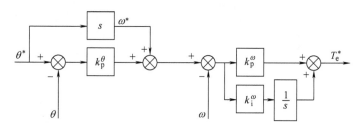

图 3-11 带目标转速前馈的控制结构

将该控制器计算目标转矩的表达式表示为

$$T_e^* = k_i^\omega k_p^\theta \frac{(\theta^* - \theta)}{s} + (k_p^\omega k_p^\theta + k_i^\omega)(\theta^* - \theta) + k_p^\omega(\omega^* - \omega) \tag{3-42}$$

则该控制器的控制结构可以改用图 3-12 所示的形式表示。

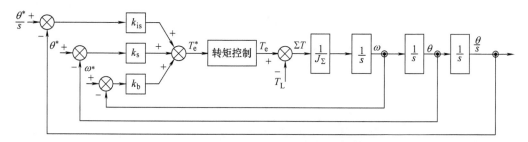

图 3-12 基于状态反馈的速度/位置梯级控制框图

对比式（3-42）可知，图3-12中，若

$$k_{is} = k_i^\omega k_p^\theta \tag{3-43}$$

$$k_s = k_p^\omega k_p^\theta + k_i^\omega \tag{3-44}$$

$$k_b = k_p^\omega \tag{3-45}$$

则两套控制器完全等价，其不同之处在于图3-12中的状态反馈控制参数具有明确的物理意义。其中，k_b是直流电机转速与转矩的比例系数，为系统的阻尼系数；k_s为直流电机转角与转矩间的比例系数，为系统的弹性系数；而最外环添加的k_{is}与直流电机转角的积分成正比，用于消除转角的稳态误差。与转矩控制中虚拟电阻的思想相似，k_b与k_s在某种意义上就是在系统中虚拟的阻尼和刚度特性。基于以上的思想，相应的反馈控制参数完全可以通过系统本身的阻尼刚度特性及目标特性进行设定，简化烦琐的实验标定，同时可以更为清晰地理解梯级控制的物理背景。

第 4 章
车用直流电机实例

本章介绍直流电机在整车系统中的两个典型应用——起动机和节气门。针对车用起动机,只涉及直流电机本身的稳态特性的仿真计算与分析;针对节气门,则详细地介绍其面向控制的瞬态模型的建立。

4.1 起动机建模与特性分析

起动机在发动机的起动过程中起着至关重要的作用,其主要功能就是通过电机带动发动机曲轴达到一定转速,使发动机能够进入连续稳定燃烧状态。随着发动机电控技术的发展,基于模型的控制和测试技术成为发动机电控系统开发的主流方向。其中,精确可信的起动机系统模型对于发动机起动过渡过程的研究是必不可少的。因为传统的车用起动机大都为直流电机,所以直流电机模型是理解起动机系统模型的一个基础。

起动机实物图如图 4-1 所示。起动机一般由直流电机和传动机构组成,其中,直流电机利用蓄电池供电,为曲轴提供驱动转矩,这些直流电机一般为串励或永磁直流电机;传动机构的主要作用是将直流电机产生的转矩放大,并单方向传递给曲轴,所以传动机构主要包括减速器和单向离合器。根据应用的不同,减速器并不是必需的,不带减速器的起动机也称为直驱起动机。根据起动机的组成,可以给出起动机系统模型的基本框架,如图 4-2 所示。该框图可以理解为如下三个物理过程。

图 4-1 起动机实物图

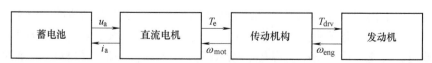

图 4-2 起动机系统模型框图

(1) 蓄电池为起动机供电

该过程中蓄电池相当于电压源，其电压 u_a 作用在起动机电枢绕组上产生电流 i_a，该电流反作用在蓄电池的内阻上，影响蓄电池的输出电压，从而通过电池模型及直流电机共同决定了蓄电池向电枢绕组供电的功率 $P_a = u_a i_a$。

(2) 直流电机驱动传动机构

该过程中直流电机的电枢电流与励磁磁场相互作用，产生电磁转矩 T_e 输出到传动机构的输入轴上，输入轴相当于直流电机的机械负载；同时，传动轴的转速 ω_{mot}（即电机转速）又会影响直流电机的反电动势，从而影响直流电机的输出转矩。所以直流电机及其负载特性的相互作用决定了电机向传动机构输出的机械功率 $P_{mot} = \omega_{mot} T_e$。

(3) 传动机构驱动发动机曲轴

该过程中传动机构输出轴转矩 T_{drv} 作用在曲轴上。发动机曲轴同时受到气缸内气体压缩、摩擦等因素的影响，并由此决定了传动机构输出轴的转速 ω_{eng}。这一过程则是传动机构与发动机共同决定了起动机带动曲轴旋转的机械功率 $P_{drv} = \omega_{eng} T_{drv}$。

对于以上三个过程，本书中只针对起动机系统的电磁过程进行建模，不涉及机械运动部分的建模，有兴趣的读者可以参考文献[17]中对单向离合器及发动机负载特性的详细建模及仿真实验结果。相似的建模过程也可以参考 12.4 节中的纯电动汽车建模。

首先建立蓄电池模型，将蓄电池等效为理想电压源与内阻串联的形式，可以得到蓄电池输出到电枢绕组的电压为

$$u_a = u_o - R_b i_a \tag{4-1}$$

式中，u_a 为直流电机电枢绕组上的电压；u_o 为蓄电池的开路电压；R_b 为蓄电池的内阻；i_a 为直流电机的电枢电流。

下面计算直流电机在 u_a 作用下产生的电枢电流，忽略电刷压降，参照式（3-4）和式（3-5）可得

$$u_a = R_a i_a + L_a \frac{di_a}{dt} + k_e \omega_{mot} \tag{4-2}$$

因为起动机起动过程的速度变化远小于电枢电流变化，所以可忽略起动机起动过程中的电流暂态过程及式（4-2）中的电感压降，可将其简化为

$$i_a = \frac{u_a - k_e \omega_{mot}}{R_a} \tag{4-3}$$

根据式（3-17）可得直流电机的转矩输出为

$$T_e = k_T i_a \tag{4-4}$$

直流电机的机械功率为

$$P_m = T_e \omega_{mot} \tag{4-5}$$

由此便完整地描述了图 4-2 中蓄电池及直流电机的物理模型，可直接用于仿真计算。

下面介绍以上模型与起动机选型及工作特性的关系。一般在起动机的手册中都会给出起动机的工作特性，用于起动机的选型和匹配。这些工作特性一般以电枢电流为横轴，电枢电压、电磁转矩、转速和输出功率为纵轴。以永磁直驱起动机为例，电枢电压通过式（4-1）得到，电磁转矩通过式（4-4）得到，输出功率通过式（4-5）得到，而转速则需要将式（4-3）改写为

$$\omega_{mot} = \frac{u_a - i_a R_a}{k_e} \tag{4-6}$$

式（4-6）表面上似乎描述了直流电机转速由电压、电流决定，且该理解与前述模型中直流电机转速由负载特性决定的结论矛盾。这是因为，式（4-6）中描述的是电磁稳态工况，在稳态工况下，电磁转矩与负载转矩平衡，所以电枢电流 i_a 可以认为是与负载特性相关的。

下面用一个例子说明式（4-6）与负载转矩的关系。假设直流电机带恒转矩负载 T_L，则当直流电机达到稳态时，负载转矩与直流电机的电磁转矩平衡，可得

$$T_e = T_L \tag{4-7}$$

将式（4-4）代入式（4-7）可得

$$T_L = k_T i_a \tag{4-8}$$

将式（4-8）代入式（4-6）可得

$$\omega_{mot} = \frac{u_a - \left(\dfrac{R_a}{k_T}\right) T_L}{k_e} \tag{4-9}$$

所以可知，式（4-6）中的直流电机转速本质上依然是由负载决定的。

将表4-1中的参数分别代入式（4-1）、式（4-4）、式（4-5）和式（4-6），即可得到永磁直流起动机的运行特性，如图4-3所示。图4-3中，电压、转矩和转速曲线均为直线，只有输出机械功率的特性为抛物线。

表 4-1 永磁直流起动机系统参数表

蓄电池开路电压 u_o	12V	12V 电池内阻 R_b	0.01Ω
起动机电枢电阻 R_a	0.02Ω	起动机反电动势系数 k_e	0.035V/(rad/s)
起动机连接电缆电阻 R_c	0.001Ω	起动机转矩系数 k_T	0.035N·m/A

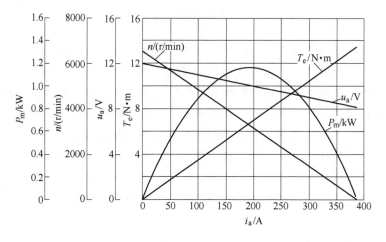

图 4-3 永磁直流起动机的运行特性

常见的起动机转速特性往往有明显的下凹趋势，这是因为这类起动机为串励起动机或部分采用了串励绕组。下面分析串励情况下的起动机运行特性。如起动机绕组为串励，则其反电动势系数 k_e 与电枢电流成正比，此时令 $k_e(i_a)$ 的表达式为

$$k_e(i_a) = k_s i_a \tag{4-10}$$

则依据式（4-6），该起动机的转速特性可以表示为

$$\omega_{\text{mot}} = \frac{u_a - i_a R_a}{k_s i_a} = \frac{u_a}{k_s i_a} - \frac{R_a}{k_s} \tag{4-11}$$

依据式（4-8），该起动机的转矩特性可以表示为

$$T_L = k_s i_a^2 \tag{4-12}$$

取 $k_s = 3.2 \times 10^{-4} \text{V}/(\text{A} \cdot \text{rad/s})$，其他参数采用表4-1中的参数，依照永磁直流起动机的计算方法可以计算得到串励直流起动机的运行特性，如图4-4所示。从图4-4中可以看到，此时的转速特性呈现了双曲线的下凹特性，而转矩特性则随着电枢电流的增加，以电流的2次方倍增加。实际情况中，随着电流的增加，磁场会产生饱和，相应的 k_s 会随着电枢电流的增大而减小，即转矩上升的特性会相对平缓。

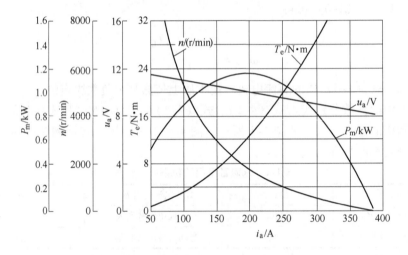

图4-4 串励直流起动机的运行特性

实际起动机系统中还会存在一些明显的非线性特性。这些非线性特性包括蓄电池开路电压随荷电状态（SOC）的变化、蓄电池内阻随 SOC 的变化、直流电机的温度变化对电枢电阻及永磁体的影响、气隙磁场的饱和特性、摩擦阻力的非线性等。若要求考虑以上因素进行建模，则需要将模型中对应的常系数代换为 SOC、温度、磁场和转速等变量的函数进行模型的求解，而这些函数一般是通过相当复杂的实验标定获得的。文献[17]采用了与以上永磁直流起动机相同的数学模型，并进行了直流起动机起动过程的仿真及实验验证。从其结果可以看到，直流起动机的工况点相对比较固定，波动范围并不大，所以通过其主要工况的参数标定，直流起动机的非线性因素在实际使用工况范围内对模型精度的影响并不大。

4.2 电子节气门建模

电子节气门在现代发动机电控系统中具有重要作用。因为电子节气门实现了节气门开度与驾驶员加速踏板操作之间的解耦，所以现代发动机电控系统可以实现一系列不依赖于驾驶员操作的精确发动机控制，这些操作包括：空燃比控制、急速及冷起动控制、后处理系统热

管理、巡航控制、牵引力控制及 ABS 管理、发动机及车速上限控制和与智能驾驶系统的集成等。这些功能实现的前提条件就是要求节气门开度控制足够准确、快速并且具有较强的鲁棒性。因为电子节气门内部由直流电机驱动,所以从直流电机控制的角度,节气门开度的控制是典型的直流电机位置闭环控制问题。

电子节气门的实物如图 4-5a 所示,其结构示意如图 4-5b 所示。电子节气门控制的基本原理是通过直流电机带动传动机构(减速齿轮组)从而带动节气门阀片旋转至所需的位置。因为发动机要求电子节气门在供电失效(即直流电机无法产生转矩)的情况下可以保持在开度 θ_0(也称为节气门的初始开度或"跛行回家"位置——LH Position)处,使发动机能够通过该开度下的进气低功率稳定运行,即"跛行回家"。所以,电子节气门还额外安装了一套回位弹簧机构,以保证节气门阀片开度在无直流电机驱动的情况下回到 θ_0 处。

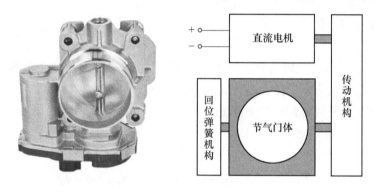

a) 电子节气门实物　　　　b) 电子节气门结构示意图

图 4-5　电子节气门实物及其结构示意图

参考式(3-4)和式(3-5)可以得到电子节气门驱动直流电机的电枢电压方程为

$$\frac{\mathrm{d}i_\mathrm{a}}{\mathrm{d}t} = -\frac{R_\mathrm{a}}{L_\mathrm{a}}i_\mathrm{a} + \frac{u_\mathrm{a}}{L_\mathrm{a}} - \frac{k_\mathrm{e}}{L_\mathrm{a}}\omega_\mathrm{e} \tag{4-13}$$

式中,ω_e 为电角速度。参考式(3-11)和式(3-17),可以得到节气门阀片的机械运动方程为

$$\frac{\mathrm{d}\omega_\mathrm{m}}{\mathrm{d}t} = \frac{1}{J_\Sigma}(k_\mathrm{T}i_\mathrm{a} - T_\mathrm{mL}) \tag{4-14}$$

式中,ω_m 为机械角速度;J_Σ 为在节气门阀片端整体旋转机构的等效转动惯量;T_mL 为作用在直流电机轴上的负载转矩。

忽略传动机构减速齿轮组的回程间隙引起的转速和转矩传递的非线性,电子节气门转动减速度可以表示为

$$\omega_\mathrm{t} = G_\mathrm{r}\omega_\mathrm{m} \tag{4-15}$$

式中,ω_t 为节气门阀片转速;G_r 为减速齿轮组的减速比。

从而得到节气门开度表达式为

$$\frac{\mathrm{d}\theta_\mathrm{t}}{\mathrm{d}t} = \omega_\mathrm{t} \tag{4-16}$$

式中,θ_t 为节气门开度。

直流电机上的负载转矩 T_{mL} 主要来源于回位弹簧转矩 T_{sp}、摩擦阻尼转矩 T_f 和节气门阀片受到的进气压力产生的转矩 T_d。因为回位弹簧转矩 T_{sp} 与节气门开度相关,摩擦阻尼 T_f 与速度相关,而 T_d 不与直流电机状态直接相关,所以 T_{mL} 可以表示为

$$T_{mL} = T_{sp}(\theta_t) + T_f(\omega_t) + T_d(t) \tag{4-17}$$

式中,t 为时间。

这里 $T_d(t)$ 可以理解为来自于外界随时间变化的转矩负载,作为未知的系统干扰处理。

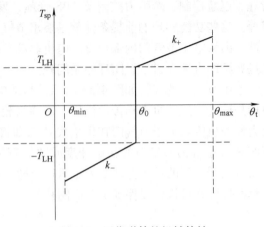

图 4-6 回位弹簧的机械特性

$T_{sp}(\theta_t)$ 为回位弹簧的机械特性。当节气门开度大于 θ_0 时,弹性系数为 k_+ 的弹簧起作用,向减小节气门开度方向产生正转矩;当节气门开度小于 θ_0 时,弹性系数为 k_- 的弹簧起作用,向增大节气门开度方向产生负转矩。$T_{sp}(\theta_t)$ 可以表示为如图 4-6 所示的曲线,其函数表达式为

$$T_{sp}(\theta_t) = \begin{cases} T_{LH} + k_+(\theta - \theta_0) & \theta_0 < \theta < \theta_{max} \\ -T_{LH} + k_-(\theta - \theta_0) & \theta_{min} < \theta < \theta_0 \end{cases} \tag{4-18}$$

式中,T_{LH} 为弹簧预紧力;θ_{min} 和 θ_{max} 分别为节气门所能达到的最小开度和最大开度。

$T_f(\omega_t)$ 为摩擦阻尼特性,摩擦力是极为复杂的物理特性,学者们提出了各种经验模型来描述摩擦力与转速的关系,其中主要针对节气门由静止转换为滑动摩擦的过渡过程(预滑动摩擦)。这里不对摩擦模型进行讨论,仅根据库仑摩擦给出 $T_f(\omega_t)$ 的表达式,该函数表示为图 4-7 所示特性曲线,即

$$T_f(\omega_t) = \begin{cases} T_s & \omega_t > 0 \\ 0 & \omega_t = 0 \\ -T_s & \omega_t < 0 \end{cases} \tag{4-19}$$

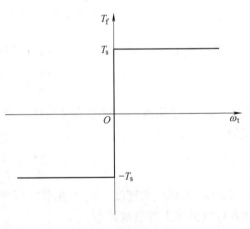

图 4-7 摩擦阻尼特性

式中,T_s 为常数,是节气门阀片旋转过程中受到的滑动摩擦转矩。

参考式(4-13)~式(4-17),可以得到电子节气门的状态框图,如图 4-8 所示。可以看到电子节气门系统输入为电枢电压,输出为节气门开度,节气门开度对电枢电压的响应受到三个惯性环节的影响。同时,系统中包含了具有非线性特性的反馈环节:回位弹簧和摩擦阻尼。这两个非线性特性都属于不连续函数,分别在 $\theta = \theta_0$ 点和 $\omega_t = 0$ 点附近发生突变。一般线性系统的控制方法很难解决这类非线性控制问题,所以目前国内外先进的电子节气门控

制方法以非线性控制中的变结构控制为主,但相关内容已超出本书的介绍范围,有兴趣的读者可以参考文献[18-21]。

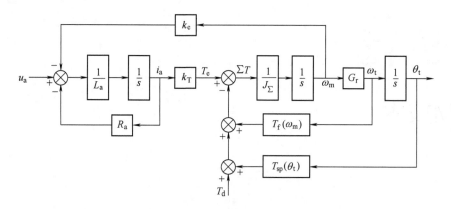

图 4-8 电子节气门的状态框图

第 5 章

PWM技术

直流电机反馈控制的基础是电枢电压可调。目前电压调节的方式大部分基于现代电力电子技术，所以本章将对现代电力电子技术中用到的最基本概念——PWM 技术进行介绍。本章介绍 PWM 技术的基本原理、将模拟信号转化为 PWM 的方法及在仿真软件和微控制器中常见的实现方法，并结合单极双掷开关（SPDT），介绍 Buck、Boost 电路利用 PWM 实现直流电压转换的原理，最后介绍 PWM 在直流调制中的应用。

5.1　PWM 原理

在介绍 PWM 的概念之前，首先讨论生活中的一个例子。当人们向杯中倒入啤酒时，啤酒会产生泡沫，甚至可能由于大量的泡沫而溢出，如图 5-1a 所示。为了倒满一杯啤酒，人们往往会在杯中啤酒增加的过程中，逐渐减小酒瓶的倾角，通过连续降低啤酒流入杯中的流速来抑制泡沫的产生。那么在啤酒流速不可控的时候如何倒满一杯啤酒呢？这一问题在生活中也被很好地解决了，那就是常见的饮料机，如图 5-1b 所示。饮料机只有开、关（0、1）两种状态，无法连续调节饮料流出的流速。为了倒满一杯饮料，人们往往在饮料接近杯口的时候，反复进行"开""关"状态的切换，这同样可以抑制泡沫的产生。可见，连续降低啤酒的流速和反复开关饮料机之间存在着联系。

分别将啤酒流入杯中的过程和饮料流入杯中的过程用流速和时间的曲线表示，如图 5-2 中黑色实线所示。啤酒的流速是一条光滑曲线，幅值连续衰减；饮料的流速为幅值不变的方波序列。在方波的上升沿处添加辅助线，将整个时间区域分为 t_1、t_2、t_3 和 t_4 共 4 个时间区间，并对啤酒流速曲线在各时间区间内取平均值，可得到灰色阴影表示的长方形区域。各长方形区域的高度（流速平均值）分别为 $\bar{q}_1$、$\bar{q}_2$、$\bar{q}_3$ 和 $\bar{q}_4$。通过以上变换，在保证各时间区间内倒入啤酒量不变的情况下，连续光滑的啤酒流速曲线已经被转化为阶梯波表示的平均流速曲线。对比啤酒平均流速和饮料流速的方波序列可以发现，啤酒平均流速曲线幅值不同，但充满整个时间区间；饮料流速曲线幅值相同，但方波的时间宽度不同。虽然两组方波序列形状不同，但若相应长方形面积相等，则 $\bar{q}_1$、…、$\bar{q}_4$ 与 t'_1、…、t'_4 成正比，且二者在 4 个时间区间内的平均流速相等。以上 4 个时间区间的划分是比较粗糙的，所以平均流速曲线与实际的流速曲线有较大的差别，若将求解平均流速所用的时间区间大幅度减小（如将流速曲线等分为 1000 个时间区间），则可以想象此时 $\bar{q}_1, \cdots, \bar{q}_{1000}$ 与连续流速的曲线中的相应时间段的实时流速是极为相近的，而且同样可以通过控制饮料流速的方波序列的时间宽度 $t'_1, \cdots, t'_{1000}$ 实现相应方波面积相等，且此时也可以认为饮料机的 1000 个开关过程控制得到的平均流速与倒啤酒时的平均流速在 1000 个时间段上处处相等，即可以用高速开关的"01"波形近似模拟量的连续变化。

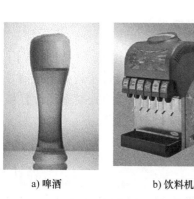

图 5-1 啤酒与饮料机

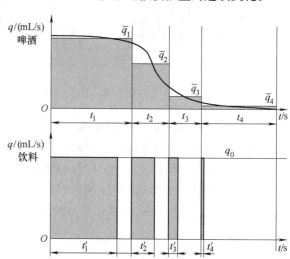

图 5-2 啤酒与饮料机流速示意图

以上过程可以理解为是描述了一个从信号的幅值调制到时间调制的等效过程。大部分工程应用中，需要对执行器输出的幅值进行连续调节，以实现对系统性能的精确控制，这种对幅值的调节就是幅值调制的需求。但是目前工程上应用的执行器往往难以实现对输出幅值的连续调节，例如汽车蓄电池的电压、汽油（柴油）喷嘴的流速等，所以可以将幅值调制的需求转化为对脉冲时间宽度的调节，实现等效的执行器做功，这就是脉冲宽度调制（PWM）技术的基本思路。

随着电子计算机技术的出现和发展，首先出现了脉冲幅值调制（PAM）的概念。因为计算机系统是离散的，无法产生连续信号，所以一般用脉冲序列表示计算机中的信号。而计算机与执行器的接口则通过零阶保持实现，从而将脉冲序列表示为不同幅值的方波脉冲，如图 5-3 所示，这就是 PAM。

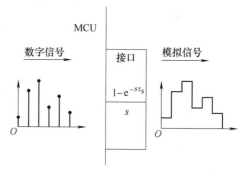

图 5-3 计算机与执行器的接口的实现

在 PAM 的脉冲基础上，基于单个脉冲面积相等的原则，将不同幅值的脉冲序列转换为不同宽度的脉冲序列，则实现了 PWM。PWM 简称脉宽调制，是将模拟信号转换为脉冲波的一种技术。一般脉冲持续时间是根据模拟信号的幅值来决定的。图 5-4 所示为分别利用 PAM 和 PWM 产生的正弦波，二者都由 25 个方波脉冲组成，对应脉冲的面积近似相等。

为了准确地对 PWM 波形进行描述和控制，下面定义两个 PWM 的典型特征参数。

1) **周期**：周期性脉冲序列中，两个相邻脉冲之间的时间间隔。

2) **占空比**：周期脉冲序列中，有电信号输出的时间与整个信号周期之比。

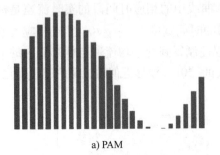
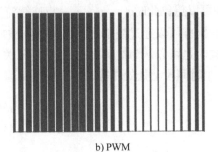

a) PAM b) PWM

图 5-4 利用 PAM 与 PWM 产生的正弦波

在图 5-5 中，PWM 信号的周期为 T，共有三个周期，且三个周期相等。一般情况下，PWM 信号的周期 T 都设为固定值。PWM 的周期越小，其作用结果也越接近于目标模拟信号（连续信号）。但往往受到硬件上的限制或考虑到系统损耗等因素，PWM 的周期不能设置得过小。PWM 的周期也经常用 PWM 频率来描述，因为二者是互为倒数的关系。

根据定义，在图 5-5 中，PWM 信号的占空比可以表示为

$$D = \frac{T_D}{T} \tag{5-1}$$

根据式（5-1）可知，占空比的取值范围在 $[0,1]$。根据脉冲面积相等的原则，图 5-5 中的 PWM 信号与 PAM 信号的对应关系可以用图 5-6 表示，即若要产生幅值为 A^* 的 PAM 脉冲序列，可以用相应占空比为 D 的 PWM 信号实现，其对应计算公式为

$$D = \frac{A^*}{A} \tag{5-2}$$

可以发现，因为 $D \in [0,1]$，所以 PWM 可以等效输出的幅值范围为 $[0,A]$。

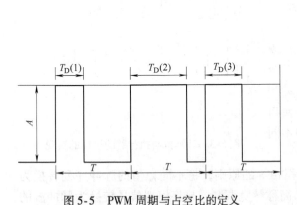
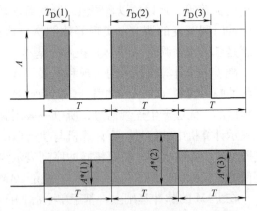

图 5-5 PWM 周期与占空比的定义   图 5-6 PWM 信号与 PAM 信号的对应关系

5.2 将模拟信号转化为 PWM 的方法

将任意模拟信号转化为 PWM 可以概括为以下两步：

1) **离散化**，即将连续的模拟信号通过采样保持，转化为相应采样幅值的离散脉冲序列。

2) **数字化**,即将不同幅值的离散脉冲序列转化为只有 0、1 两种幅值的脉宽调制序列,并计算其占空比。

下面通过正弦 PWM(SPWM)的实例介绍以上步骤的应用。设目标正弦信号幅值为 0.5,频率为 50Hz,PWM 波形幅值为 1。

离散化过程:为了更为清晰地在图中表示 SPWM 的计算过程,这里选取较低的采样频率(500Hz)进行正弦信号的离散化,此时一个正弦周期只采样 10 个点。利用相关公式计算得到 10 个采样点的幅值,并作为 PAM 相应脉冲的幅值,即

$$A^*(k) = 0.5\sin\left(\frac{2\pi}{k} + \frac{\pi}{10}\right) + 0.5 \quad (k=1,2,\cdots,10) \tag{5-3}$$

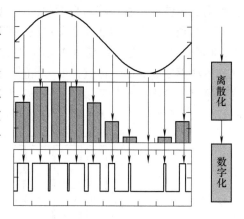

图 5-7　SPWM 的产生方法

数字化过程:将离散化得到的脉冲序列的幅值 $A^*(k)$ 转化为对脉冲时间宽度的调制。将式(5-3)代入式(5-2)可得各脉冲占空比为

$$D(k) = 0.5\sin\left(\frac{2\pi}{k} + \frac{\pi}{10}\right) + 0.5 \quad (k=1,2,\cdots,10) \tag{5-4}$$

以上两步可以用图 5-7 表示。

5.3　PWM 的实现

5.1 节和 5.2 节计算得到的占空比无法在电路中直接应用,因为占空比代表着持续时间,无论是模拟电路还是数字电路,都无法直接控制输出量的持续时间。在工程中一般采用计数器(计时器)辅助生成 PWM,这里计数器可以用三角波表示,如图 5-8 所示。其中,

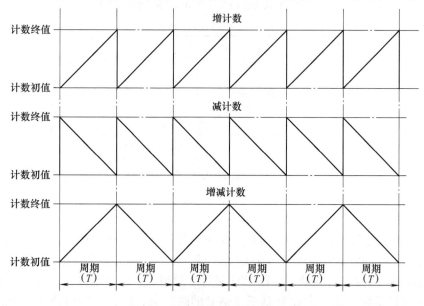

图 5-8　计数器的三角波表示形式

上方的两组锯齿波可以分别表示周期性的增计数和减计数，而对称的三角波可以表示交替进行的周期性增减计数。这些三角波上每一个点的幅值与计数持续时间是一一对应的，也就是说利用三角波可以直接将对持续时间的控制转换为对三角波幅值的控制。

下面利用三角波生成 5.2 节中的 SPWM 信号。同样设正弦信号频率为 50Hz，PWM 频率为 500Hz，正弦信号峰峰值为 1，PWM 方波幅值为 1。采用图 5-8 所示的增减计数模式，设置三角波周期为 2ms，幅值为 1。将正弦信号和三角波信号进行比较，当正弦信号大于三角波信号时，输出 1；当正弦信号小于三角波信号时，输出 0。从而得到一组 0、1 方波信号，该信号即为所需的 SPWM 信号。该过程可以从图 5-9a、b 中清晰地看到。

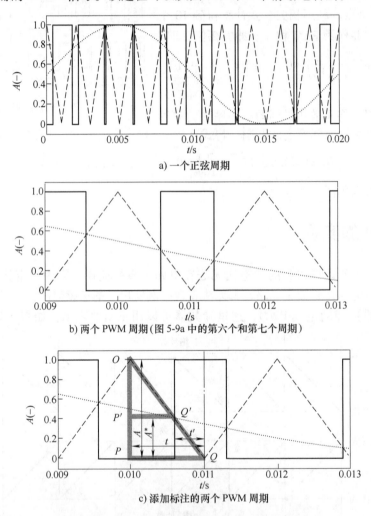

a) 一个正弦周期

b) 两个 PWM 周期（图 5-9a 中的第六个和第七个周期）

c) 添加标注的两个 PWM 周期

图 5-9　三角波、正弦波与 PWM 波之间的关系

下面证明以上过程的合理性。在图 5-9b 中添加辅助线（粗实线），标注相应的曲线交点及线段长度，可以得到图 5-9c。其中 Q' 为正弦波与三角波的交点，O、Q 分别为三角波上下顶点，线段 OP 垂直于时间轴，线段 $P'Q'$ 平行于时间轴，两条线段交点为 P'。所以，$P'P$ 的长度与 Q' 的纵坐标相同，为此时刻正弦信号的瞬时值，即目标输出值 A^*。根据图 5-9c 中粗实线的三角关系可以得到

$$\triangle OPQ \sim \triangle OP'Q' \tag{5-5}$$

所以

$$\frac{t'}{t} = \frac{A^*}{A} \tag{5-6}$$

式（5-6）说明，通过三角波与正弦波比较的方式获得的 PWM 的占空比与正弦波采样点的值有固定的比例关系，所以这种方法可以被用于生成 PWM 波形。在实现 SPWM 信号的过程中，正弦波称为调制波，三角波称为载波。这里需要强调的是，以上讨论的 SPWM 信号的实现方法同样适用于任意波形，只需要将调制波替换成对应波形即可，唯一需要考虑的就是调制波的幅值是否在一个三角波周期内近似不变，或者说调制波变化的速率相比载波是否足够慢。当然，根据调制波和载波选取方法、二者交点采样方法等因素的不同，PWM 的实现方法还可以分为很多类型，以应用于不同的场合，有兴趣的读者可以参考文献 [24，25]。

计算机一般通过输出电压的幅值输出变量，但占空比要求计算机以"持续时间"的形式输出变量，这就对计算机的输出机制提出了不同的要求。PWM 的特点意味着其上升沿、下降沿时刻的控制精度决定了占空比的控制精度。而计算机的时间恰恰是离散的，这就需要计算机专门为 PWM 的实现提供极高频率的计算资源。以开关频率为 10kHz 的 PWM 为例，若计算机为其提供的计算资源频率为 1MHz，则可知计算资源的时间分辨率为 1μs，对应 100μs 周期的 PWM 信号，其占空比绝对误差可高达 1%。

5.4 PWM 在直流调制中的应用

本节中通过典型的直流-直流（DC-DC）变换电路进一步介绍 PWM 技术在电压调制中的应用。传统汽车一般只配备 12V 或 24V 直流蓄电池，为了给不同电压需求的车载低压电器供电，就需要把蓄电池电压转化为其他的直流电压（如 1.8V、3.3V、5V、90V 等）。这种直流电压之间相互转化的电路称为 DC-DC 电路，其中输出电压低于输入电压的降压电路称为 Buck 电路，反之输出电压高于输入电压的升压电路称为 Boost 电路。Buck 电路的基本电路拓扑如图 5-10 所示。

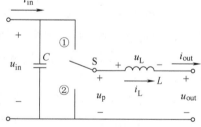

图 5-10 Buck 电路的基本电路拓扑

图 5-10 所示电路中的开关 S 称为单极双掷开关（Single Pole Double Throw，SPDT），其与电感 L 的连接端称为"极（Pole）"，与电容 C 的连接端称为"掷（Throw）"。根据电感和电容的特性，"极"上的电流不能发生突变，"掷"上的电压不能发生突变。当单极双掷开关分别闭合触点①和②时，电路可以分别简化，如图 5-11a、b 所示。

分别列写相应回路的电压方程可得

$$L \frac{di_L}{dt}\bigg|_① = u_{in} - u_{out} \tag{5-7}$$

$$L \frac{di_L}{dt}\bigg|_② = -u_{out} \tag{5-8}$$

a) 闭合触点①　　　　　　　　b) 闭合触点②

图 5-11　单极双掷开关闭合不同触点时的等效电路

设开关 S 以周期 T 反复顺次接通触点①和②，则电压 u_p 的波形为一个标准的周期为 T 的 PWM 波。假设该 PWM 波的固定占空比为 D，则在一个周期内，开关接通触点①的时间为 DT，接通触点②的时间为 $(1-D)T$。当系统处于稳态时，系统的电流响应 i_L 平均值不变，即在 T 周期内，电流幅值的上升与下降相等，可得

$$\int_0^{DT} \left.\frac{\mathrm{d}i_L}{\mathrm{d}t}\right|_① \mathrm{d}t + \int_{DT}^{T} \left.\frac{\mathrm{d}i_L}{\mathrm{d}t}\right|_② \mathrm{d}t = 0 \tag{5-9}$$

将式 (5-7)、式 (5-8) 代入式 (5-9)，整理得

$$u_{\text{out}} = D u_{\text{in}} \tag{5-10}$$

即当稳态时，Buck 电路实现降压功能，输出电压与输入电压的系数为 $D(D \in [0,1])$。电感电流的波动会引起输出电压的波动，一般在 Buck 电路的输出端同样并联电容，起到稳压和滤波的作用。根据式 (5-9)，可以得到电感中电流波动的幅值为

$$\Delta i_L = \frac{1}{2}\int_0^{DT}\frac{\mathrm{d}i_L}{\mathrm{d}t}\mathrm{d}t = \frac{1}{2}\frac{(1-D)D u_{\text{in}}}{L}T \tag{5-11}$$

从式 (5-11) 可以看出，周期越小，电感越大，占空比越远离 0.5，电流的波动就越小，相应的 DC-DC 电路输出电压的谐波就越小。其中周期与电感的影响都可以用系统的频率特性解释。电感为一低通系统，所以周期越小，PWM 谐波频带越高，衰减越剧烈；电感越大，系统惯性越大，截止频率降低，高频谐波的衰减增加。占空比的影响可以理解为 PWM 的调制强度的影响。因为 PWM 本身具有对称性，且当占空比为 0 和 1 时相当于直流，没有调制作用，所以随着占空比从 0 和 1 两个方向接近 0.5，PWM 的调制强度逐渐提升，相应引起的谐波也会逐渐增大。

Boost 电路的基本电路拓扑如图 5-12 所示。仿照 Buck 电路的推导可以得到，当单极双掷开关 S 闭合触点①和②时，相应回路的电压方程分别为

$$L\left.\frac{\mathrm{d}i_L}{\mathrm{d}t}\right|_① = u_{\text{in}} \tag{5-12}$$

$$L\left.\frac{\mathrm{d}i_L}{\mathrm{d}t}\right|_② = u_{\text{in}} - u_{\text{out}} \tag{5-13}$$

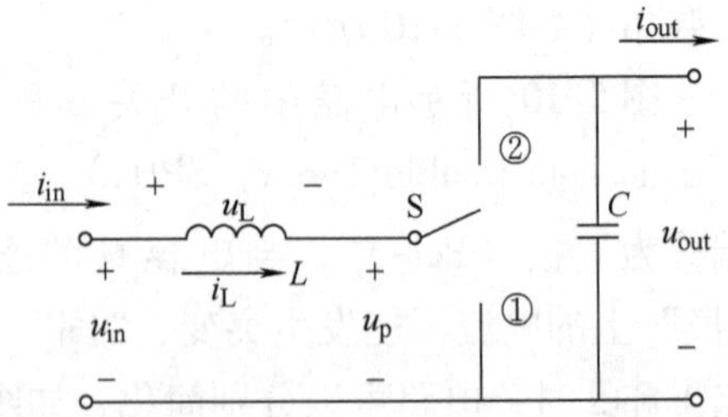

当系统处于稳态时，电感电流幅值的上升与下降程度相等，可得

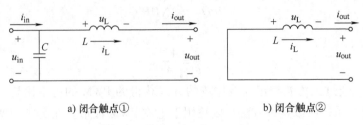

图 5-12　Boost 电路的基本电路拓扑

$$\int_0^{DT}\left.\frac{\mathrm{d}i_L}{\mathrm{d}t}\right|_① \mathrm{d}t + \int_{DT}^{T}\left.\frac{\mathrm{d}i_L}{\mathrm{d}t}\right|_② \mathrm{d}t = 0 \tag{5-14}$$

将式 (5-12)、式 (5-13) 代入式 (5-14) 可得

$$u_{\text{out}} = \frac{u_{\text{in}}}{1-D} \tag{5-15}$$

即该电路输出电压与输入电压的系数为 $1/(1-D)$。因为 $D \in [0,1]$，所以输出电压大于输入电压，Boost 电路可实现直流电压的升压变换。

虽然式 (5-10) 与式 (5-15) 的表达形式不同，但二者本质是一致的。仔细观察分析图 5-10 和图 5-12 可以发现，两张图的电路是相同的，只是输入输出变量的标注和正方向定义不同，导致了表达式不同。甚至可以说，所谓的升压电路和降压电路在本节所示的电路图中是一致的，二者的区别来源于人为的定义：将电压高的一段定义为输入，则该电路为降压电路；反之为升压电路。那么可以推断，该电路拓扑本身可以实现能量的双向流动：当电能由高压侧流向低压侧时，一般认为是降压电路；而电能由低压侧流向高压侧时，电路则变为了升压电路。

但在实际应用中，Buck 和 Boost 电路一般是不同的。这种不同来源于图 5-10 和图 5-12 中的单极双掷开关 S 在电路中的具体电力电子器件实现上的区别。不难看出，Buck 与 Boost 电路中单极双掷开关 S 所承受的电流方向是有区别的，因为实际电路中单极双掷开关的实现方式主要由其电压、电流承受能力决定，所以两个电路的具体实现会有所不同。利用半导体开关器件（或者说利用电力电子器件进行 PWM 调制）实现电能信号的变换和控制的技术，就是所谓的电力电子技术。其具体的内容将在第 6 章中展开介绍。

第 6 章

电力电子技术

基于第 5 章 PWM 概念的介绍，本章将较为全面地介绍电力电子技术的概念、特点及应用。通过对常用的电力电子器件的介绍，引出单极双掷开关的电路实现方法，并给出整流电路和逆变电路的拓扑。在本章的最后，还会介绍电力电子器件的损耗及其散热的计算方法。

6.1 电力电子技术概述

一般认为，电子技术的应用可分为信息处理与能量转换两大方面。人们熟知的"IT"（Information Technology）就是利用电子技术进行信息处理。因为其功率等级比较低，所以这种应用也被称为"弱电"应用。若将电子技术应用于能量转换，则相关的理论与应用就是本章所讨论的电力电子技术。电力电子技术在日常生产生活中的应用也非常普遍，例如工业生产及汽车中用到的变频器、日常生活中的充电器、计算机电源等，这些技术的基础都是对"强电"功率流动的精确高效控制。随着近年来节能环保等问题受到社会的普遍关注，精确高性能的电功率控制问题日益突出，电力电子技术得到了长足的发展。电力电子技术是研究利用电力电子器件控制电能转换的一门学科。如图 6-1 所示，电能变换的控制是通过电力电子变换器实现的，它一般由开关器件（电力电子器件）组成，可以实现"弱电"信号对"强电"功率流动的控制。在图 6-1 中表示为，流经电力电子变换器的功率由"控制输入"上的信号决定。因为"控制输入"上的信号可以由单片机/DSP 等微控制器给出，所以电力电子技术真正意义上实现了电功率的数字控制，从而使电机控制乃至电能控制的观念和方法进入了一个新的时代。

这里以第 5 章所提到的降压电路为例讨论电力电子技术的基本特点。若需要设计一个车载降压电路，要求输入电压为 12V，输出电压为 5V，这一设计需求可以用图 6-2 表示。

为了便于分析，假设输出端连接 5Ω 纯阻性负载。如何实现图 6-2 中的"功率变换电路"呢？这一设计需求最简单的实现方法就是在电路中串联电阻进行分压。因为分压电路需要分担 7V 的电压，所以在 5Ω 负载的情况下应选择 7Ω 电阻进行分压，如图 6-3a 所示。另一方面，根据第 5 章的介绍，可以利用 Buck 电路进行降压，如图 6-3b 所示。下面对两种降压方式进行对比。

在图 6-3a 所示的电路中，虽然通过电阻 R_s 的分压可以实现降压的作用，但是该功率转

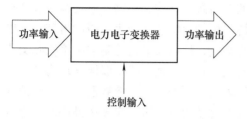

图 6-1 电力电子技术示意图

图 6-2 直流降压电路的设计需求

换过程的效率是非常低的。若忽略电源内阻,可以直接计算得到电路工作时的能量转换效率为 41.67%。再考察图 6-3b 中的电路,若认为电感、电容元件为理想元件,不产生损耗,则除负载电阻外,唯一有可能产生损耗的就是单极双掷开关 S。假设单极双掷开关 S 为理想开关,即其导通电压降为 0,且可以在无穷小的时间内完成导通和关断过程。分析单极双掷开关 S 在分别连接到位置①、②时的损耗。若开关接通位置①,①与ⓟ导通,虽然两点间流经电流,但电压降为 0,即功率损耗为 0;同时②与ⓟ断路,虽然两点间存在电压,但电流为 0,即损耗为 0。所以当 S 接通位置①时,不产生损耗。同理分析当 S 接

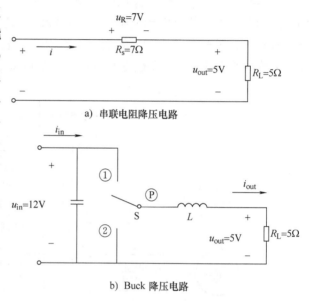

a) 串联电阻降压电路

b) Buck 降压电路

图 6-3 直流降压电路举例

通位置②时的损耗情况,同样可以得到损耗为 0。所以在理想情况下可以得到该电路的能量转换效率为 100%。对比两套电路的工作原理可以清楚地看到,相比传统的分压方式,电力电子技术通过开关的通断,可以极大地降低电压变换过程中的损耗。所以电力电子电路的效率普遍非常高,电动汽车驱动电机的电力电子变换器效率可达 98% 左右。

近年来,电力电子技术被广泛应用于汽车电气系统,对改进汽车动力性、燃油经济性、排放及安全性、舒适性起着越来越重要的作用。除了用于各类电机的驱动(电力类型从直流电机到交流电机,输出功率从几瓦到上百千瓦级别),电力电子技术还被用于电磁阀、点火线圈、喷油器、继电器、加热器及其他汽车负载的驱动。据统计,在 2000 年,一辆中档乘用车所需的功率半导体器件成本为 100~200 美元,而在电动汽车或混合动力汽车中,功率半导体的成本要增加 3~5 倍。

电力电子技术的应用可按其输入输出电压的特性分为 DC-DC、DC-AC、AC-DC 和 AC-AC,其中 DC-DC 为直流电压之间的相互转换,如前述的 Buck、Boost 电路等;DC-AC 是将直流电压转换为交流电压,常见于交流电机的驱动,也称为逆变器;AC-DC 是将交流电压转换为直流电压,常见于充电设备,也称为整流器;AC-AC 为交流电压之间的转换,在小功率电力电子技术场合中应用较少,本书中不做详细介绍。

图 6-4 所示为典型的插电式串联混合动力汽车的电力系统结构。根据插电式串联混合动力汽车的工作原理,发动机与交流发电机相连,将燃料中的化学能转换为机械能再转换为电能储存在动力电池中。因为交流发电机输出为三相交流电,所以发电机控制器会将三相交流电转换为直流电,即该控制器为整流电路。为了驱动汽车自身,插电式串联混合动力汽车还需要利用交流电机将动力电池中的电能转换为机械能输出,则交流电机控制器将动力电池的直流电转换为三相交流电,为逆变电路。插电式串联混合动力汽车可以实现由外部对动力电池的充电,如外部为 380V 或 220V 的交流电压,则其充电器也为整流电路。目前的混合动力汽车一般仍配备传统汽车的 12V 或 24V 蓄电池为电子控制器(ECU)及功率变换器的控制电路供电,所以需要动力电池电压(如 300V)转 12V(或 24V)电压的 DC-DC 电路。此外,ECU 中还需要 5V、3.3V 等较低的直流电压对微控制器供电。不同的电路芯片、执行器、传感器所需的供电电压也有所不同,所以 ECU 中会有多路 DC-DC 变换电路。

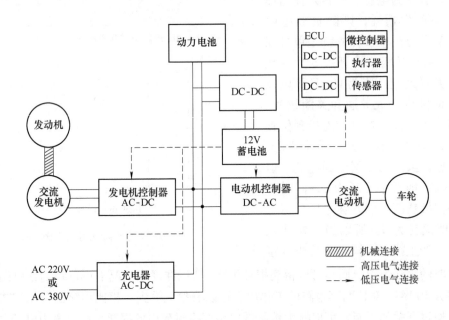

图 6-4 插电式串联混合动力汽车的电力系统结构

6.2 典型的电力电子器件

电力电子电路的基本原理都可以用单极双掷开关进行描述,但理想的单极双掷开关在现实电路中是不存在的。所以在设计实际电力电子电路时,需要通过分析理想单极双掷开关的工作状态(承受的电流、电压和开关频率等),选择相应半导体器件组成电路,实现单极双掷开关的功能。用于实现单极双掷开关功能的半导体器件,就称为电力电子器件。典型的电力电子器件主要包括二极管、晶闸管(SCR)、门极关断晶闸管(GTO)、双极结型晶体管(BJT)、金属-氧化物-半导体场效应晶体管(MOSFET)、绝缘栅双极晶体管(IGBT)等。其中,二极管、MOSFET 和 IGBT 是汽车电力电子技术中最常用的器件。

6.2.1 二极管

二极管是最简单的电力电子器件,由一个 PN 结或肖特基构成,一般用于实现电流的单向流动。二极管实物图及其图形符号如图 6-5 所示,其中"+"端称为二极管的阳极,"-"端称为二极管的阴极,二极管的单向导电性是指其电流一般只由阳极流向阴极的性质。但若二极管工作在反向"雪崩效应"模式下,电流则由阴极流向阳极。

二极管主要在汽车电力电子技术中实现以下三种功能:整流、续流和钳位。其中整流和续流的功能主要利用了二极管的单向导电性,在电力电子电路的功能实现中具有重要的作用,所以相关内容将在 6.3 和 6.4 节中进行详细的介绍。钳位功能相对简单。钳位二极管也称稳压二极管,它与前两种整流和续流的应用不同,工作在反向击穿模式下。当作用在稳压二极管两端的反向电压达到击穿电压时,稳压二极管发生"雪崩效应",电流急剧增大而电压维持不变。因为这种情况下无论输入电压如何增加,输出电压都被"钳位"在击穿电压值上,所以稳压二极管可以起到抑制电压瞬变、保护电子元器件安全的作用。如汽车上常见的直流 14V 系统在电流突变的工况下,很容易由于电路中电感的作用,出现 25~125V 的尖峰电压,此时可以利用稳压二极管的钳位作用,有效地保护 14V 系统中的电子设备。

a) 二极管实物图

b) 二极管图形符号

图 6-5 二极管实物图及其图形符号

6.2.2 MOSFET

MOSFET 全称是金属 - 氧化物 - 半导体场效应晶体管,图 6-6a 所示为常见的 MOSFET 芯片,虽然该芯片有 7 个引脚,但其引脚 2、3、5、6、7 皆为该芯片的源(S)极,内部并联在一起,引脚 1 为栅(G)极,引脚 4 为漏(D)极。在低压电力电子电路中,功率 MOSFET 是首选的可控器件。它利用栅(G)极作为控制端,控制漏(D)极与源(S)极之间的功率流动。MOSFET 的特性与晶体管相似,具有线性区和饱和区。因为电力电子需要理想的开关特性,所以在该场合下 MOSFET 工作在其饱和区。MOSFET 主要分为两种类型:N 沟道型和 P 沟道型,如图 6-6b 所示。其中,N 沟道 MOSFET 在栅极和源极电压高于对应阈值 V_{GSth} 时导通;反之,P 沟道 MOSFET 在栅极和源极电压低于对应阈值 V_{GSth} 时导通。所以,N 沟道 MOSFET 多用于低端驱动,而 P 沟道

a) MOSFET 实物图

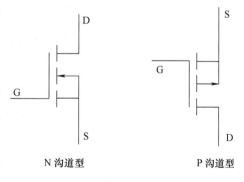

b) MOSFET 图形符号

图 6-6 常用的 MOSFET 实物图及其符号

MOSFET 用于高端驱动较为方便。但在功率较大的应用中，一般还是采用 N 沟道 MOSFET。

关于 MOSFET 的原理，本书不做更为详细的介绍，有兴趣的读者可以参考文献 [9, 26]。下面简要介绍 MOSFET 的基本特性。

以属于英飞凌公司 OptiMOS 系列功率 MOSFET 的 IPB180N10S4-03 为例，其主要特性如图 6-7 所示。这三个参数分别表示了该器件最大耐受的漏 – 源极电压、导通时的等效电阻和在额定工况下持续运行时的最大漏极电流。从相关参数可以看出，将该器件用于千瓦级车载 48V 电机的驱动是比较合适的，对于该器件的更多参数及特性，可以参考相应的数据表。

IPB180N10S4-03		
产品参数		
V_{DS}	100	V
$R_{DS(on)}$	3.3	mΩ
I_D	180	A

图 6-7　IPB180N10S4-03 芯片的主要特性

6.2.3　IGBT

IGBT 全称为绝缘栅双极晶体管。目前常见的 IGBT 能承受的集电（C）极与发射（E）极电压多为 600V 和 1200V 两个电压等级，所以相比 MOSFET，它一般用于电压较高的场合。目前大功率电机驱动多为三相交流形式，所以多数情况下 IGBT 也成组应用。生产厂商会将多个 IGBT 封装在一个模块中。图 6-8a 所示为 IGBT 模块 FS400R12A2T4 实物图，该模块中封装了 6 个 IGBT，组成三相桥式电路。IGBT 图形符号如图 6-8b 所示。IGBT 一般应用于传统汽油发动机控制中点火线圈的驱动、纯电动汽车和混合动力汽车中大功率电机的驱动等。IGBT 的基本功能与 MOSFET 相似，它们的区别在于：IGBT 的耐压较高，在汽车上常用于 300V 或 600V 系统中，MOSFET 则多用于车载低压系统中；IGBT 一般开关频率在 5~20kHz，

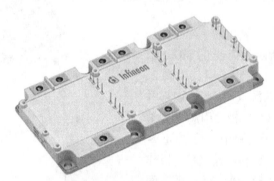

a) IGBT 模块实物图 (封装了 6 个 IGBT)[34]

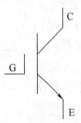

b) IGBT 图形符号

图 6-8　常用的 IGBT 实物图及其图形符号

而 MOSFET 可高达 100kHz 以上。还有一点不同在于：MOSFET 导通后可以等效为一个电阻（见图 6-7），即导通电压降与导通电流成正比；而 IGBT 的导通电压降则与电流无关，因此一般直接用导通电压降表示 IGBT 的导通特性。

6.2.4 宽禁带半导体器件

6.2.1~6.2.3 节从器件结构的角度对电力电子器件进行了划分，并分别进行了特点和应用的阐述，此外还有一个划分维度就是器件材料。目前应用最广的电力电子器件均由硅制成，因此若不单独声明材料一般都指硅基器件。随着材料科学的进步和应用技术的需求牵引，一种被称作宽禁带（Wide Band Gap，WBG）半导体的材料应运而生。由其制成的器件称作宽禁带半导体器件。从应用者的角度理解禁带需要一些固体物理学知识，主要是能带理论：固体中电子的能量具有不连续的量值，电子都分布在一些相互之间不连续的能带上。价电子所在能带与自由电子所在能带之间的间隙称为禁带或带隙。所以禁带的宽度实际上反映了被束缚的价电子要成为自由电子所必须额外获得的能量。硅的禁带宽度为 1.12 电子伏特（eV），而宽禁带半导体材料是指禁带宽度在 2.3eV 及以上的半导体材料。目前行业内应用最多的宽禁带半导体材料是碳化硅（SiC）和氮化镓（GaN）。这两种材料加上氧化锌（ZnO）和金刚石一般被称作第三代半导体材料。

与研发和应用均较为成熟的硅基材料相比，宽禁带半导体材料具有更宽的禁带宽度、更高的热导率、更高的熔点以及更大的电子饱和漂移速率等优点。以碳化硅器件为例，它与硅基器件的性能对比可以用图 6-9 表示，图中各项性能的坐标为相对值，近似表征碳化硅与硅基器件对应性能对比的相对差异。

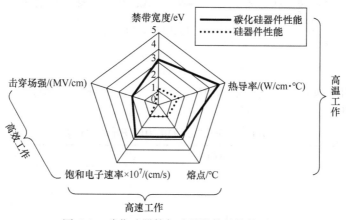

图 6-9 碳化硅器件与硅基器件的性能对比

碳化硅器件和氮化镓器件同属于宽禁带半导体器件，但其应用领域不同。前者主要应用于 1000V 及以上的大功率领域，后者主要应用于数百伏及以下的小功率、高频率领域。在新能源汽车电驱动领域最为常见的宽禁带半导体器件是碳化硅 MOSFET。虽然碳化硅材料有诸多优势，但其高质量的衬底成本依然居高不下，导致相同规格的碳化硅 MOSFET 是硅基 IGBT 价格的数倍。国际上碳化硅器件研制的主力企业是美国 Wolfspeed 公司、日本罗姆（ROHM）公司和德国英飞凌公司。国内的主力研究单位为中电科 55 所和中国中车。在新能源汽车领域，目前的碳化硅器件依然大多采用硅基时代经过广泛验证并大规模应用的所谓"标准封装"，其中典型产品的外形如图 6-10 所示。

a) 美国Wolfspeed公司1200V530A规格碳化硅MOSFET(WAS530M12BM3)

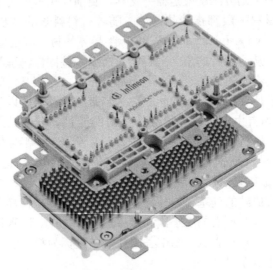

b) 德国英飞凌公司1200V/400A规格碳化硅MOSFET(FS03MR12A6MA1B)

图 6-10　典型碳化硅 MOSFET 产品

6.2.5　小结

6.2 节相对简略地介绍了汽车中常用的三种电力电子器件，下面把这三种器件的主要特点总结于表 6-1 中。

表 6-1　汽车中常用的电力电子器件的特点

二极管	MOSFET	IGBT
+ / −	D G S	C G E
两端口	三端口（控制端为门极 G）	
不可控	可控	
电流自上向下，方向唯一		
可以承受反压	关断状态下，一般只承受正压	
导通电压降恒定	导通电压降为电阻特性	导通电压降恒定
耐压范围大	一般应用电压较低	一般耐压为 600V/1200V
—	开关频率可达 100kHz 以上	一般开关频率为 5～20kHz

需要注意的是，虽然 MOSFET 和 IGBT 只承受正压，但其内部一般寄生反并联二极管。在承受反压的情况下，该反并联二极管会自动导通，保证 MOSFET 和 IGBT 不承受反压。如在 6.2.2 节中介绍的 IPB180N10S4-03，其图形符号如图 6-11a 所示。从该图形符号中可以清楚地看到 MOSFET 上的反并联二极管，同时在器件特性的表格中也有针对该反并联二极管特性的介绍，如图 6-11b 所示。

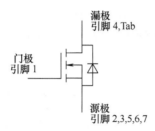

a) 带反并联二极管的 MOSFET 的图形符号

反并联二极管					
连续正向电流	I_S	$T_C=25℃$	—	180	A
脉冲电流	$I_{S,pulse}$		—	720	
正向电压	V_{SD}	$V_{GS}=0V$ $I_F=100A$ $T_j=25℃$	—	1.0	1.3	V
反向恢复时间	t_{rr}	$V_R=50V$ $I_F=50A$ $di_F/dt=100A/\mu s$	—	80	—	ns
反向恢复电荷	Q_{rr}			170		nC

b) 反并联二极管特性的介绍

图 6-11 MOSFET 中反并联二极管的表示符号及特性

6.3 单极双掷开关的实现

如何利用 6.2 节介绍的电力电子器件实现单极双掷开关呢？电力电子器件与理想开关都可以实现电路的开通和关断，它们之间的一个典型区别在于耐受电压与电流的能力。理想开关不必考虑其导通情况下承受的电流幅值和方向，同样不必考虑其关断情况下承受的电压和方向，而电力电子器件则不同，一般电力电子器件都只有单向承受电压和电流的能力。所以，当单极双掷开关在电路中所需耐受的电压和电流不同时，其电路实现所用的电力电子器件及电路拓扑也不相同，这里直接给出不同电压、电流下单极双掷开关的实现方法，在图 6-12 所示的正方向定义下，设横轴表示"掷"电压，纵轴表示"极"电流，则不同象限单极双掷开关的实现方式如图 6-13 所示，图中的 MOSFET 也可用 IGBT 取代。

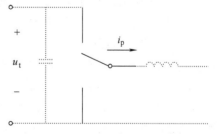

图 6-12 单极双掷开关正方向定义

下面以 Buck 电路为例，说明图 6-13 的使用方法。只考虑 Buck 电路高压侧向低压侧充电的过程，根据正方向定义，Buck 电路中的单极双掷开关工作在图 6-13 中的第一象限，直接将图 6-12 中的单极双掷开关替换为图 6-13 中第一象限的电路拓扑，即得到 Buck 电路实现的电路原理图，如图 6-14 所示。

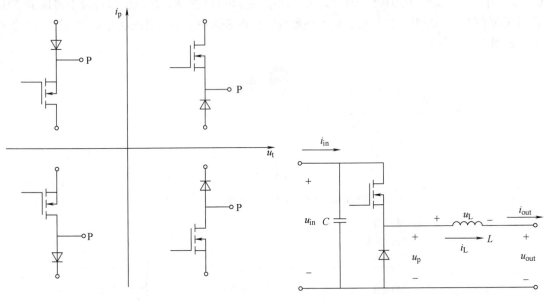

图 6-13　单极双掷开关在单象限的实现　　　图 6-14　Buck 电路实现的电路原理图

图 6-14 中，当通过控制门极开通 MOSFET 时，MOSFET 漏 – 源极间导通，输入端对电感充电，充电电流为 i_L，"极"电压 u_p 与输入电压 u_{in} 近似相等，二极管承受反压关断，二极管中电流为 0。反之，若控制门极关断 MOSFET，则 MOSFET 漏 – 源极间断路，电感中电流减少，感应出电动势使输出电压 u_{out} 的负极电压升高，二极管导通为电感续流，二极管压降 u_p 近似为 0，导通电流为电感电流 i_L，MOSFET 承受正压 u_{in}。以上过程证明，利用图 6-13 所示的电路，通过控制 MOSFET 的导通与关断，就可以在真实电路中实现单极双掷开关的功能。同理，采用图 6-13 中第四象限的电路，就可以实现 Boost 电路中的单极双掷开关。Boost 电路中各器件的具体工作过程请有兴趣的读者自行推导。

图 6-13 中单极双掷开关四个象限的实现电路还不能完全满足所有电力电子变换的需要，如在节气门的控制中，不但要求驱动电路可以输出正向电流，使节气门阀片开度增大，同时也要求驱动电路可以输出负向电流，关闭节气门阀片。所以很多应用中需要单极双掷开关既能承受正向电流，又能承受反向电流，甚至还可能需要单极双掷开关同时承受正、反向电压。因此，除了图 6-13 中的电路，还需要给出单极双掷开关同时在两象限，甚至是四象限工作情况下的电路实现方案。图 6-15 和图 6-16 中给出了相应的电路拓扑，在图中可以看到，两象限和四象限下的电路拓扑均由图 6-13 中的单元电路组合而成，所使用的电力电子器件数量也相应地成倍增加。还有一点需要注意的是，虽然图 6-15 和图 6-16 中电路的结构复杂度提高，MOSFET 数量也成倍增加，但其控制自由度并未增加，因为这些电路都用于实现单极双掷开关，所以只有"开"和"关"两种状态，那么对于多个 MOSFET 而言，理论上它们门极上的驱动信号必然是互补或者相同的。考虑到实际器件的开通与关断过程，这些互补的信号之间可能需要加入"死区"，以防止短路。

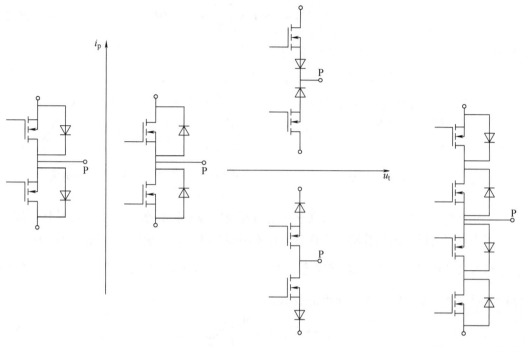

图 6-15 单极双掷开关在两象限的实现   图 6-16 单极双掷开关在四象限的实现

6.4 整流电路与逆变电路

目前车载储能电池为直流电压，但电网电压为 220V 或 380V 的交流电压，且车用电机也有交流化的趋势，所以直流电压与交流电压之间的相互转化是最为典型的车用电力电子技术应用。从广义上讲，直流电压之间的变换也可以认为是直流电压变换为交流电压过程中，控制输出电压停留在某一相位下保持不变的一种特殊情况。将交流电转换为直流电称为整流，将直流电转换为交流电称为逆变，下面分别加以介绍。

6.4.1 整流电路

因为二极管具有单向导电性，所以只需要在电路中串联一个二极管即可以将交流电压转换为直流电压。但是为了提高交、直流电压转换的性能，一般可以采用四个二极管实现不控全桥整流。不控全桥整流实现方式简单，应用广泛，其电路如图 6-17 所示。电路左侧为交流输入端，右侧为直流输出端，当交流输入电压 $u_{AC} > 0$ 时，二极管 VD_1、VD_3 导通，输出电压为正；反之，当 $u_{AC} < 0$ 时，二极管 VD_2、VD_4 导通，同样输出电压为正。若输入电压为标准正弦电压的话，输出电压波形如图 6-18 所示，相当于对输入电压取绝对值。假设输入交流电压可以表示为

$$u_{AC} = \sqrt{2}U\sin\omega t \tag{6-1}$$

式中，U 为交流电压有效值；ω 为交流电角频率；t 为时间。

对图 6-18 所示整流输出电压波形一个周期取平均值可得

$$\bar{u}_{DC} = \frac{1}{\pi}\int_0^\pi \sqrt{2}U\sin\theta d\theta = \frac{2\sqrt{2}}{\pi}U \approx 0.9U \tag{6-2}$$

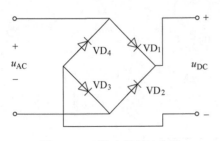

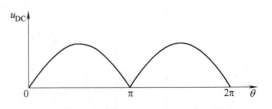

图 6-17 不控全桥整流电路

图 6-18 全桥整流电路输出电压示意图

为了获得稳定的直流电压，一般在整流电路的输出端并联电容，利用电容的储能和滤波作用，减小直流电压输出的波动。下面分析在输出端并联电容对输出电压波动的影响，假设整流电路负载有恒定功率 P_L，当整流输出电压 $u_{DC} > u_{AC}$ 时（从 $\theta > \frac{\pi}{2}$ 开始），输出功率由电容储能承担，此时电容输出的功率可以表示为

$$P_L = P_C = C_{DC}\frac{du_{DC}}{dt}u_{DC} \tag{6-3}$$

式中，P_C 为电容输出功率；C_{DC} 为并联直流母线电容值。

当 $u_{DC} = u_{AC}$ 时，直流母线电容停止放电。设此时电容连续放电时间为 Δt，电压下降为 ΔU_{DC}，可以得到在这段时间内电容放电能量为

$$\Delta E_C = \frac{1}{2}C_{DC}[(\sqrt{2}U)^2 - (\sqrt{2}U - \Delta U)^2] \tag{6-4}$$

负载获得能量为

$$\Delta E_L = P_L \Delta t \tag{6-5}$$

根据能量守恒可以得到

$$C_{DC} = \frac{2P_L\Delta t}{2\sqrt{2}U\Delta U - \Delta U^2} \tag{6-6}$$

因为 ΔU 与 Δt 之间存在如下三角函数关系

$$\Delta U = \sqrt{2}U[1 + \cos(\omega\Delta t)] \tag{6-7}$$

所以可以根据式（6-6）和式（6-7）计算直流母线电容的大小。如要求 $\Delta U/(\sqrt{2}U) < 10\%$，交流频率为 $f = 50Hz$，有效值 $U = 220V$，负载功率 $P_L = 1kW$，则计算可得 $\Delta t = 0.0086s$，$C_{DC} \approx 1000\mu F$。

不控整流电路还可以用于直流电源的防反接电路。直流电路供电的正负极若发生反接，可能会严重损坏 ECU 电路，所以一般都会采取相应的保护措施。其中，整流电路是最为常用的一种。因为二极管的整流作用可以理解为将不同正负方向的电压转换为同一正负方向，所以在电路中串联整流电路后，无论正负极如何连接，都不会影响整流输出电压的极性。

相比用二极管实现的不控整流电路，可控整流电路则可以精确地控制输出的电压、电流或功率。车用可控整流电路一般利用 MOSFET 或 IGBT 实现，采用 PWM 调制。其工作原理

这里不再详细介绍。因为当电力电子变换器的电压（或电流）可以精确控制、变换器中能量的流动方向可控时，整流和逆变的电路与工作原理已经没有本质区别。当能量由直流侧流向交流侧时，称为逆变；当能量由交流侧流向直流侧时，称为整流。所以，PWM 可控整流电路及工作原理与逆变电路是一致的。

6.4.2 逆变电路

逆变电路相比整流电路较为复杂，车用的逆变电路一般通过 PWM 控制输出的交流电压。因为输出电流为交流，所以可以认为该电路工作在图 6-13 中的第一和第四象限，利用单极双掷开关的实现方法可以得到单相全桥逆变电路的拓扑，如图 6-19 所示。因为该电路拓扑的形状类似于大写的英文字母"H"，所以该电路常称为 H 桥电路。

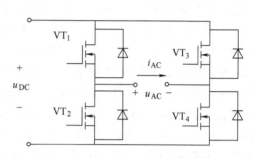

图 6-19 单相全桥逆变电路

从图 6-19 中可以看出，该电路通过 4 个 MOSFET 进行控制。由 6.3 节的讨论可知，4 个 MOSFET 的控制信号中，VT_1 与 VT_2、VT_3 与 VT_4 的控制信号必须互补。该电路实际的控制自由度为 2，一般将 VT_1、VT_2 组成的一个电路单元称为一个桥臂。通过控制一个桥臂上两个 MOSFET 开关的 PWM 占空比，可以使桥臂输出（桥臂的中点）为 $0 \sim u_{DC}$ 的任意电压。所以，通过对两个桥臂的控制，就可以在输出端获得 $-u_{DC} \sim u_{DC}$ 的任意瞬时电压。如果让两个桥臂的 PWM 占空比按正弦规律变化，则可获得幅值为 u_{DC} 的交流电压。

为了实现交流电功率的输出，除了要通过 PWM 调制输出交流电压外，电路同时要满足交流电流流动的需要。下面分析单相全桥电路中的电力电子器件的导通换流过程。假设"1"为 MOSFET 开通信号，"0"为 MOSFET 关断信号。当负载电流 $i_{AC} > 0$ 时，若 VT_1、VT_4 控制信号为"1"，VT_2、VT_3 控制信号为"0"，则 VT_1、VT_4 导通，电源为负载充电；若 VT_1、VT_4 控制信号为"0"，VT_2、VT_3 控制信号为"1"，则 VT_2、VT_3 的二极管导通，为负载续流，负载对电源充电；当负载电流 $i_{AC} < 0$ 时，若 VT_1、VT_4 控制信号为"0"，VT_2、VT_3 控制信号为"1"，则 VT_2、VT_3 导通，电源为负载充电；若 VT_1、VT_4 控制信号为"1"，VT_2、VT_3 控制信号为"0"，则 VT_1、VT_4 的二极管导通，为负载续流，负载对电源充电。在以上一系列过程中，电功率流动方向是由交流电压和电流的相位差决定的，若电压、电流相位差的绝对值小于 $\pi/2$，则电源输出正功，反之输出负功。从这个意义上，逆变电路输出负功时，它的作用转换为了整流电路。

因为较大功率的电机驱动场合多采用三相交流电机，所以三相逆变电路在电机驱动中应用更广。但因为三相负载间的电压与电流存在耦合关系（星形联结或三角形联结），其电路分析并不能简单地将 H 桥电路的工作原理进行叠加，而且三相逆变电路的 PWM 调制也可以充分利用三相负载间的耦合关系获得更优越的调制性能，所以三相逆变电路的拓扑及工作原理需要独立进行讨论。相关讨论见 10.4、10.5 节。

6.5 电力电子器件的损耗与散热

热管理是电力电子技术的一个重要组成部分，打开任何功率电路都可以看到其内部安装的散热片。大功率电机驱动的控制器一般还需要通过水冷或风冷进行强制散热，那么这些功率驱动电路的热量来自哪里，应该如何计算，又要如何考虑其散热的设计呢？显然，理想开关并不存在损耗，自然不会产生热量，6.1 节中已讨论了理想单极双掷开关上不产生损耗的原因，本节通过图 6-20 所示的电压与电流关系加以复习。当开关导通时，开关上电压降为 0，所以无论开关上流经多少电流，其功率损耗均为 0；当开关关断时，开关流经电流为 0，所以无论开关上电压降为多少，其功率损耗依然为 0。因此，通过分析器件上作用的电压降与电流，可以清楚地计算器件的损耗。图 6-21 所示为实际电力电子器件开关过程的电压降、电流及二者相乘获得的器件开关损耗波形。可以看到，与理想开关不同，实际的电力电子器件开关过程会产生三部分损耗：开通损耗、关断损耗和导通损耗。其中，开通损耗和关断损耗主要是由器件电流开通、关断时间不为 0 造成的，而导通损耗是由器件导通过程中存在导通电压降造成的。需要注意的是，电力电子器件实际的开关过程波形可能与其工作温度、驱动电路设计、电路布置及电路中的寄生参数相关，所以图 6-21 所示的只是简化的示意图，可能与实际波形有一定差别。

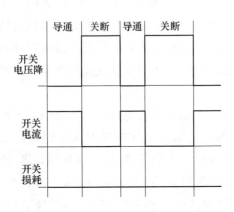

图 6-20 理想开关在开关过程示意图

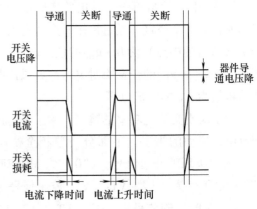

图 6-21 电力电子器件开关过程示意图

参照图 6-21，利用器件数据表上的数据及其工况，可以近似估计器件的损耗为

$$P_{\text{loss}} = P_{\text{on}} + P_{\text{off}} + P_{\text{cond}} \tag{6-8}$$

式中，P_{on} 为开通损耗；P_{off} 为关断损耗；P_{cond} 为导通损耗。

三种损耗的平均功率近似计算表达式可以写为

$$P_{\text{on}} = \frac{1}{2} V_s I_s t_{\text{rise}} f_s \tag{6-9}$$

$$P_{\text{off}} = \frac{1}{2} V_s I_s t_{\text{fall}} f_s \tag{6-10}$$

$$P_{\text{cond}} = \bar{I}_s V_{\text{on}} \tag{6-11}$$

式中，V_s 为器件关断时承受的电压；I_s 为器件导通时承受的电流；t_{rise} 为器件电流上升时间；t_{fall} 为器件电流下降时间；f_s 为器件开关频率，即一个 PWM 周期的倒数；$\bar{I}_s$ 为一个 PWM

周期内的平均电流；V_{on}为器件的导通电压降。

因为MOSFET导通电压降不恒定，呈电阻特性，所以若应用于MOSFET，式（6-11）应改写为

$$P_{cond} = I_{s(rms)}^2 R_{on} \tag{6-12}$$

式中，$I_{s(rms)}$为一个PWM周期内的电流的有效值；R_{on}为导通电阻。

由式（6-9）和式（6-10）可以看到，器件的开通和关断损耗与开关频率成正比，开关频率越高，损耗越大。所以，虽然提高开关频率有利于PWM的调制性能，但同时会使器件的损耗增加，甚至烧毁器件。

计算得到的器件热损耗可以用于估算器件内部的温度。考虑三维空间的传热过程是相对复杂的，在传热学中常采用热路法来计算温度场分布问题。如果只考虑器件的热传导的稳态过程，则可以将两点间热量的传导表示为

$$P_\theta = \frac{\Delta T}{R_\theta} \tag{6-13}$$

式中，P_θ为两点间传导的热功率；R_θ为热阻；ΔT为两点间的温差。

在稳态过程中，功率损耗恒定，所以空间各点温度分布也不发生变化。若考虑瞬态过程，则可在热路中添加热容，相应单元温度的变化可以描述为

$$cm\frac{dT}{dt} = P_\theta \tag{6-14}$$

式中，c为空间物质的比热容；m为单元的质量。

因为式（6-13）与式（6-14）和电路中的欧姆定律及电容电压公式形式完全相同，所以可以将以上传热过程利用电路的方法进行求解。其中，传热过程中的热功率相当于电路中的电流，空间不同点的温度相当于电路中的电压，热阻相当于电阻，比热容与质量的乘积相当于电容，这就是所谓的热路法。一般情况下，因为不需要精细求解器件内部的温度分布，所以可以将器件简单地划分为结点、封装和环境三部分。图6-22即为典型的电力电子器件热路。

在对电力电子器件的热路分析中，认为器件的开关损耗是其温升的唯一来源，所以器件的开关损耗P_{loss}被等效为"电流源"。忽略温升的瞬态过程，当器件各点温度稳定时，器件内空间各点间的温差完全由热阻造成。为了简化计算，只选取三个温度点：器件内核的结点温度T_j、器件封装的温度T_c和环境温度T_a。$R_{\theta jc}$代表结点到封装的等效热阻，$R_{\theta ca}$代表器件封装到环境的等效热阻，这些等效热阻参数一般可以在器件的数据表上找到。若P_{loss}、$R_{\theta jc}$和$R_{\theta ca}$已知，则可以根据基本的电路知识计算得到器件内核的结点温度为

$$T_j = T_a + P_{loss}(R_{\theta jc} + R_{\theta ca}) \tag{6-15}$$

若计算得到的节点温度高于该器件正常工作的温度范围，则需考虑提高器件与环境间的传热，即降低$R_{\theta ca}$，如增加散热片。定义器件封装通过散热片至环境的等效热阻为$R_{\theta ha}$，则可以发现器件封装向环境散热与器件通过散热片向环境散热是两条并行的能量流动通道，所以$R_{\theta ha}$与$R_{\theta ca}$并联，则式（6-15）可改写为

$$T_j = T_a + P_{loss}\left(R_{\theta jc} + \frac{R_{\theta ca}R_{\theta ha}}{R_{\theta ca} + R_{\theta ha}}\right) \tag{6-16}$$

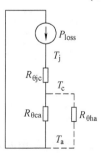

图6-22 典型的电力电子器件热路

根据式（6-16）可以看到，通过匹配具有较小$R_{\theta ha}$的散热片，可以减小整个器件热路中的总热阻，从而有效地控制器件内核的温度。

第 7 章

交流电机概述

本章介绍交流电机的基本特点、结构及用途,并以电流换向的角度从直流电机引入到交流电机,再通过物理学的视角直观地讲解交流电机工作原理,其中采用了大量实物图片来形象地展示交流电机的结构组成和结构细节。另外,还以结构为基础对交流电机进行分类介绍。

7.1 交流电机的概念及其用途

交流电机指通过加载交流电源工作的电机。从电机内部看,所有电机都是交流的,包括直流电机在内。从 2.3 节的论述可知,对于单线圈的直流电机,为获得持续的输出转矩,线圈内部的电流流向需要根据线圈的位置切换方向。从图 2-5 中也可以清晰地看到这一现象:在线圈位于 90°时,粗线所表示的线圈边内电流从纸内流向纸外,同时粗线所表示的线圈边与负集电环接触,即电流流入负集电环;在线圈转到 270°位置时,为了输出与 90°时相同方向的转矩,粗线所表示的线圈边内电流必须从纸外流向纸内,此时,粗线所表示的线圈边与正集电环接触,即电流流出正集电环,相应地,电流依然流入负集电环。由此可以看出,对于内部线圈,电流是交流的。但是由于集电环的存在,对于外部电源而言,电流是直流的。

假设直接用交流电源供电,且有某种机制可以保证电源产生的电流方向交变规律与线圈位置同步,由 2.3 节中论述的直流电机工作原理可知,该交流电机也一定可以产生持续的转矩。用图 7-1 可以更清晰地理解交流电机和直流电机,以及"面向电机内部"和"面向电源"的区别。由图 7-1 可以看出,当图 7-1a 中粗实线代表的线圈边和黑色集电环相连时的电气关系,和图 7-1b 中开关 S_1 和 S_4 闭合、S_2 和 S_3 断开的状态相同;相应地,当图 7-1a 粗实线代表的线圈边和白色集电环相连时的电气关系,和图 7-1b 中 S_2 和 S_3 闭合、S_1 和 S_4 断开的状态相同。不同的是,有刷直流电

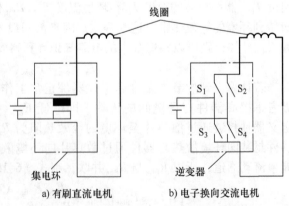

a) 有刷直流电机   b) 电子换向交流电机

图 7-1 有刷直流电机和电子换向交流电机

机通过机械接触实现电流的换向,而电子换向交流电机通过电子开关实现电流的换向。相同的是,二者都通过直流电源供电。仅因为集电环一般做在电机内部,而由 $S_1 \sim S_4$ 组成的电子开关电路往往作为一个单独的装置置于电机的外部,所以前者被称为直流电机而后者被称为交流电机。如果换一个视角,将前述的电子开关电路和电机看作一个整体,则可以将电子换向交流电机称为"无刷直流电机"。

正因为直流电机和交流电机在本质上属于一类能量转换装置,所以很多直流电机的理论和交流电机是相通的,用途也是类似的。在早期,因为直流电机独特且容易实现良好的调速特性,所以广泛地应用于调速和伺服场合,作为电动机使用。但随着电力电子技术的发展,出现了逆变器这种灵活的电力电子装置,使得交流电机摆脱了电源的束缚,具备了和直流电机类似的调速特性,其用途迅速扩展到除传统发电领域以外的各类驱动、调速和伺服场合。目前的状态是,在小功率低成本的场合,直流电机应用较多;在中大功率场合,交流电机应用较多。

7.2 交流电机的工作原理

在 7.1 节中,通过与直流电机类比的方法简单介绍了交流电机的工作原理。该工作原理是以洛伦兹力即磁场对载流导体的作用力角度进行论述的。通过后文对电机结构的讲解以及更加深入的电机磁场分析可知,对于大部分类型的电机而言,其内部载流导体即绕组附近磁场很弱,如此弱小的磁场不足以按照洛伦兹力的作用原理产生可测量到的输出转矩。实际电机中定、转子磁场的相互作用和转矩的产生过程远比 2.3 节中的描述复杂,也不能单纯地用电流与磁场的作用力公式进行描述。因此在本节中,将从更加本质的角度和依然比较朴素的层面去论述交流电机的工作原理。

图 7-2 展示了一种非常简单且直观的机构,一个永磁体棒(两端磁极分别用 N_{rotor} 和 S_{rotor} 表示,称作转子磁体棒)的中心围绕一个旋转轴可以自由旋转。两个分离的永磁体棒(只绘制出面向第一个永磁体棒的南极 S_{stator} 和北极 N_{stator},称作定子磁体棒)固定在空间中的确定位置不能转动。由最基本的同性相斥、异性相吸的原理可知,转子磁体棒由于定子磁体棒的存在会在空间中围绕旋转轴转动,假设两个磁体棒的中心线夹角为 θ。一个直观的物理观察表明,在图 7-2a 和图 7-2d 中,即中心线夹角为 0°和 180°时,转子磁体棒受到的定子磁体棒作用转矩的代数和为 0,而在夹角为 90°(图 7-2c)时作用转矩代数和最大,在 270°(图 7-2e)时反向。一个最简单的数学近似是采用正弦函数描述转矩和两个磁体棒空间

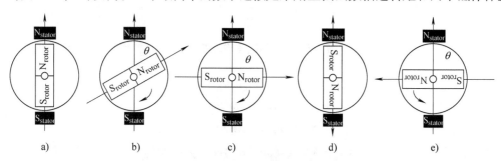

图 7-2 交流电机转矩产生原理

夹角的函数关系。定子磁体棒的磁性越强，转子磁体棒受到的合成转矩越大。因此如果存在某种机构，可以使得定子磁体棒的空间位置时刻保持与转子磁体棒之间存在非0°的夹角，即定子磁体棒的旋转速度与转子磁体棒的旋转速度保持精确一致，则这一机构可以输出持续转矩。

要想实现这一机构，需要将直观的物理观察提升为理性的数学建模。图 7-2 中的定子磁体棒在空间中产生的磁场可以用图 7-3a 所示的磁力线表示。以定子磁体棒的中心线为基准，逆时针旋转方向为角度正方向，定义空间角 γ。从磁力线的走向可以观察到 γ 在 $-90°\sim90°$ 范围内向外延伸，在 $90°\sim180°$ 以及 $180°\sim270°$（$-90°$）范围内向内延伸。同时，定子磁体棒所在位置，即 0° 和 180° 处磁场应当最强。根据这一观察，可以用余弦函数描述定子磁体棒产生磁场的空间分布情况，见式（7-1），式中 M 表示可以描述磁场分布强度的某一物理量，M_m 为这一物理量在一个圆周范围内的最大值。图 7-3b 用一个线圈代替了定子磁体棒，根据安培定律可知，一个线圈所产生的磁场和定子磁体棒具有类似性质，因此也可以用式（7-1）表示其磁场分布。但与定子磁体棒相比不同的是，线圈的电流可以调节，从而可以调节其所产生的磁场强度，即磁场强度与电流的大小成正比。因此，可以把线圈产生的磁场分布用式（7-2）表示，式中 I_m 为交变电流的幅值，K 为电流和其所产生磁场的比例系数，ωt 为交变电流的相位。通过对这一公式的分析，可以得到关于单线圈磁场规律的有趣解读：这种磁场在空间呈"驻波"形式。

如果将一个线圈增加为三个线圈，情形将更加有趣。如图 7-3c 所示，在空间相隔 120° 的位置依次放置了三个线圈，表示为 C_A、C_B 和 C_C。根据前面的建模过程可知，三个磁场的分布形式应该是完全相同的，只是磁场最强的位置随着线圈的摆放位置变化而发生了偏移，这一点很容易用式（7-3）表示。其中 α_A、α_B 和 α_C 是为了区分三个线圈中的电流而设置的相位差。如果配合三个线圈的摆放位置，将三个线圈内电流的相位做如式（7-4）所示的设置，并代入式（7-3）中将三个线圈所产生的磁场进行合成，将得到一个奇妙的结果，见式（7-5）。这些公式中只涉及简单的三角函数运算定律，有兴趣的读者可以自行推导。

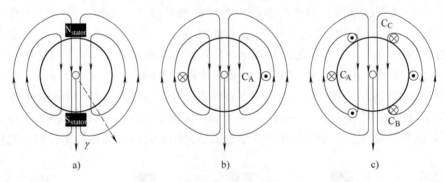

图 7-3 线圈和磁体棒的等效关系

$$M = M_m \cos\gamma \tag{7-1}$$

$$M = KI_m \cos\omega t \cos\gamma \tag{7-2}$$

$$\begin{cases} M_{C_A} = KI_m \cos(\omega t + \alpha_A)\cos\gamma \\ M_{C_B} = KI_m \cos(\omega t + \alpha_B)\cos(\gamma - 120°) \\ M_{C_C} = M_m \cos(\omega t + \alpha_C)\cos(\gamma - 240°) \end{cases} \tag{7-3}$$

$$\begin{cases} \alpha_B = \alpha_A - 120° \\ \alpha_C = \alpha_A - 240° \end{cases} \quad (7\text{-}4)$$

$$\sum M = \frac{3}{2} K I_m \cos(\omega t + \alpha_A - \gamma) \quad (7\text{-}5)$$

式（7-5）是交流电机理论中一个非常重要的公式，它表示由通入交流电流的单线圈产生的驻波式磁场，可以通过精巧地配置多个线圈以及相应组合中不同线圈中的电流相位，合成一个行波式磁场。这个磁场的峰值位置由电流的相位唯一确定，峰值大小由电流的幅值唯一确定。前文中，将磁体棒的轴线位置和表示磁场分布的余弦函数的零位位置一一对应，因此三个在空间中相差120°的线圈再通入时间相差120°的交流电时，其合成作用相当于一个旋转的磁体棒。而且，该磁体棒的强度和空间位置可以通过调节电流幅值和相位实现，从而可以通过控制交流电流实现对转子磁体棒所受转矩的控制。这便是交流电机的基本工作原理。

前面的论述将定子磁体棒用多个通入交流电流的线圈组合来表示，这对于所有形式的电机都是成立的。但对于转子磁体棒的等效，不同类型的电机差异很大。关于不同类型电机的详细讲解将在7.3节中展开。在本节中需要读者理解的是，转子磁体棒所产生的磁场也是行波式磁场，只不过其成因更加复杂。交流电机产生持续转矩的根本原因在于存在两个同步行进的行波式磁场，其中一个行波式磁场由交变电流产生，另一个行波式磁场由结构件的机械转动产生。当电机工作在电动机模式时，由交变电流产生的行波磁场牵引由机械转动产生的行波磁场行进；当电机工作在发电机模式时，情形与此相反。

在真实的电机中，无论是转子行波磁场还是定子行波磁场，其生成的真实结构都与本节的描述有很大的区别。等效定子磁体棒的多个单线圈组合会被各种复杂的电机绕组所替代，等效转子磁体棒的结构会被多极永磁体、笼型转子、绕线转子甚至没有任何永磁体和绕组的凸极铁心所替代。这些情况将在7.3节中进行讲解。

7.3 交流电机的结构及分类

7.3.1 交流电机的结构

与直流电机相同，交流电机也由定子和转子两大结构组成，如图7-4所示。定子和转子在总装成一体时中间存在一个细小的环柱形空气隙，称为"气隙"。气隙虽然在空间尺寸上

a) 定子

b) 转子

图7-4 交流电机定子及转子

非常狭小，但对电机的运行非常重要。在后文交流电机分析中将进行详细讲解。需要注意的是，图 7-4 中的定、转子都是只有铁心而没有绕组的。铁心由一片一片的硅钢片叠压而成，如图 7-5 所示。由于这种硅钢片在大批量生产过程中由冲床冲制而成，因此又被称为冲片。硅钢片的厚度很薄，一般为 0.2~0.5mm。可以看出，用硅钢片叠压的方式制成铁心远比直接采用实心硅钢通过机械加工成形的方式复杂，但依然采用此项工艺的原因在于铁心在交变磁场的作用下会产生电涡流损耗。这种损耗本质上和通入电流后的电阻热功率相同，即焦耳损耗。铁心的等效电阻与硅钢片的厚度成反比，因此采用硅钢片铁心会比使用实心的硅钢铁心大幅度地降低在交变磁场作用下的损耗。硅钢片的制造成本也与厚度相关，轧制越薄的硅钢片成本越高，因此获得更低铁心损耗的代价就是更高的铁心材料成本。一般而言，用于电动汽车的驱动电机对效率的要求要高于普通工业应用的电机，对成本的耐受度也相应较高。因此，电动汽车驱动电机一般采用 0.3~0.35mm 的硅钢片，在发达国家已经有采用 0.2mm 规格硅钢片的电动汽车驱动电机产品。普通工业应用场合则依然大量采用 0.5mm 规格的硅钢片。

图 7-5 以定子冲片为例，详细地指出了冲片的三个组成部分：槽、齿和轭。在转子上也有类似的结构。槽的作用是放置构成绕组的导体或者安置磁钢。齿的作用是隔开不同的槽，以免不同槽内的导体直接接触，同时为磁场提供通路。轭的作用是连接不同的齿，为齿提供结构支撑，同时为磁场提供通路。

a) 定子冲片　　　　　　　　　b) 转子冲片

图 7-5　定子冲片和转子冲片

图 7-6 展示了永磁电机的转子铁心在安装磁钢前后的对比。图 7-7 给出了嵌入绕组后的定子铁心、安装定子的机座以及压入机座以后的定子。绕组是一系列按照特定连接方式连通在一起的线圈组合。定子机座的作用是为定子铁心提供结构支撑。如果是水冷电机，机座内部还会设计有流通冷却液的水道，如果是风冷电机，机座上会加工出散热筋。因此机座的第二个作用是为电机提供散热途径。定子和转子总装在一起后形成完整的电机，如图 7-8 所示。

对比图 7-4 和图 7-6，可以发现转子铁心有很大差异。在图 7-4 中，转子铁心上有和定子铁心类似的槽、齿结构。但在图 7-6 中，不仅没有齿结构，槽也是完全封闭的。结构的差异是由交流电机的类别导致的，这点将在 7.3.2 节中讲解。

a) 安装磁钢前

b) 安装磁钢后

图 7-6　永磁电机的转子铁心

a) 嵌入绕组后的定子铁心

b) 定子机座

c) 压入机座的定子

图 7-7　嵌入绕组后的定子铁心、定子机座及压入机座的定子

图 7-8　总装完成后的交流电机

7.3.2 交流电机的分类

交流电机有多种分类方式：按照磁场产生方式划分（见图7-9）、按照磁场流动方向划分以及按转子旋转速度和电流交变速度的同步性划分。不同的分类方式会有交叉，在本节中将遴选重要的交流电机类型进行介绍。

磁场产生的方式叫作"励磁"。励磁方式有两种，即电励磁和永磁励磁。这两种方式对应两种电机，即电励磁电机和永磁电机。电励磁电机的磁场由通入电流的绕组产生，图7-4展示的就是这种形式的电机转子。转子上需要有励磁绕组，因此具备和定子铁心类似的齿槽结构。图7-6展示的是永磁电机。这种电机产生磁场不需要绕组参与，只需要在铁心中安装永磁材料（磁钢），因而这种形式的电机转子上只有用于安装磁钢的封闭型磁钢槽。磁阻电

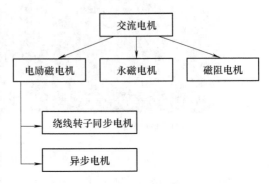

图7-9 按照励磁方式进行的交流电机分类

机是一种异于电励磁电机和永磁电机的交流电机。它的转子上既没有绕组也没有永磁体，只有各向异性的转子铁心，如图7-10所示。磁阻电机的运行原理不能直接用7.2节中的"双磁体棒模型"解释。有兴趣的读者可以参考文献[31]了解这种电机的详细结构和运行原理。

在电励磁电机这种类型中，按照转子旋转速度和定子电流交变速度是否同步，可以进一步划分为绕线转子同步电机和异步电机。对于前者，转子绕组中的励磁电流为直流形式，由外部电源通过集电环单独供给。对于后者，转子绕组中的励磁电流为交流形式，由转子绕组切割定子绕组所产生磁场的磁力线感应而成。按照7.2节的讲解，定子绕组中交变电流的频率决定了"定子磁体棒"的旋转速度，转子的旋转速度与定子电流的交变频率不同步也就是和"定子磁体棒"的旋转速度不同步。转子绕组即以这种不同步而产生的速度差切割定子磁体棒所产生的磁场，在转子绕组内形成正比于该速度差的交变电流。这种速度差在异步电机理论中有一个专有名词——转差。而转子绕组内的励磁电流交变频率也有一个专有名词——转差频率。在图7-11中从同步性角度对已经介绍过的几种类型电机进行了重组，读者

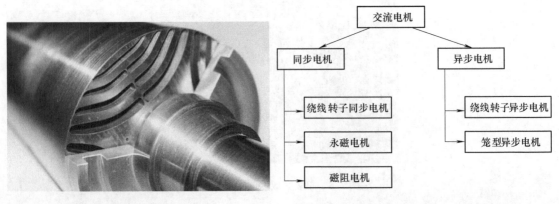

图7-10 磁阻电机的转子铁心　　　图7-11 按照同步性进行的交流电机分类

可以结合图7-9和图7-11了解其中每种电机的两种不同属性。比如对于异步电机，从同步性角度看是异步的，从励磁方式看是电励磁的。

第三种分类方式是按照磁场的流动方向不同进行分类，这种方式将电机分成三类：径向磁场电机、轴向磁场电机和横向磁场电机。径向磁场电机是最常见的，图7-4~图7-8中给出的图片都对应于径向磁场电机。所谓径向磁场电机，是指气隙内磁场沿电机半径方向流动的电机。这种类型的电机一个主要特征是气隙为环柱形。所谓轴向磁场电机，是指气隙内磁场沿电机轴向流动的电机。这种电机的主要特征是气隙为圆柱形。图7-12给出了一台轴向磁场电机的实物。横向磁场电机的磁场流动方向更加复杂，在此不做讲解，有兴趣的读者可以参考文献［32］。

图7-12　轴向磁场电机的实物

第 8 章

永磁同步电机分析

本章对比从电机内部和端口进行建模的两种方式，并从最简单的结构出发讲解磁路的基本概念，在类比电路的基础上给出非线性这个磁路特有的问题，还通过电磁场仿真工具实现电机内部磁路的可视化，特别是直、交轴这两种最典型的电机磁路，为后文直、交轴电机模型奠定基础。

8.1 永磁同步电机的模型观

在第 7 章中已经通过"双磁体棒模型"从比较朴素和直观的角度讲解了同步电机的工作原理，特别是同步电机持续转矩的产生原理。如果要更深入地理解同步电机端口物理量和内部物理量的演变规律，这种直观的认识显然是不够的，需要用数学的方法对电机进行描述，将直观提升为模型观。从 7.2 节已经可以认识到数学表达的威力，如果没有数学，读者虽然容易理解单一线圈通入电流后可以产生脉动的磁场，但很难想象三个在空间中相差 120°的线圈在通入时间上相差 120°的电流后可以产生旋转的磁场。在本章中，将完整地建立这种模型观。读者应该了解的是，虽然本章讲解的是同步电机中的一个特殊类型——永磁同步电机，但所得到的数学模型对全部同步电机基本是适用的。

基本的模型观有两种：电路观和磁路观。所谓电路观，是用电动势（电压）、电感（电抗）和电流等电路理论的物理量去描述永磁同步电机。这些物理量容易直接测量，经常用于描述电机端口量之间的相互关系。因此电机控制人员也经常与这类物理量打交道。但是如果希望了解端口量的产生机理，就需要了解端口量和内部量的函数关系，这就需要通过磁路观去认识电机。所谓磁路观，是用磁动势（磁压降）、磁阻和磁通量等磁路理论中的概念去描述永磁同步电机。磁场量相较电气量更加难以直接观测，因此对于读者而言更加陌生。可以这样说，电路观所描述的电机模型表示了电机的表现形式，而磁路观所描述的电机模型揭示了内在的物理成因。本章首先从磁路观出发建立物理概念基础，而后给出永磁同步电机的电路描述，为第 9 章面向控制的永磁同步电机的建模做准备。

8.2 永磁同步电机的磁路分析

8.2.1 简单磁路分析

1. 磁路基本概念

"路"本身就是一种建模，即对"场"的集总化建模。读者更为熟悉的"路"应为电路，因此在本节中用类比电路的方式讲解磁路的基本概念。

图 8-1 所示为一个由 C 形铁心和气隙构成的简单装置。图 8-1a 所示为原理图，图 8-1b 所示为实物图。白色部分表示 C 形铁心，灰色部分表示气隙，即铁心的开口部分。图 8-1a 绘制的是铁心侧视图，铁心在垂直于纸面方向的深度为 L。在铁心上缠绕了匝数为 N 的线圈，其中通入电流 i_s，根据安培定律，线圈会产生磁场，磁场强度的环路积分等于环路包含的总电流，可用式（8-1）表达，式中 H_{core} 表示铁心内部磁场强度，H_{gap} 表示气隙内部磁场强度。根据高斯定律，进入气隙的磁通量和流出气隙的磁通量相同，则有式（8-2）。将式（8-1）和式（8-2）合并整理，得到式（8-3），可以看出，在电流的作用下铁心内部即产生了磁通量，它和电流之间的关系非常像电路理论中的欧姆定律。因此称电流和匝数的乘积为磁动势，其作用类似于电路理论中的电动势。磁动势和磁通量之间的比例系数称作磁阻，如式（8-4）和式（8-5）所示。类比电路理论，在本书中称磁阻正比于磁动势和磁通量这一关系为磁路欧姆定律。

$$Ni_s = \oint H dl = \int_{core} H_{core} dl + \int_{gap} H_{gap} dl$$
$$= H_{core}(2a+2b-g) + H_{gap}g = \frac{B_{core}(2a+2b-g)}{\mu_{core}} + \frac{B_{gap}g}{\mu_{gap}} \tag{8-1}$$

$$\Phi_{core} = \Phi_{gap} \Rightarrow B_{core}wL = B_{gap}wL \Rightarrow B_{core} = B_{gap} \tag{8-2}$$

$$Ni_s = \Phi_{gap}\left(\frac{2a+2b-g}{\mu_{core}wL} + \frac{g}{\mu_{gap}wL}\right) \tag{8-3}$$

$$F = Ni_s$$
$$R_C = \frac{2a+2b-g}{\mu_{core}wL}, \quad R_{gap} = \frac{g}{\mu_{gap}wL} \tag{8-4}$$

$$F = \Phi_{gap}(R_{gap} + R_C) \tag{8-5}$$

仔细观察式（8-4）可以发现，和电阻类似，磁阻反比于磁导率和流通磁通量的截面积，正比于磁通量流经路径的长度。材料按照电导率可以划分为导体、绝缘体和半导体，与此类似，材料的磁导率也相差极大。通常来说，用相对磁导率更容易定量比较不同材料对于磁场导通性的大小，相对磁导率的定义为材料真实磁导率与真空磁导率的比值。对于空气，其磁导率与真空十分接近，因此空气的相对磁导率约等于 1。而铁心的相对磁导率在数千及以上，因此可以认为铁心是磁场的"良导体"，在磁路中相当于电路中导线的作用，且在进行一般的磁路分析时往往可以忽略其磁阻效应。用磁路的方式表达图 8-1a 可以得到图 8-2a，而图 8-2b 所示为忽略了铁心磁阻后的磁路，载流线圈在磁路中表现为磁压源，磁压源的开路磁压等于载流线圈产生的磁动势。

2. 包含永磁体的简单磁路

在 7.3.2 节中对交流电机分类进行讲解的时候曾经提到，磁场的产生方式包括两种：第

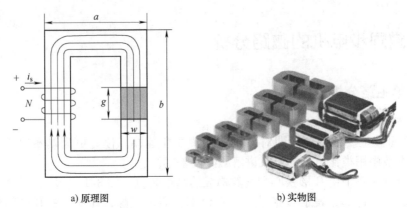

a) 原理图　　　　　　　　　b) 实物图

图 8-1　C 形铁心及气隙装置

一种为电励磁；第二种为永磁励磁。下面讲解包含永磁体的磁路，如图 8-3 所示。与载流线圈一样，永磁体也可以产生磁动势，见式（8-6），式中 H_c 为永磁体的矫顽力。在此处读者可以简单认为矫顽力表示了单位厚度永磁体产生磁场强度的能力，h_m 为永磁体的厚度，μ_{pm} 为永磁体的磁导率。

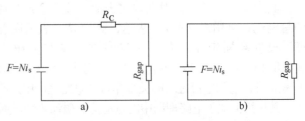

图 8-2　C 形铁心及气隙装置的简单磁路

从数值上看，永磁体的磁导率与空气十分接近，因此与载流线圈不同，永磁体除了可以产生磁动势以外，还会产生不可忽略的磁阻效应，见式（8-7）。图 8-4 所示为包含永磁体的磁路图，从中可以看到永磁体和气隙共同限制了磁路中磁通量的大小。

$$F = H_c h_m \tag{8-6}$$

$$R_{pm} = \frac{h_m}{\mu_{pm} w L} \tag{8-7}$$

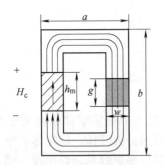

图 8-3　包含永磁体的磁路示意图

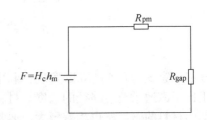

图 8-4　包含永磁体的磁路图

3. 磁路的非线性问题

磁路中可能存在多个磁压源，如果简单按照电路理论理解，多磁压源作用下的磁路总磁通量应该等于单一磁动势作用下磁通量的代数和。这一假设的前提是磁路是"线性"的，但是这种情形并不总是成立。如果不断增强图 8-1 中的励磁电流 i_s 并测量进入气隙的磁通量 Φ_{gap}，就可以得到图 8-5 所示曲线。如果将电流值乘以绕组匝数 N，则横轴可以表示线圈产生的磁动势，曲线上每个点与原点的连线和纵轴夹角的正切值可以表示磁阻。如果磁路是线性的，图 8-5 中的曲线应为过原点的直线，即磁路的总磁阻与加载的电流值无关。但图 8-5

中的情形是随着电流的增加，磁路的总磁阻逐渐变大。这种现象叫作磁路的非线性。具体到如图 8-2 所示的磁路中，铁心磁阻 R_C 的非线性是整个磁路非线性的根源。随着电流的增加，铁心材料的相对磁导率 μ_{core} 将从数千锐减到数十。因此在大电流的情况下，铁心不再相当于磁路中的导线，其磁阻必须被纳入考虑。空气是没有非线性现象的，即随着电流的增加，气隙的磁阻 R_{gap} 依然保持不变。

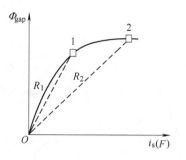

图 8-5 磁路的饱和特性

磁路的非线性问题导致多磁动势磁路的计算更加复杂，要想得到准确的总磁通量必须进行迭代计算。但在小电流的条件下，磁路饱和情况不严重，采用线性假设计算得到的总磁通量准确度在可接受的范围内。鉴于本书的目的在于讲解电机的基本概念而非提供一种精确计算电机参数的数值方法，因此在后文中除非特殊说明，磁路都假定工作在线性区域。

通过本节的讲解，读者应理解磁路的概念，在非极端情况下铁心是磁的良导体，其作用相当于电路中的导线，连接着各种磁路元件。磁通量像电流一样流通在由铁心连接而成的磁路中。通入电流的线圈和永磁体的作用类似电压源，是磁路中磁通量的产生源泉。载流线圈的作用类似没有内阻的理想电压源，而永磁体则类似带有内阻的非理想电压源。气隙是磁路中最常见的磁阻，铁心在大电流情况下的磁阻不能忽略。

8.2.2 电机磁路分析

1. 电机磁路形态

在永磁同步电机中存在两种性质不同的磁动势，即绕组通入电流后产生的电枢反应磁动势和永磁体产生的永磁磁动势。永磁磁动势有时被称作空载磁动势，这是因为这个磁动势在绕组中不通入电流（即空载）时也存在于电机中。在 8.2.1 节中，C 形铁心所对应的磁路十分简单且直观，其磁路形态完全由 C 形铁心的几何形状所确定。然而在电机中，是不能通过冲片的几何形状直接观察到内部磁路形态的。图 8-6 展示的就是非常典型的永磁电机冲片图，对比图 7-5，读者可以在其中找到定子的齿、槽、轭结构，以及分辨出转子上安放磁钢的磁钢槽。在本节中，将借助现代化的有限元分析工具绘制电机内部磁力线的分布图，用以勾勒电机内部磁路的走向。

图 8-7 给出了永磁体单独作用下的电机内部磁力线走向。从图 8-7 中可以看出，磁力线从磁钢 N1 出发，穿过气隙进入 24、1 和 2 号齿，到了轭部后，以 1 号齿正对的轭部为中心向左右两侧延伸，顺时针的部分流通到 20 号齿正对的轭部后与来自磁钢 S2 的磁力线汇合，汇合后共同进入 18、19 和 20 号齿，再次穿过气隙返回到磁钢 S2 处。逆时针的部分流通到 6 号齿正对的轭部后与来自磁钢 S1 的磁力线汇合，汇合后共同进入 6、7、8 号齿，再次穿过气隙返回到磁钢 S1 处。来自磁钢 N2 的磁力线流通情况与此完全相同。用 8.2.1 节中讲解的方法绘制这个磁路，便得到了图 8-8。可以看出，磁路中的磁阻包含四种：永磁体磁阻 R_{N1}、R_{N2} 等，气隙磁阻 R_{gap}，铁心齿部磁阻 $R_{teeth(24,1,2)}$ 和轭部磁阻 $R_{yoke(1-7)}$。磁阻的连接关系对应于磁力线走向的描述。通过电路理论的知识可以将图 8-8 所示的磁路进行简化，得到只有一个极的磁路，如图 8-9a 所示。考虑非磁场饱和条件，可以进一步将每极磁路简化为图 8-9b，其中用 R_{pm} 统一表示永磁体磁阻，即代表 R_{N1}、R_{N2} 等。

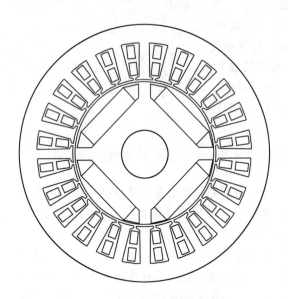
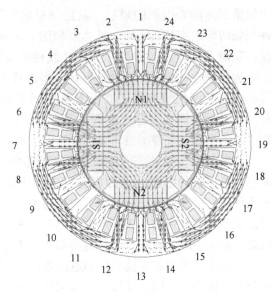

图 8-6　永磁电机冲片图　　　　　图 8-7　永磁体单独作用下的电机内部磁力线走向

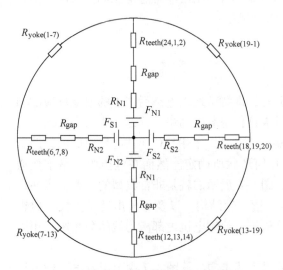
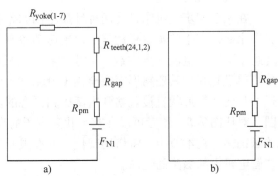

图 8-8　永磁体单独作用下的电机磁路　　　图 8-9　永磁体单独作用下每极的等效和简化磁路

电机的几何结构是随转子旋转而变化的，这点是电机与 C 形铁心的另一个重要区别。但是可以认为其磁路结构没有发生显著的变化，这一点可以通过图 8-10 清楚地看出。为了更加清晰地看出磁场走向，把图 8-7 中用矢量簇表示的磁力线改成用实线表达。实线中每个点的切向量对应于图 8-7 中的矢量簇。可以看出，随着转子从图 8-10a 所示位置旋转到图 8-10b 所示位置，转子上的磁力线基本不变，表示磁钢磁阻和气隙磁阻保持不变。对于定子磁力线而言，只是所面对的齿的编号从 24、1 和 2 切换到了 23、24 和 1，磁路轭部部分只是从 20~24 槽切换到了 19~23 槽。从对称性上看，即使考虑饱和，无论是齿磁阻还是轭磁阻也都是保持不变的。当然，更加精细的分析表明，如果转子旋转步长进一步细分，齿磁阻和轭磁阻还是会稍有变化的，但依然可以近似认为，**图 8-9 所示的磁路从连接关系到元件参**

数，都不会随转子位置发生显著变化。这就是永磁体单独作用下电机磁路的基本特征。

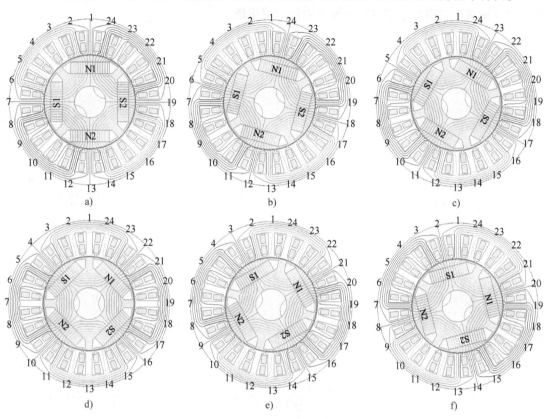

图 8-10　永磁体单独作用下随转子位置变化的磁场

只有电流作用下的电机磁路分布情况与只有永磁体作用下的情形完全不同。向电机中输入相同的电流，在同一时刻，转子处于不同位置时磁场的分布情况如图 8-11 所示。仔细对比图 8-11 中的 6 幅图可以发现，定子磁场的分布情况保持不变，磁力线都是从 22～24 号齿进入电机，在 23 号齿处平均地向两边散去，顺时针流动方向横跨 24～4 号齿，逆时针流动方向横跨 22～18 号齿，于 4～6 号齿和 16～18 号齿处再次汇聚，跨过气隙进入转子。但进入转子后，磁场发生了巨大的变化。转子位置不同造成了转子上磁力线的扭曲模式不同。而造成这种区别的原因在于转子在导磁性能方面的各向异性。在 8.2.1 节中讲解过，永磁体和空气一样，具有完全不可忽略的磁阻效应，而硅钢片在非饱和情况下其磁阻可以忽略。因此，整个转子在圆周方向上的导磁性是呈周期性变化的：在出现磁钢槽的位置磁阻最大，在两个磁钢槽中间的位置磁阻最小。这样在图 8-11c 所示的转子位置处，当磁场从 4～6 号齿跨过气隙进入转子后，面对的是永磁体 S1，即面对最大的磁阻。在图 8-11f 所示的转子位置处，当磁场从 4～6 号齿进入转子后，面对的是永磁体 S1 和 N2 之间的筋，即面对最小的磁阻。在其他位置时磁场面对的磁阻介于这两种极限情况之间。因此，虽然依然可以用图 8-9 所示的拓扑表示电流单独作用下的磁路，但其中的永磁体磁阻 R_{pm} 将是随转子变化的函数，综合表示了永磁体槽和附近硅钢片的磁阻效应，且这种变化不可以忽略不计。在永磁电机理论中，称这种转子磁性能的各向异性为"凸极效应"，称具有这种转子的永磁电机为"凸极永磁电机"。凸极永磁电机在电流单独作用时的磁路特征是：**转子等效磁阻随转子位置变化，且存在两个特殊位置使得转子等效磁阻取得极值。**

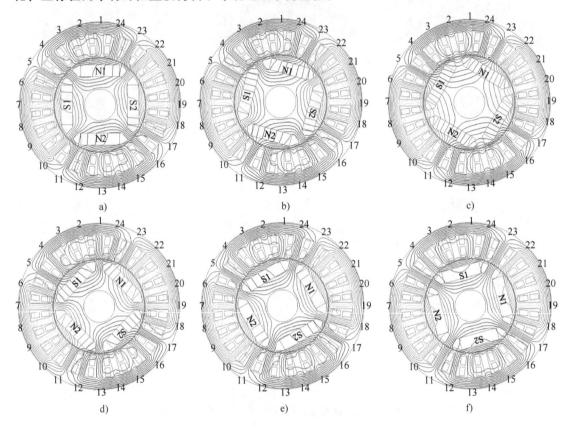

图 8-11 电流单独作用下随转子位置变化的磁场

这里所说的磁场随转子位置变化是在"电机输入相同电流且绘图时刻相同"的前提下，如果电机输入电流的相位与转子同步变化，情形又将不同。在图 8-12 中，使电流的相位和转子位置同步变化，可以看出无论转子如何旋转，电机磁场的走势即磁路分布大体不变。因此可以将电流单独作用下电机磁路的形态总结为：**正常运行的同步电机磁路与永磁体单独作用的情形相同，电机磁路无论从拓扑到元件参数都不随转子位置发生显著变化。但是，当有意识地调节电流相位和转子位置的相对关系时，尽管电机磁路的拓扑不变，元件参数也将发生变化，特别是转子等效磁阻，存在两个极值。**

在同步电机运行于稳定工况时，电流相位和转子位置的相对关系是保持不变的，这个相对关系可以表示为一个角度差，称作"转矩角"。

值得注意的是，并非所有的永磁电机转子都是各向异性的。对于图 8-13 所示的隐极永磁同步电机，虽然 1、7、13 和 19 号齿面对的转子上没有永磁体而是空气，但空气和永磁体的磁导率极其接近。因此，虽然这种转子在结构上是各向异性的，在磁性能上却是各向同性的。这种电机无论如何加载电流，磁力线进入转子后的扭曲形式都是基本相同的，因此无论是磁路拓扑还是元件参数，都与转子位置无关。图 8-14 展示了这种情形。

前面讲解了电流单独作用条件和永磁体单独作用条件下的电机磁场分布，根据 8.2.1 节的知识,如果忽略铁心的饱和问题,当电机电流和永磁体共同作用时,电机磁场是二者单独作用的线性叠加。因为这种条件的磁场分布复杂,也并不利于对磁场分布规律进行理解,所以在本书中不单独绘制。

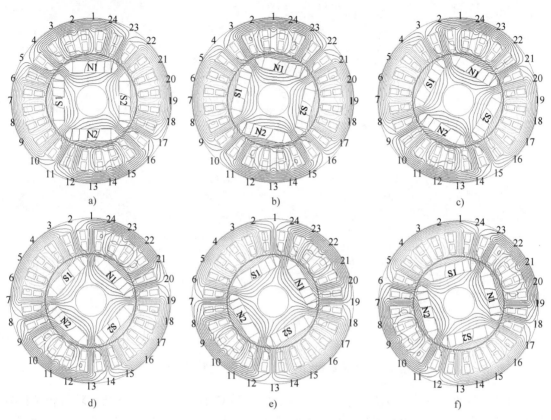

图 8-12 电流相位和转子位置同步变化的磁场

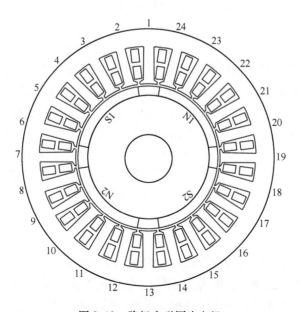

图 8-13 隐极永磁同步电机

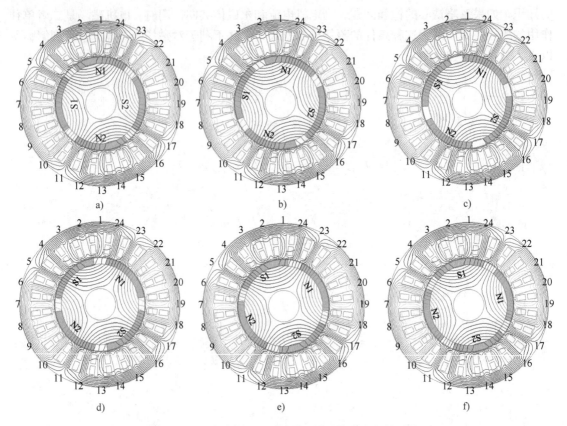

图 8-14 电流单独作用下随隐极转子位置变化的磁场

通过本节的学习，读者应该了解到，虽然电机与 C 形铁心不同，其结构随着转子位置的变化而变化，但是在电机运行于稳定工况下且忽略铁心饱和效应时，其磁路拓扑和磁路元件参数均可近似认为保持不变，因此依然可以用线性时不变的磁路进行描述，也可以用线性电路的理论进行分析。

2. 电机磁路元件

电机磁路元件包括两类：磁压源和磁阻。在电机中作为磁极的永磁体形式多样，导致永磁体的磁动势计算公式和磁阻计算公式比较复杂。图 8-15 展示了若干种形式的永磁电机转子。其中黑色部分表示永磁体，白色部分表示转子冲片。按照永磁体是否安装在冲片内部可以将永磁电机分成表面贴式（Surface Mounted）和内嵌式（Buried）。图 8-15a、b 所示为表面贴式，其余均为内嵌式。而之前也已经介绍了隐极式和凸极式的划分方法，在某些资料中，会将这两种分类进行混淆。最常见的混淆是将表面贴式等同于隐极式。通过仔细观察图 8-15b 所示的转子可以发现，这种电机永磁体安装在转子外表面的属于表面贴式，但其永磁体厚度沿圆周方向是不均匀的，各向磁导率也一定会为圆周方向角度的函数，因此属于凸极式。

图 8-15a、d 所示为最常见的表面贴式和内嵌式永磁电机。这两类转子磁极的磁动势很容易用式（8-8）计算，式中 h_{pm} 和 S_{pm} 分别为永磁体的厚度和截面积。对于类似图 8-15a 所示的弧形磁钢转子，S_{pm} 对应的是圆弧面积。永磁体的磁动势可用式（8-9）计算，式中 H_C

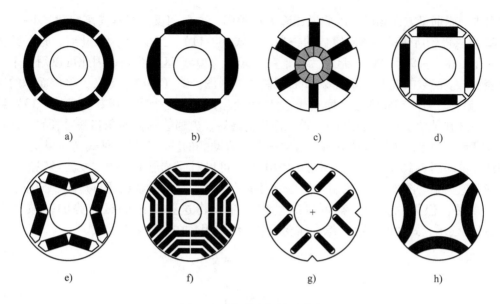

图 8-15 永磁电机转子形式

表示永磁材料的矫顽力。其他形式的转子在进行磁路分析时往往也可用式（8-8）和式（8-9）表示，只是需要对永磁体的厚度和截面积进行各种折算，以体现永磁体的复杂性。

$$R_{pm} = \frac{h_{pm}}{\mu_{pm}S_{pm}} \tag{8-8}$$

$$F_{pm} = H_C h_{pm} \tag{8-9}$$

气隙的磁阻为

$$R_{gap} = \frac{g_e}{\mu_{air}\alpha S_{pole}} = \frac{g_e p}{\mu_{air}\alpha \pi D_{ro} l} \tag{8-10}$$

式中，α、g_e、S_{pole} 分别为极弧系数、气隙高度和每极面积；D_{ro} 和 l 分别为转子外径和铁心的长度。气隙高度是十分重要的物理量，表示电机定子内径和转子外径的差值。每极面积是转子外圆面积除以极数 p。极弧系数在电机设计理论中有精确的定义，在此读者可以把它简单理解为对磁极截面积的一种折算系数。

与永磁体相比，绕组产生的磁动势异常复杂，详尽阐述这一内容并非本书的任务，在此仅给出最简单的整数槽集中绕组的磁动势公式，以便读者用这个最简单的案例理解磁动势的概念及其与绕组参数的关系。为了指代方便，指定齿及其顺时针方向相邻的槽同编号，即 1 号齿右侧的槽称作 1 号槽，以此类推。将图 8-6 中所示电机以 22 号槽为起始轴沿圆周顺时针方向展开，其中横坐标为圆周角度，得到图 8-16。在电机的 1 号槽和 19 号槽中放置一个通入电流值为 i_s 的 N 匝线圈（以 22 号槽为中心），按照图 8-16 所示方向通入电流，产生的磁力线也在图中一并绘制。将以 a-b-c-d 所标识的磁力线为中心的磁通管作为研究对象。磁通管是一簇磁力线的集合，设磁通管的截面积为 dS，磁通量为 $d\Phi$。因为磁力线代表磁通密度，而只有一簇磁力线才有磁通量的概念，也才可以应用磁路理论进行问题分析。下文中若非单独说明，均用 a-b-c-d 指代以此磁力线为中心的磁通管。可以发现这些磁通管有一些共同特征。以 a-b-c-d 磁通管为例，a-b 段和 c-d 段均在铁心内，在非饱和情况下可以忽略这两段的磁阻。b-c 段和 d-a 段包含不可忽略磁阻的气隙和永磁体，且完全对称。由于这两段磁通管内的磁通量方向相反，因此磁压降大小相同、方向相反。根据安培定律，d-a 段的磁压降 F_{d-a} 等于所包围导体安匝数的一半，见式（8-11）。当坐标 γ_0 变化时，这一数值也发生变化，在（-90°，90°）区间为正，在（90°，270°）区间为负，因此可以用一个方波函数表示，该函数的波形图即图 8-16 右下侧的波形图。式（8-12）定义了单位面积的磁导 σ，因为该物理量随空间位置坐标 γ_0 的变化而变化，因此是个空间函数。式（8-13）给出了磁动势（在数值上等于磁压降）、单位面积的磁导、磁通管的截面积和磁通管的磁通量等若干物理量的关系。为了方便分析，通常只考虑磁动势的基波分量，见式（8-14）。磁动势的基波分量即图 8-16 右下侧的波形图中的虚线，可以对照波形图中的方波波形观察二者的相位和幅值关系。图 8-16 中绘制的仅是最简单的绕组，真实的绕组还有短距、分布、斜槽等各类变种，但无论如何，都可以通过数学变化将这些绕组的磁动势的基波分量用式（8-14）表示，式中的系数 C 综合体现了包含绕组因数在内的多个常数。

$$F(\gamma_0) = F_{d-a} = \frac{1}{2} N i_s \qquad (8-11)$$

$$\sigma(\gamma_0) = \frac{1}{\mathrm{d}S R_{d-a}} \qquad (8-12)$$

$$B(\gamma_0) = \frac{\mathrm{d}\Phi}{\mathrm{d}S} = \frac{F(\gamma_0)}{\mathrm{d}S R_{d-a}} = \sigma(\gamma_0) F(\gamma_0) \qquad (8-13)$$

$$F_1(\gamma) = C N i_s \cos\gamma \qquad (8-14)$$

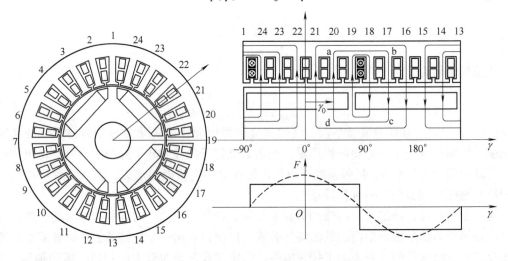

图 8-16 电机定子绕组磁动势产生示意图

3. 电机磁动势函数

假设三相电机的电流按照式（8-15）变化，而 A、B、C 三相绕组的轴线分别位于空间位置 γ 等于 0°、120°和 240°的位置，则三相绕组产生的磁动势如式（8-16）所示。将三相绕组磁动势叠加可以得到定子绕组合成磁动势，用式（8-17）表示。对比式（8-15）～式（8-17）和式（7-1）～式（7-5），可以发现二者形式上完全相同，因此在 7.2 节中提到的"可以描述磁场分布强度的某一物理量 M"就是定子绕组合成磁动势 f_{s1}。分析式（8-15）可知，定子合成磁动势的波峰位置和 A 相电流的相位相同，**换句话说，可以通过控制 A 相电流的相位决定合成磁动势的波峰位置。**此时，定子磁动势已经不再是磁路分析中的一个数值，而是变成一个随时间和空间变换的波函数。磁路分析中绕组磁动势的数值只代表了这个波函数的波幅。

$$\begin{cases} i_A = I_m\cos(\omega t + \alpha) \\ i_B = I_m\cos(\omega t + \alpha - 120°) \\ i_C = I_m\cos(\omega t + \alpha - 240°) \end{cases} \quad (8\text{-}15)$$

$$\begin{cases} f_A = CNi_A\cos\gamma = CNI_m\cos(\omega t + \alpha)\cos\gamma \\ f_B = CNi_B\cos(\gamma - 120°) = CNI_m\cos(\omega t + \alpha - 120°)\cos(\gamma - 120°) \\ f_C = CNi_C\cos(\gamma - 240°) = CNI_m\cos(\omega t + \alpha - 240°)\cos(\gamma - 240°) \end{cases} \quad (8\text{-}16)$$

$$f_{s1} = f_A + f_B + f_C = \frac{3C}{2}NI_m\cos[\gamma - (\omega t + \alpha)] = F_{s1}\cos[\gamma - (\omega t + \alpha)] \quad (8\text{-}17)$$

这里定义转子磁动势为永磁体产生的磁动势，而前文中也已经讲解并由式（8-9）的计算将其得到。但通过前文的相关分析可知，磁动势的完整形态应该是波函数，式（8-9）仅代表了这个波函数的波幅。这个波函数应以永磁体的中心线为原点左右对称分布且随转子同步旋转，如图8-17中实线所示，也可以表示为式（8-18），式中 f 为任意以 θ_r 为对称轴的偶对称周期函数，θ_r 为转子位置角。为了分析方便，提取转子磁动势的基波分量，见式（8-19），式中 F_{pm1} 为转子磁动势波的基波幅值。

$$f_r = f(\gamma - \theta_r) \quad (8\text{-}18)$$

$$f_{r1} = F_{pm1}\cos(\gamma - \theta_r) \quad (8\text{-}19)$$

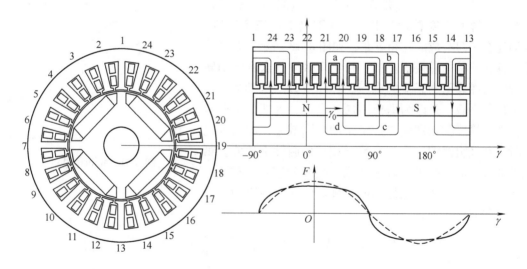

图8-17 电机转子磁动势产生示意图

4. 电机直轴和交轴磁路

在数学中，为了计算方便经常使用复数表示正余弦函数。通过式（8-17）和式（8-19）可知，定、转子磁动势的空间分布规律遵循三角函数的形式。因此，可采用复数表达定子绕组磁动势和转子磁动势，见式（8-20）。在本书中用加粗字体表示复数。对比式（8-20）、式（8-17）以及式（8-19）可知，复数的模等于对应波函数的幅值，相位等于波峰出现的空间角度。磁动势函数可以用具有幅值和位置的复数表示，因此具有了"矢量（Vector）"

的性质，称为定子绕组磁动势矢量和转子磁动势矢量，两个矢量相差的角度用式（8-21）表示。可以看出，对于同步电机，只要其工作在稳定状态，即电流的交变频率和转子转速同步，两个矢量的相位差就是固定值，等于 A 相电流初相位 α 和转子初始位置角 θ_0 之差。

$$\begin{aligned} \boldsymbol{F_{s1}} &= |\boldsymbol{F_{s1}}|e^{j(\omega t+\alpha)} = F_{s1}e^{j(\omega t+\alpha)} \\ \boldsymbol{F_{r1}} &= |\boldsymbol{F_{r1}}|e^{j(\theta_r)} = F_{pm1}e^{j(\theta_r)} \end{aligned} \tag{8-20}$$

$$\Delta\gamma = \omega t + \alpha - \theta_r = \alpha - \theta_0 \tag{8-21}$$

将转子磁动势矢量所指向的位置称为直轴（d 轴），与直轴正交的轴线则称为交轴（q 轴）。在永磁电机中，转子磁动势矢量与永磁体的几何中心轴线重合。因此可以通过图 8-10 来十分清晰地观察电机直轴的旋转过程。通过调节电流的相位，可以改变定子绕组磁动势矢量的指向，使其位于直轴或交轴，称作直轴或交轴电枢反应。图 8-11c 所示为直轴电枢反应，图 8-11f 所示为交轴电枢反应。这两种电枢反应代表了电机内部磁阻的两个极端情况。对于图 8-11 所示的电机，当定子绕组磁动势矢量位于直轴时回路磁阻最大，位于交轴时回路磁阻最小。

8.3 永磁同步电机的电路分析

8.3.1 电机电感模型

通过 7.3 节中对电机结构的讲解，读者可以理解，电机从电源的角度看就是由三个线圈（对应三个绕组）末端连在一起构成的三相电路，如图 8-18 所示。每个线圈上存在三种物理效应。第一种物理效应是永磁体随转子旋转时在线圈中感应的电压，称作空载反电动势。之所以称作空载，是因为即使不通入电流，这部分电压也会存在。第二种物理效应是绕组的电阻效应，即通入电流时会在绕组两端产生与电流同相位的阻性电压降。第三种物理效应是绕组的电感（或电抗）效应，即在通入交流电流后，会产生感性的电压降。将这三种物理效应写成电路方程，即

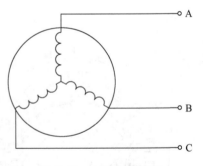

图 8-18 电机电感模型

$$\begin{cases} u_A = e_A + R_A i_A + \dfrac{d}{dt}\lambda_A = e_A + R_A i_A + L_{AA}\dfrac{d}{dt}i_A + L_{AB}\dfrac{d}{dt}i_B + L_{AC}\dfrac{d}{dt}i_C \\ u_B = e_B + R_B i_B + \dfrac{d}{dt}\lambda_B = e_B + R_B i_B + L_{BA}\dfrac{d}{dt}i_A + L_{BB}\dfrac{d}{dt}i_B + L_{BC}\dfrac{d}{dt}i_C \\ u_C = e_C + R_C i_C + \dfrac{d}{dt}\lambda_C = e_C + R_C i_C + L_{CA}\dfrac{d}{dt}i_A + L_{CB}\dfrac{d}{dt}i_B + L_{CC}\dfrac{d}{dt}i_C \\ \lambda_A = L_{AA}i_A + L_{AB}i_B + L_{AC}i_C \\ \lambda_B = L_{BA}i_A + L_{BB}i_B + L_{BC}i_C \\ \lambda_C = L_{CA}i_A + L_{CB}i_B + L_{CC}i_C \end{cases} \tag{8-22}$$

8.3.2 电机相量模型

1. 空载反电动势相量

根据式（8-16）所示的三相绕组磁动势形式可知，A、B、C 三相绕组的轴线分别位于 γ 等于 $0°$、$120°$ 和 $240°$ 处。因此，依转子磁动势的方程，即式（8-19）可知，转子再转过 θ_0 时，转子磁动势的波峰将对准 A 相绕组轴线，A 相绕组交链的磁通量取得最大值。再转过 $\theta_0 + 180°$ 时，转子磁动势的波谷将对准 A 相绕组轴线，A 相绕组交链的磁通量取得最小值。该值与最大值大小相等，方向相反。将这一规律绘制成图 8-19 可以看出，对波形进行谐波分解可以得到其基波分量。以此类推，便会得到 A、B、C 三相磁链（磁通与线圈匝数 N 的乘积）的表达式，如式（8-23）所示。根据法拉第电磁感应定律，对磁链的表达式求导即可得到空载反电动势的表达式，即式（8-24）。根据正弦电路理论可知，任何正、余弦函数都可以用"相量"表示，因此可将三相空载磁链（永磁磁链）和空载反电动势表示为相量，以 A 相为例，如式（8-25）所示。

$$\begin{cases} \psi_{A0} = \Psi_{m0}\cos(\omega t + \theta_0) = \Psi_{m0}\cos(\theta_r) \\ \psi_{B0} = \Psi_{m0}\cos(\omega t + \theta_0 - 120°) = \Psi_{m0}\cos(\theta_r - 120°) \\ \psi_{C0} = \Psi_{m0}\cos(\omega t + \theta_0 - 240°) = \Psi_{m0}\cos(\theta_r - 240°) \end{cases} \quad (8\text{-}23)$$

$$\begin{cases} e_{A0} = \dfrac{\mathrm{d}}{\mathrm{d}t}\psi_{A0} = \omega\Psi_{m0}\cos(\theta_r + 90°) \\ e_{B0} = \dfrac{\mathrm{d}}{\mathrm{d}t}\psi_{B0} = \omega\Psi_{m0}\cos(\theta_r + 90° - 120°) \\ e_{C0} = \dfrac{\mathrm{d}}{\mathrm{d}t}\psi_{C0} = \omega\Psi_{m0}\cos(\theta_r + 90° - 240°) \end{cases} \quad (8\text{-}24)$$

$$\begin{cases} \boldsymbol{\Psi}_{A0} = \Psi_{m0}\mathrm{e}^{\mathrm{j}(\theta_r)} \\ \boldsymbol{E}_{A0} = \mathrm{j}\omega\boldsymbol{\Psi}_{A0} = \omega\Psi_{m0}\mathrm{e}^{\mathrm{j}(\theta_r + 90°)} \end{cases} \quad (8\text{-}25)$$

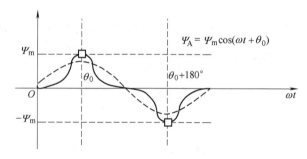

图 8-19 A 相磁链波形

2. 直、交轴电流相量

将式（8-17）所示的定子绕组合成磁动势进行变换，可得到式（8-26）。仿照前文定义定、转子磁动势矢量的方法，可以从式（8-26）中新定义两个矢量，如式（8-27）所示，称之为直轴定子磁动势矢量和交轴定子磁动势矢量。将二者分别冠之以"直轴"和"交轴"，是因为二者作为矢量，其指向位置分别与直轴和交轴重合。通过式（8-26）还可以看出，任意定子绕组磁动势均可分解为直轴和交轴两个分量。式（8-28）是式（8-27）的时间函数形式。

将 A 相电流进行如式（8-29）所示的变换，从中定义相电流的直、交轴分量。式（8-30）是电流及其直、交轴分量的相量形式。读者需要注意的是，这里的直、交轴电流分量和相电流属性完全相同，同样具有幅值、相位和交变频率，即依然是交流电流。参照式（8-29），对 B、C 相电流进行相同的直、交轴分解。根据电流的直、交轴分解过程可以看出，三相对称电流的直轴电流分量是对称的，即在时间和相位上依次相差120°，交轴电流分量规律与此相同。将进行直、交轴分解后的 A、B、C 三相电流代入式（8-16）和式（8-17）中，可以得到式（8-31）。从中可以得到一个结论：三相电流的直轴分量产生直轴磁动势，交轴电流分量产生交轴磁动势。

在 8.2.2 节中已指出，转子磁动势波函数的波峰位置为直轴（d 轴），与直轴正交的轴线称作交轴（q 轴）。对于永磁同步电机而言，转子磁动势波函数的波峰位置就是永磁体轴线的空间指向位置。本质上讲，直、交轴是一个空间概念，但通过对定子绕组磁动势的分解过程，将空间位置和时间相位建立了关联。对比式（8-25）和式（8-30），可以得到关于直、交轴的第二个定义：**与 A 相永磁磁链同相位的相量称作直轴相量，与 A 相空载反电动势同相位的相量称作交轴相量。**

$$f_{s1} = F_{s1}\cos[\gamma - (\omega t + \alpha)] = F_{s1}\cos[\gamma - (\theta_r + \Delta\gamma)]$$
$$= F_{s1}[\cos(\Delta\gamma)\cos(\gamma - \theta_r) - \sin(\Delta\gamma)\sin(\gamma - \theta_r)] \quad (8\text{-}26)$$
$$= F_{s1}\cos(\Delta\gamma)\cos(\gamma - \theta_r) + F_{s1}\sin(\Delta\gamma)\cos[\gamma - (\theta_r + 90°)]$$

$$\begin{cases} \boldsymbol{F}_{sd} = |\boldsymbol{F}_{sd}|e^{j(\theta_r)} = F_{s1}\cos(\Delta\gamma)e^{j(\theta_r)} \\ \boldsymbol{F}_{sq} = |\boldsymbol{F}_{sq}|e^{j(\theta_r + 90°)} = F_{s1}\sin(\Delta\gamma)e^{j(\theta_r + 90°)} \\ \boldsymbol{F}_{s1} = \boldsymbol{F}_{sd} + \boldsymbol{F}_{sq} \end{cases} \quad (8\text{-}27)$$

$$\begin{cases} f_{sd} = F_{s1}\cos(\Delta\gamma)\cos(\gamma - \theta_r) \\ f_{sq} = F_{s1}\sin(\Delta\gamma)\cos[\gamma - (\theta_r + 90°)] \\ f_{s1} = f_{sd} + f_{sq} \end{cases} \quad (8\text{-}28)$$

$$\begin{cases} i_A = I_m\cos(\omega t + \alpha) = I_m\cos(\theta_r + \Delta\gamma) = I_m\cos(\Delta\gamma)\cos(\theta_r) + I_m\sin(\Delta\gamma)\cos(\theta_r + 90°) \\ i_{Ad} = I_m\cos(\Delta\gamma)\cos(\theta_r) = I_{dm}\cos(\theta_r) \Big|_{I_{dm} = I_m\cos(\Delta\gamma)} \\ I_{Aq} = I_m\sin(\Delta\gamma)\cos(\theta_r + 90°) = I_{qm}\cos(\theta_r + 90°) \Big|_{I_{qm} = I_m\sin(\Delta\gamma)} \\ i_A = i_{Ad} + i_{Aq} \end{cases} \quad (8\text{-}29)$$

$$\begin{cases} \boldsymbol{I}_A = I_m e^{j(\theta_r + \Delta\gamma)} \\ \boldsymbol{I}_{Ad} = I_{dm} e^{j(\theta_r)} \\ \boldsymbol{I}_{Aq} = I_{qm} e^{j(\theta_r + 90°)} \\ \boldsymbol{I}_A = \boldsymbol{I}_{Ad} + \boldsymbol{I}_{Aq} \end{cases} \quad (8\text{-}30)$$

$$\begin{cases} f_{sd} = N\cos\gamma i_{Ad} + N\cos(\gamma - 120°)i_{Bd} + N\cos(\gamma - 240°)i_{Cd} \\ f_{sq} = N\cos\gamma i_{Aq} + N\cos(\gamma - 120°)i_{Bq} + N\cos(\gamma - 240°)i_{Cq} \end{cases} \quad (8\text{-}31)$$

3. 电枢反应反电动势相量

在 8.3.1 节中用电感模型描述电机时可以发现，不同绕组之间的相互作用是用互感表达的。根据空载反电动势的推导过程可知，可以将磁动势分布情况和某相绕组的磁链建立关联。前文中已经介绍，三相电流中的直轴分量会产生直轴定子绕组磁动势 f_{sd}，交轴分量会产生交轴定子绕组磁动势 f_{sq}。绕组在只有定子绕组磁动势作用下交链的磁链称作电枢反应磁链，在只有直轴定子绕组磁动势作用下交链的磁链称作直轴电枢反应磁链，在只有交轴定子绕组磁动势作用下交链的磁链称作交轴电枢反应磁链。参照转子磁动势和 A 相永磁磁链的关系可以推测出 A 相直轴电枢反应磁链和交轴电枢反应磁链的表达式，如式（8-32）所示，对于凸极式转子，两个函数的幅值 Λ_{dm} 和 Λ_{qm} 不同，这是由于直、交轴磁动势所面对的转子磁阻不同，如图 8-11c、f 所示。从推导过程中很容易看出，磁链的幅值与磁动势的幅值成正比，因此有 $\Lambda_{dm} \propto I_{dm}$ 以及 $\Lambda_{qm} \propto I_{qm}$。根据相关的电路理论，可以由这一关系定义电感，称为直轴电枢反应电感和交轴电枢反应电感，如式（8-34）所示。对比式（8-32）和式（8-22），可知有式（8-33），从式（8-33）中可以看出，**直、交轴电枢反应电感体现了三相电流的综合作用。但请读者注意，不要将其和电机电感模型，即式（8-22）中的相自感和相间互感混淆。** 下面同样应用相量的形式表达电流和电枢反应磁链的关系，依然以 A 相为例，得到式（8-35）。

$$\begin{cases} \lambda_{Ad} = \Lambda_{dm}\cos(\theta_r) \\ \lambda_{Aq} = \Lambda_{qm}\cos(\theta_r + 90°) \end{cases} \tag{8-32}$$

$$\lambda_A = L_{AA}i_A + L_{AB}i_B + L_{AC}i_C = \lambda_{Ad} + \lambda_{Aq} = L_d i_{Ad} + L_q i_{Aq} \tag{8-33}$$

$$\begin{cases} L_d = \dfrac{\Psi_{dm}}{I_{dm}} \\ L_q = \dfrac{\Psi_{qm}}{I_{dm}} \end{cases} \tag{8-34}$$

$$\begin{cases} \boldsymbol{\Lambda}_{Ad} = \Lambda_{dm}\mathrm{e}^{\mathrm{j}(\theta_r)} = L_d I_{dm}\mathrm{e}^{\mathrm{j}(\theta_r)} = L_d \boldsymbol{I}_{Ad} \\ \boldsymbol{E}_{Aq} = \mathrm{j}\omega\boldsymbol{\Lambda}_{Ad} = \omega L_d I_{dm}\mathrm{e}^{\mathrm{j}(\theta_r + 90°)} = \mathrm{j}X_d \boldsymbol{I}_{Ad} \Big|_{X_d = \omega L_d} \\ \boldsymbol{\Lambda}_{Aq} = \Lambda_{qm}\mathrm{e}^{\mathrm{j}(\theta_r + 90°)} = L_q I_{qm}\mathrm{e}^{\mathrm{j}(\theta_r + 90°)} = L_q \boldsymbol{I}_{Aq} \\ \boldsymbol{E}_{Ad} = \mathrm{j}\omega\boldsymbol{\Lambda}_{Aq} = \omega L_q I_{qm}\mathrm{e}^{\mathrm{j}(\theta_r + 180°)} = \mathrm{j}X_q \boldsymbol{I}_{Aq} \Big|_{X_q = \omega L_q} \end{cases} \tag{8-35}$$

4. 电机单相相量模型

用相量概念重写电机电感模型，即式（8-22），可得到式（8-36）。式（8-37）为式（8-36）所对应的时间函数形式。可以看出，式（8-36）和式（8-37）中所有的量都表达为 A 相，因此称式（8-37）为永磁电机的单相相量模型。这里请读者不要望文生义，认为电机的 A 相电压只和 A 相电流有关，实际上式（8-36）和式（8-37）中的直、交轴电枢反应电感综合体现了三相电流的共同作用，因此这一单相模型只具有形式和数值上的意义，而且需要了解这一模型的应用条件。通过前面的推导过程可以看出，电机可以用单相相量模型表征需要满足 5 个条件，其中条件⑤最为关键：①三相电流为正弦且对称；②三相绕组平衡；③永磁磁链为正弦；④电枢反应磁链为正弦；⑤电机工作为稳态。

本模型的主要用途是进行稳态工作点计算，不能描述动态过程，因此对控制系统设计不能使用式（8-36）进行电机建模。

$$U_A = E_{A0} + RI_A + \frac{d}{dt}(\Lambda_{Ad} + \Lambda_{Aq}) = E_{A0} + RI_A + jX_d I_{Ad} + jX_q I_{Aq} \tag{8-36}$$

$$u_A(t) = e_{A0}(t) + Ri_A(t) + L_d \frac{d}{dt}i_{Ad}(t) + L_q \frac{d}{dt}i_{Aq}(t) \tag{8-37}$$

如果电机是隐极式,即 $X_d = X_q = X_s$,则式(8-36)可以简化为

$$U_A = E_{A0} + RI_A + jX_s I_{Ad} + jX_s I_{Aq} = E_{A0} + RI_A + jX_s I_A \tag{8-38}$$

按照直、交轴的第二定义,可以定义直、交轴相电压相量。重写式(8-36)和式(8-38),得到

$$U_{Ad} + U_{Aq} = E_{A0} + RI_A + jX_d I_{Ad} + jX_q I_{Aq} \tag{8-39}$$

$$U_{Ad} + U_{Aq} = E_{A0} + RI_A + jX_s I_A \tag{8-40}$$

用相量表示电机模型的一个便利之处在于可以用图形化的方法进行某些运算,其背后的数学基础是复数运算,这种图称作相量图,如图 8-20 所示。将已经定义过的 A 相相量汇总于表 8-1 中,以便于理解相量图中的几何关系。图 8-20 中标出了几个对电机运行非常关键的角度,其中电流相量和永磁磁链相量的夹角 $\Delta\gamma$ 称作转矩角(8.3.3 节将会解释为什么这个角度称作转矩角,此处先只介绍名称);电流相量和空载反电动势相量的夹角($\Delta\gamma - 90°$)称作内功率因数角;电流相量和电压相量的夹角 φ 称作功率因数角;电压相量和空载反电动势相量的夹角($\Delta\gamma + \varphi - 90°$)称作功角。

按照直、交轴的第二定义,在图 8-20 中绘制出直、交轴,可以看出以 A 相永磁磁链相量和 A 相空载反电动势相量为基准,定义了一个笛卡儿坐标系。在直交轴上重写式(8-39),得到式(8-41)。这里的物理量不再是带有相位信息的相量,而是相量在直、交轴上的投影。同样的,B 相和 C 相也均有类似的公式,考虑到三相对称的情形,可以用单相的情形表征三相系统,为此忽略表示相的下角标,只保留表示相位的直、交轴信息,即可以将单相相量模型

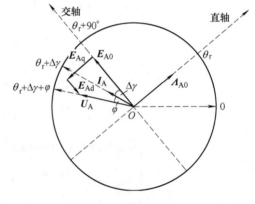

图 8-20 相量图

表达成式(8-42)和式(8-43)的形式,在后文中,如非特殊说明,均用这两个式子表示永磁电机相量模型。

$$\begin{cases} U_{Ad} = RI_{Ad} - X_q I_{Aq} \\ U_{Aq} = RI_{Aq} + X_d I_{Aq} + E_{A0} \end{cases} \tag{8-41}$$

$$\begin{cases} U_d = RI_d - X_q I_q = RI_d - \omega\Lambda_q \\ U_q = RI_q + \omega\Lambda_d \end{cases} \tag{8-42}$$

$$\begin{cases} \Lambda_q = L_q I_q \\ \Lambda_d = X_d I_d + \Lambda_{pm} \end{cases} \tag{8-43}$$

表 8-1 A 相相量汇总表

相量名称	符号	表达式
永磁磁链	$\mathbf{\Lambda}_{A0}$	$\Lambda_{pm} e^{j(\theta_r)}$
直轴电枢反应磁链	$\mathbf{\Lambda}_{Ad}$	$\Lambda_{dm} e^{j(\theta_r)}$
交轴电枢反应磁链	$\mathbf{\Lambda}_{Aq}$	$\Lambda_{qm} e^{j(\theta_r + 90°)}$
空载反电动势	$\mathbf{E}_{A0}$	$\omega \Lambda_{pm} e^{j(\theta_r + 90°)}$
电流	$\mathbf{I}_A$	$I_m e^{j(\theta_r + \Delta\gamma)}$
直轴电流	$\mathbf{I}_{Ad}$	$I_{dm} e^{j(\theta_r)}$
交轴电流	$\mathbf{I}_{Aq}$	$I_{qm} e^{j(\theta_r + 90°)}$
直轴电枢反应反电动势	$\mathbf{E}_{Ad}$	$\omega L_q I_{qm} e^{j(\theta_r + 180°)}$
交轴电枢反应反电动势	$\mathbf{E}_{Aq}$	$\omega L_d I_{dm} e^{j(\theta_r + 90°)}$

8.3.3 电机转矩模型

在 7.2 节中通过双永磁体棒同性相斥、异性相吸的属性以及空间对称性的直观物理现象，定性地讲解了同步电机转矩的产生原理。在本节中，将使用能量守恒的观点定量地推导电机转矩的产生机理以及特性。根据电路理论，三相交流电路的输入功率可用式（8-44）表示，根据图 8-20 中的角度关系和几何关系，将式（8-44）进行变换，可得到式（8-45）。根据功率和转矩的关系，可以非常容易地从式（8-45）中得到电机电磁转矩的计算公式，即式（8-46）。可以看出，在电流幅值 I_m 固定时，电磁转矩是 $\Delta\gamma$ 的函数，因此在 8.3.2 节将此角度定义为转矩角。需要注意的是，在推导过程中忽略了式（8-42）中的电阻项，这种近似等效于认为系统效率为 100%，则根据功率守恒，可以用式（8-46）表示机械输出转矩。

转矩由两部分构成：第一部分只和永磁磁链有关，称作永磁转矩；第二部分与永磁磁链无关，只和直、交轴的电感差值（即和直、交轴磁阻差值）有关，称作磁阻转矩。还可以看出，永磁转矩在转矩角等于 90°时取得最大值，而磁阻转矩在转矩角为 45°和 135°时取得最大值。总转矩最大值的转矩角则与电机参数有关，绘制电机总转矩、磁阻转矩和永磁转矩的曲线于图 8-21 中，可以清晰地看到它们与转矩角的依赖关系。

$$P = 3U_A I_A \cos\phi \tag{8-44}$$

$$\begin{aligned}
P &= 3U_A I_A \cos(\Delta\gamma + \varphi - \Delta\gamma) \\
&= 3U_A I_m \cos(\Delta\gamma + \phi)\cos(\Delta\gamma) + 3U_A I_m \sin(\Delta\gamma + \phi)\sin(\Delta\gamma) \\
&= 3(U_d I_d + U_q I_q) \\
&= 3[(E_{A0} + X_d I_d)I_q - X_q I_q I_d] \\
&= 3\omega\{[\Lambda_{pm} + L_d I_m \cos(\Delta\gamma)]I_m \sin(\Delta\gamma) - L_q \sin(\Delta\gamma)\cos(\Delta\gamma)I_m^2\} \\
&= 3\omega\left[\Lambda_{pm} I_m \sin(\Delta\gamma) - \frac{(L_q - L_d)I_m^2}{2}\sin(2\Delta\gamma)\right]
\end{aligned} \tag{8-45}$$

$$T_{em} = \frac{P}{\omega_m} = \frac{p}{2}\frac{P}{\omega} = \frac{3}{2}p\left[\Lambda_{pm} I_m \sin(\Delta\gamma) - \frac{(L_q - L_d)I_m^2}{2}\sin(2\Delta\gamma)\right] \tag{8-46}$$

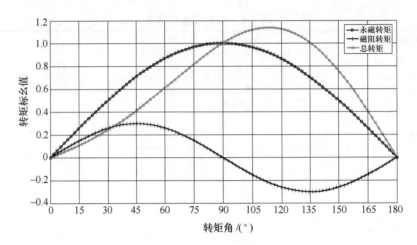

图 8-21 转矩特性曲线

可以看出，只有凸极式永磁同步电机才具有磁阻转矩，对于隐极电机，由于直、交轴电感相同，只有永磁转矩，即

$$T_{em} = \frac{P}{\omega_m} = \frac{p}{2}\frac{P}{\omega} = \frac{3}{2}p\Lambda_{pm}I_m\sin(\Delta\gamma) \tag{8-47}$$

8.4 永磁同步电机的效率特性与外特性

8.4.1 永磁同步电机的效率特性

在8.3.3节中，推导电机机械输出转矩时曾假设电机是无任何损耗的，即电机效率等于100%，此时电机的电磁转矩就等于机械输出转矩。但任何系统都不可能是无损耗的。在电机中，损耗大体分成两类。

第一部分称作铜损耗，是电流流过绕组时产生的焦耳热，其计算公式见式（8-48）。通过对电机外特性的分析可知，在非弱磁区中，电机电流只是机械输出转矩 T 的函数；但在弱磁区，电机电流不仅与机械输出转矩 T 有关，还和转速 n 有关，这是因为更高的转速导致了弱磁电流的出现。这种对转矩和转速的依赖关系用 $f_1(T,n)$ 表示。这一关系式可以通过对式（8-53）推导求出，由于形式过于复杂在此不列出。读者需要了解的是，铜损耗总是随着机械输出转矩的增加而增加，在转折转速之前与转速无关。在转折转速之后随着转速的上升而增加。图 8-22 给出了一个电机的铜损耗随转速、转矩变换的案例。

$$P_{copper} = 3I^2R = 3f_1(T,n)R \tag{8-48}$$

第二部分称作铁损耗，是铁心中存在交变磁场时产生的损耗。这部分损耗的产生机理远比铜损耗复杂，目前仅有拟合得到的计算公式，见式（8-49），式中 k_h、k_e 以及 α 都为和硅钢片材料属性有关的系数，一般硅钢片供应商都会提供。B 和 f 分别表示铁心内部平均磁通密度和磁通密度的交变频率。通常在非弱磁区，转矩越大磁通密度越强，转速越高频率越高，因此铁损耗也越大。但在弱磁区这一关系变得更加复杂。其主要原因在于进入弱磁区后，磁场的畸变更加严重，谐波铁损耗在总铁损耗当中的比例逐渐增加。而式（8-49）无

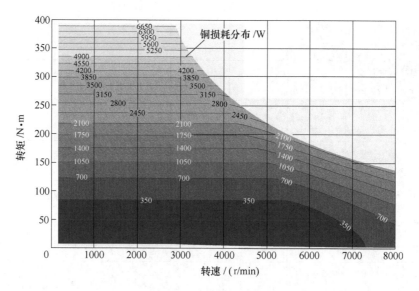

图 8-22 铜损耗分布图

法描述这一物理现象，因此在弱磁区不能直接使用该公式进行铁损耗计算。综合这些原因，只能在形式上用 $f_2(T,n)$ 表示铁损耗和转矩、转速存在函数关系，而不能像 $f_1(T,n)$ 一样可以得到形式良好的表达式。图 8-23 给出了与图 8-22 同属一台电机的铁损耗随转速、转矩变换的案例。

$$P_{\text{iron}} = V_{\text{iron}}(k_h B^2 f + k_e B f^\alpha) = V_{\text{iron}} f_2(T,n) \tag{8-49}$$

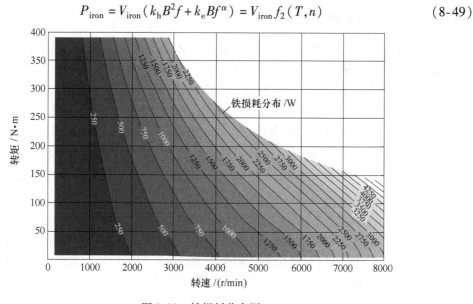

图 8-23 铁损耗分布图

电机工作在电动机状态时的效率可由式（8-50）计算得到，图 8-22 和图 8-23 所对应电机的效率特性脉谱（MAP）如图 8-24 所示。这是一个非常典型的电机效率分布图。通过观察可以发现，电机的效率在低速大转矩和高速小转矩处是最低的，分别表示了铜损耗最大和铁损耗最大的两种极端情形，而在电机中等转速和中等转矩处效率达到最大值。

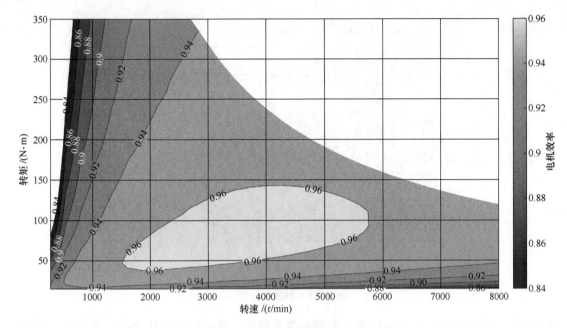

图 8-24 电机的效率特性脉谱（MAP）

$$\eta = \frac{P_{\text{out}}}{P_{\text{in}}} = \frac{Tn}{P_{\text{copper}} + P_{\text{iron}} + Tn} \tag{8-50}$$

8.4.2 永磁同步电机的外特性

永磁同步电机只有在使用逆变器变频供电时才能进行连续调速，应用于汽车驱动和伺服驱动场合。在逆变器供电电压和功率管电流容量的双重限制下，电机机械输出转矩（功率）最大值与转速的关系称作电机的外特性。电机的外特性分成两个区域：第一个区域从 0 转速开始到所谓转折转速为止，在该区域中电机端电压低于逆变器可以输出的最大电压；第二个区域从转折转速开始到最高转速为止，在该区域中电机端电压等于逆变器可以输出的最大电压。设逆变器的供电电压为 U_{dc}，则可以输出的最大电压（此处为相有效值，后文中若非特殊说明均为此含义）约为 $U_{\text{dc}}/\sqrt{6}$，记作 $U_{\max}$。设逆变器所用功率器件的电流容量为 I_{CE}，则可以输出的最大相电流为 $I_{\text{CE}}/(\sqrt{2}k_{\text{sa}})$，记作 $I_{\max}$，其中 k_{sa} 为功率器件在工程应用上留有的电流安全余量，一般取 1.5~2。

根据对两个区域的解释，可以求解出在第一个区域的电机机械输出转矩最大值，用式（8-51）表示，同时可以求解出转折转速，如式（8-52）所示。在转折转速以内，电机的外特性曲线上的转矩值与转速无关，保持不变。为了推导方便，这里用隐极电机表示。感兴趣的读者可以自行推导凸极电机的情形。

$$T_{\max} = \frac{3}{2} p \Lambda_{\text{pm}} I_{\max} \tag{8-51}$$

$$n_{\text{corner}} = \frac{U_{\max}}{\frac{p}{2}\sqrt{(\Lambda_{\text{pm}})^2 + (L_s I_{\max})^2}} \tag{8-52}$$

在第二个区域内，电机的外特性曲线上的最大转矩值不再像第一个区域内的一样随着转速保持不变,而是随转速变化。这一函数关系式可以用方程组,即式(8-53)求解得到,写作式(8-54)。为了避免求得的关系式过于复杂,这里将式(8-54)表示为转速的显示表达式。这是因为在转折转速以上时,电机端电压达到逆变器可以提供的最大值,要想进一步提升转速,必须削弱电机的磁链。而直轴电流可以通过控制来反相产生的直轴电枢反应磁链与永磁磁链,从而降低电机的直轴总磁链,达到升速的目的。这一过程称作弱磁,将在第10章中详细讲解。因此,直轴电流经常被称作弱磁电流。后文中会将第一个区域称作非弱磁区,第二个区域称作弱磁区。

$$\begin{cases} T_{\max} = \dfrac{3}{2} p \Lambda_{\mathrm{pm}} I_{\mathrm{qmax}} \\ n = \dfrac{U_{\max}}{\dfrac{p}{2}\sqrt{(\Lambda_{\mathrm{pm}} - L_{\mathrm{s}} I_{\mathrm{dmax}})^2 + (L_{\mathrm{s}} I_{\mathrm{qmax}})^2}} \\ I_{\mathrm{qmax}}^2 + I_{\mathrm{dmax}}^2 = I_{\max}^2 \end{cases} \quad (8\text{-}53)$$

$$n = \dfrac{U_{\max}}{\dfrac{p}{2}\sqrt{\left(\Lambda_{\mathrm{pm}} - L_{\mathrm{s}}\sqrt{I_{\max}^2 - \dfrac{T_{\max}}{\dfrac{3}{2} p \Lambda_{\mathrm{pm}}}}\right)^2 + \left(\dfrac{L_{\mathrm{s}} T_{\max}}{\dfrac{3}{2} p \Lambda_{\mathrm{pm}}}\right)^2}} \quad (8\text{-}54)$$

表8-2给出了一个电机外特性计算案例,前一部分是电机参数和逆变器相关的参数,后一部分按照式(8-51)和式(8-52)分别计算出了第一个区域内的最大机械输出转矩以及转折转速。使用MATLAB软件,按照式(8-54)可以计算出第二个区域内的电机外特性曲线。整条电机外特性曲线如图8-25所示。

表8-2 电机外特性计算案例

永磁磁链	0.2Wb	电感	0.7mH	极对数	3
母线电压	DC 320V	电流容量	450A	安全系数	1.5
逆变器输出最大电压(RMS)	131V	逆变器输出最大电流(RMS)		212A	
第一个区域最大机械输出转矩	381.9N·m	转折转速		175rad/s(1669r/min)	

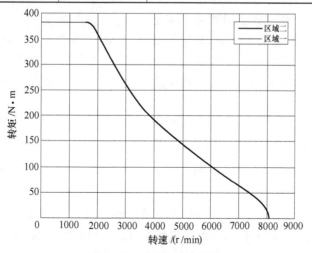

图8-25 电机外特性曲线

第 9 章

面向控制的永磁同步电机的建模

本章介绍面向控制且在不同坐标系下的永磁同步电机瞬态数学模型，并给出不同坐标系下电机变量转换的变换方法——克拉克（Clark）变换和派克（Park）变换。本章的推导过程中涉及一些相对复杂的矩阵运算和三角运算，仅供有兴趣的读者参考，略过数学模型的推导过程并不影响对永磁同步电机数学模型的使用。

9.1 自然坐标系下的电机电压方程

第 8 章中介绍的永磁同步电机的电路模型以"相量"为基础，从电机实际电路和磁场分布的角度出发，给出了交流电机工作原理的描述。但因为相量一般用于交流电路的稳态分析，而控制系统主要关注电流的瞬态变化，所以本章采用微分方程的形式描述永磁同步电机的瞬态特性。本章模型的推导需要基于第 8 章中基本的电机磁路、电路方程，但相比第 8 章对物理特性的分析，本章主要采用数学矩阵变换的手段，获得面向控制的永磁同步电机模型。虽然本章的部分公式在形式上与 8.3 节中的模型有相似之处，但变量的物理含义和用途却都有所不同。

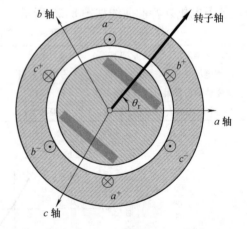

图 9-1 自然坐标系下永磁同步电机的绕组模型

为了列写自然坐标系下的电机模型，首先对永磁同步电机的绕组模型进行定义，如图 9-1 所示。其中，定子 A 相绕组（a^+，a^-）轴线标为 a 轴，b 轴、c 轴，以此类推。设定 A 相轴线为 0°，逆时针方向为正，则 B、C 相轴线的位置角分别为 120°和 240°。选取转子磁链方向与定子 A 相轴线重合时，转子的电角度为 0°，随着转子逆时针旋转，转子电角度 θ_r 逐渐增大。

参考永磁同步电机电路分析及直流电机模型可知，电机的电能与机械能的转换必然包含以下四个过程：

1) 电压作用在电机绕组上产生电流——电压方程。

2) 电流与磁场相互作用产生转矩——转矩方程。
3) 转矩作用在转动惯量上产生角速度——机械运动方程。
4) 磁场旋转感应出电动势——反电动势方程。

由第8章可知，永磁同步电机的电枢绕组电压方程与直流电机电压方程形式类似，同样由绕组端电压、电阻压降、电感压降和反电动势组成。其中电感压降与反电动势同为定子电感上产生的电动势。电感压降可以理解为定子电流激发的磁场随时间变化产生的感应电动势，反电动势则为转子永磁体激发的磁场与定子绕组相对运动产生的感应电动势，二者可以统一表示为定、转子产生的磁场之和在定子绕组中的变化率。所以，自然坐标系下永磁同步电机的瞬态电压方程的矩阵表示为

$$\begin{pmatrix} u_{as} \\ u_{bs} \\ u_{cs} \end{pmatrix} = \begin{pmatrix} R_{as} & & \\ & R_{bs} & \\ & & R_{cs} \end{pmatrix} \begin{pmatrix} i_{as} \\ i_{bs} \\ i_{cs} \end{pmatrix} + \frac{d}{dt} \begin{pmatrix} \lambda_{as} \\ \lambda_{bs} \\ \lambda_{cs} \end{pmatrix} \tag{9-1}$$

式中，u_{as}、u_{bs} 和 u_{cs} 为定子三相端电压；R_{as}、R_{bs} 和 R_{cs} 为定子三相电阻，一般情况下交流电机三相对称，所以三者相等，可以统一用 R_s 代表；i_{as}、i_{bs} 和 i_{cs} 为定子三相电流；λ_{as}、λ_{bs}、λ_{cs} 为定子三相磁链，代表了转子永磁体和定子电流共同产生的磁场与定子绕组交链的情况，其导数就代表了电感压降与反电动势之和。

定子绕组磁链的矩阵表示为

$$\begin{pmatrix} \lambda_{as} \\ \lambda_{bs} \\ \lambda_{cs} \end{pmatrix} = \begin{pmatrix} L_{as,as} & L_{bs,as} & L_{cs,as} \\ L_{as,bs} & L_{bs,bs} & L_{cs,bs} \\ L_{as,cs} & L_{bs,cs} & L_{cs,cs} \end{pmatrix} \begin{pmatrix} i_{as} \\ i_{bs} \\ i_{cs} \end{pmatrix} + \begin{pmatrix} \cos\theta_r \\ \cos\left(\theta_r - \frac{2}{3}\pi\right) \\ \cos\left(\theta_r - \frac{4}{3}\pi\right) \end{pmatrix} \lambda_f \tag{9-2}$$

式中，λ_f 为转子永磁体磁链（相对于转子坐标系，不考虑非线性特性时为常数）。

这里用 i、j 代表任意 A、B、C 相下角标。若 i=j，则 $L_{is,is}$ 代表了 i 相的自感；若 i≠j，则 $L_{is,js}$ 代表 i 相与 j 相的互感。正如以上讨论的结果，式（9-2）中的定子磁链由两项组成：一项是定子电流激励产生的磁场；另一项是转子永磁体激励产生的磁场。按式（9-1）分别对定子磁链表达式中的两项求导，电流导数与电感的乘积即为定子电感的压降；转子角度的导数为转子转速，与永磁体磁链的乘积即为反电动势。在交流电机中，因为有多相绕组，所以其绕组的电感矩阵是较为复杂的，尤其是存在大量的互感。根据电磁场理论可知，互感具有对称性，即 $L_{is,js} = L_{js,is}$，所以电感矩阵为对称矩阵。但在式（9-2）中的电感矩阵并不一定为常数矩阵，因为隐极式永磁同步电机的气隙均匀，所以电感矩阵为常数矩阵，若考虑内嵌式永磁同步电机，随着转子位置的变化，每极气隙间距会按周期发生变化，也就会引起磁场分布的变化（见图8-11），从而使定子电感值也发生周期性变化。为简化分析，在仅考虑气隙磁通基波分量且定子三相对称的情况下，可以将内嵌式永磁同步电机定子自感随转子位置变化的表达式写为

$$L_{as,as} = L_{ls} + L_A - L_B \cos 2\theta_r \tag{9-3}$$

$$L_{bs,bs} = L_{ls} + L_A - L_B \cos\left[2\left(\theta_r - \frac{2\pi}{3}\right)\right] \tag{9-4}$$

$$L_{cs,cs} = L_{ls} + L_A - L_B \cos\left[2\left(\theta_r - \frac{4\pi}{3}\right)\right] \tag{9-5}$$

式中，L_{ls}、L_A、L_B 均为常数，L_{ls} 为定子漏感，L_A 为定子互感中不随转子位置变化的分量，L_B 为定子互感中周期变化分量的最大值。式（9-3）~式（9-5）不但表达了定子自感随转子电角度按1/2周期变化的规律，同时还隐含了定子互感最大值与转子位置的关系。从图9-1可以看出，当 $\theta_r = 0°$ 时，永磁体正对 a 轴，此时A相磁通通过的气隙最长，电感最小，所以这里将 L_B 的符号定义为负。需要注意的是，这一设定符合一般的内嵌式永磁同步电机的规律，但对于增磁型永磁同步电机或者电励磁式同步电机则可能是相反的。

除了定子绕组自感，内嵌式永磁同步电机的定子互感同样随转子位置变化，其表达式为

$$L_{as,bs} = L_{bs,as} = -\frac{1}{2}L_A - L_B \cos\left[2\left(\theta_r - \frac{4\pi}{3}\right)\right] \tag{9-6}$$

$$L_{as,cs} = L_{cs,as} = -\frac{1}{2}L_A - L_B \cos\left[2\left(\theta_r - \frac{2\pi}{3}\right)\right] \tag{9-7}$$

$$L_{bs,cs} = L_{cs,bs} = -\frac{1}{2}L_A - L_B \cos 2\theta_r \tag{9-8}$$

互感中不存在漏感项 L_{ls}。L_{ls}、L_A、L_B 的具体数值也可以通过解析表达式计算得到，但其推导过程相对复杂，本书不再详述，感兴趣的读者可以参看参考文献 [2, 33] 的相关章节。另外，L_{ls}、L_A、L_B 的解析计算很难精确考虑复杂的磁场分布和磁场的非线性，所以目前人们更多地采用有限元计算或试验测量的方法得到所需的电感数值。

从式（9-1）~式（9-8）可以看出，永磁同步电机的定、转子磁场均随时间、空间变化，若通过A、B、C三相描述，其复杂度是非常高的，若用A、B、C三相的电流磁场推导电机的转矩方程则会更为复杂。所以这里暂时不推导永磁同步电机的转矩方法，而是首先考虑通过数学变换简化作为电压方程的式（9-1）及作为磁链方程的式（9-2）的描述。

9.2 正交坐标系与旋转坐标系的变换

在目前的讨论中，仅介绍了径向磁场电机，不考虑轴向磁场的分布，所以磁链分布表示的是电机径向截面的磁场分布。在一个平面内，采用A、B、C三相物理量描述是冗余的，所以不妨考虑是否可以利用正交坐标系来描述定子三相的磁动势。

在定子坐标系内定义 dqs 正交坐标系，如图9-2所示浅色坐标轴。可以看到，定义的 dqs 坐标系由正交的 d_s、q_s 两个轴组成，d_s 轴与定子A相轴线重合，q_s 轴滞后 d_s 轴 90°。此时，对平面内 abc 坐标系下的任意矢量 f_{abc}，都可以通过简单的三角函数计算得到用 d_s、q_s 两个方向分量表示的矢量 f_{dqs}。其计算的表达式为

$$\begin{pmatrix} f_{ds} \\ f_{qs} \end{pmatrix} = \boldsymbol{M}_{abc}^{dqs} \begin{pmatrix} f_a \\ f_b \\ f_c \end{pmatrix} \tag{9-9}$$

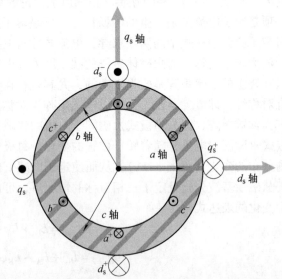

图9-2 定子 abc 坐标系与定子 dqs 坐标系

式中，$\boldsymbol{M}_{\text{abc}}^{\text{dqs}}$ 为对矢量 $\boldsymbol{f}_{\text{abc}}$ 进行正交变换的矩阵，表示为

$$\boldsymbol{M}_{\text{abc}}^{\text{dqs}} = \frac{2}{3}\begin{pmatrix} 1 & -\dfrac{1}{2} & -\dfrac{1}{2} \\ 0 & \dfrac{\sqrt{3}}{2} & -\dfrac{\sqrt{3}}{2} \end{pmatrix} \tag{9-10}$$

以上从定子 abc 坐标系到定子 dqs 坐标系的变换矩阵称为克拉克（Clark）变换。从图 9-2 可以看出，定子 dqs 坐标系的定义并没有涉及 d_s、q_s 轴的幅值，所以由定子 abc 坐标系到 dqs 坐标系矩阵变换的角度是确定的，但比例系数是需要人为补充定义的，在式（9-10）中该系数为 2/3，通过推导可知，这种定义保证了 $\boldsymbol{f}_{\text{abc}}$ 矢量变化为 $\boldsymbol{f}_{\text{dqs}}$ 时幅值不变，称为恒幅值变换。若将式（9-10）定义为式（9-11），矩阵比例系数改为 $\sqrt{2/3}$，则可以保证 $\boldsymbol{f}_{\text{abc}}$ 矢量变换到 $\boldsymbol{f}_{\text{dqs}}$ 时，相应量产生的功率不变，称为恒功率变换。本书采用恒幅值变换形式。

$$\boldsymbol{M}_{\text{abc}}^{\text{dqs}} = \sqrt{\frac{2}{3}}\begin{pmatrix} 1 & -\dfrac{1}{2} & -\dfrac{1}{2} \\ 0 & \dfrac{\sqrt{3}}{2} & -\dfrac{\sqrt{3}}{2} \end{pmatrix} \tag{9-11}$$

同样，由 dqs 坐标系变换到 abc 坐标系的变换矩阵可以表示为

$$\boldsymbol{M}_{\text{dqs}}^{\text{abc}} = \begin{pmatrix} 1 & 0 \\ -\dfrac{1}{2} & \dfrac{\sqrt{3}}{2} \\ -\dfrac{1}{2} & -\dfrac{\sqrt{3}}{2} \end{pmatrix} \tag{9-12}$$

此时，永磁同步电机的定子电压方程可以表示为

$$\boldsymbol{M}_{\text{dqs}}^{\text{abc}}\begin{pmatrix} u_{\text{ds}}^{\text{dqs}} \\ u_{\text{qs}}^{\text{dqs}} \end{pmatrix} = \begin{pmatrix} R_s & & \\ & R_s & \\ & & R_s \end{pmatrix} \boldsymbol{M}_{\text{dqs}}^{\text{abc}}\begin{pmatrix} i_{\text{ds}}^{\text{dqs}} \\ i_{\text{qs}}^{\text{dqs}} \end{pmatrix} + \frac{\text{d}}{\text{d}t}\boldsymbol{M}_{\text{dqs}}^{\text{abc}}\begin{pmatrix} \lambda_{\text{ds}}^{\text{dqs}} \\ \lambda_{\text{qs}}^{\text{dqs}} \end{pmatrix} \tag{9-13}$$

将等式两边乘以矩阵 $\boldsymbol{M}_{\text{abc}}^{\text{dqs}}$，化简得到

$$\begin{pmatrix} u_{\text{ds}}^{\text{dqs}} \\ u_{\text{qs}}^{\text{dqs}} \end{pmatrix} = \begin{pmatrix} R_s & \\ & R_s \end{pmatrix}\begin{pmatrix} i_{\text{ds}}^{\text{dqs}} \\ i_{\text{qs}}^{\text{dqs}} \end{pmatrix} + \frac{\text{d}}{\text{d}t}\begin{pmatrix} \lambda_{\text{ds}}^{\text{dqs}} \\ \lambda_{\text{qs}}^{\text{dqs}} \end{pmatrix} \tag{9-14}$$

同理，可以得到定子磁链方程的表达式为

$$\begin{pmatrix} \lambda_{\text{ds}}^{\text{dqs}} \\ \lambda_{\text{qs}}^{\text{dqs}} \end{pmatrix} = \boldsymbol{L}_s^{\text{dqs}}\begin{pmatrix} i_{\text{ds}}^{\text{dqs}} \\ i_{\text{qs}}^{\text{dqs}} \end{pmatrix} + \begin{pmatrix} \cos\theta_r \\ \cos\left(\theta_r - \dfrac{1}{2}\pi\right) \end{pmatrix}\lambda_f \tag{9-15}$$

其中

$$\boldsymbol{L}_s^{\text{dqs}} = \boldsymbol{M}_{\text{abc}}^{\text{dqs}}\begin{pmatrix} L_{\text{as,as}} & L_{\text{bs,as}} & L_{\text{cs,as}} \\ L_{\text{as,bs}} & L_{\text{bs,bs}} & L_{\text{cs,bs}} \\ L_{\text{as,cs}} & L_{\text{bs,cs}} & L_{\text{cs,cs}} \end{pmatrix}\boldsymbol{M}_{\text{dqs}}^{\text{abc}} = \begin{pmatrix} L_{\text{dd}}^{\text{dqs}} & L_{\text{dq}}^{\text{dqs}} \\ L_{\text{qd}}^{\text{dqs}} & L_{\text{qq}}^{\text{dqs}} \end{pmatrix} \tag{9-16}$$

由式（9-14）～式（9-16）可以看到，将电压方程由 abc 坐标系变换到 dqs 坐标系后，相当于将 A、B、C 三相绕组变换为 d_s、q_s 轴方向上的两个虚拟绕组，如图 9-2 所示。两个

虚拟绕组中的定子电阻仍为 R_s，永磁体磁链在 dqs 坐标系上的投影与物理概念完全一致，但 d_s、q_s 轴上两个绕组的电感矩阵表达式依然比较复杂。在矩阵 $\boldsymbol{L}_s^{\text{dqs}}$ 中，因为 d_s、q_s 轴上的绕组相互垂直，所以如果气隙均匀，d_s、q_s 轴互感为零，即 $\boldsymbol{L}_{\text{dq}}^{\text{dqs}} = \boldsymbol{0}$；但若气隙不均匀（$L_B \neq 0$），则磁场在不均匀气隙的作用下会发生扭曲，导致 d_s、q_s 轴之间存在互感。有兴趣的读者可以利用式（9-16）自行推导电感矩阵表达式并验证以上结论。

虽然永磁同步电机的电压方程在 dqs 坐标系中已经得到了很大程度的简化，但其电感矩阵依然比较复杂，且可能随时间变化。是否有可能通过坐标变换进一步简化永磁同步电机模型呢？答案是肯定的，这就是下面介绍的旋转坐标系变换。

定义任意转速 ω 的旋转正交坐标系 dqr，如图 9-3 所示，则这个旋转正交坐标系坐标轴 d_r 与静止正交坐标系坐标轴 d_s 之间的夹角 θ 可以表示为

$$\theta = \int_0^t \omega \mathrm{d}t \tag{9-17}$$

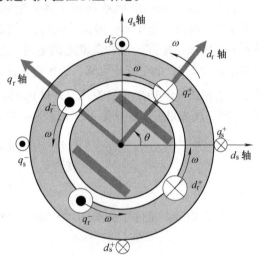

图 9-3　静止正交坐标系与旋转正交坐标系

利用 θ，可以根据三角函数关系写出静止正交坐标系 dqs 与旋转正交坐标系 dqr 之间的变换矩阵，即

$$\boldsymbol{M}_{\text{dqs}}^{\text{dqr}}(\theta) = \begin{pmatrix} \cos\theta & \sin\theta \\ -\sin\theta & \cos\theta \end{pmatrix} \tag{9-18}$$

结合式（9-11）和式（9-18），可以得到定子 abc 坐标系到旋转 dqr 坐标系的变换矩阵为

$$\boldsymbol{M}_{\text{abc}}^{\text{dqr}}(\theta) = \boldsymbol{M}_{\text{dqs}}^{\text{dqr}}(\theta)\boldsymbol{M}_{\text{abc}}^{\text{dqs}} = \frac{2}{3}\begin{pmatrix} \cos\theta & \cos\left(\theta - \dfrac{2\pi}{3}\right) & \cos\left(\theta - \dfrac{4\pi}{3}\right) \\ -\sin\theta & -\sin\left(\theta - \dfrac{2\pi}{3}\right) & -\sin\left(\theta - \dfrac{4\pi}{3}\right) \end{pmatrix} \tag{9-19}$$

这就是交流电机的派克（Park）变换。同样，派克变换也存在坐标系数定义的问题，这里同样采用恒幅值的派克变换，将 2/3 作为变换矩阵的系数。若需要将物理量从 dqr 坐标系转换到 abc 坐标系，则需要进行逆派克变换，相应的变换矩阵可以由式（9-19）计算得到，即

$$\boldsymbol{M}_{\text{dqr}}^{\text{abc}}(\theta) = \boldsymbol{M}_{\text{abc}}^{\text{dqr}}(\theta)^{-1} = \begin{pmatrix} \cos\theta & -\sin\theta \\ \cos\left(\theta - \dfrac{2\pi}{3}\right) & -\sin\left(\theta - \dfrac{2\pi}{3}\right) \\ \cos\left(\theta - \dfrac{4\pi}{3}\right) & -\sin\left(\theta - \dfrac{4\pi}{3}\right) \end{pmatrix} \tag{9-20}$$

基于 dqr 坐标系的定义，可以将 abc 坐标系下的变量均投影到 dqr 坐标系下，即

$$\begin{pmatrix} u_{\mathrm{as}} \\ u_{\mathrm{bs}} \\ u_{\mathrm{cs}} \end{pmatrix} = \boldsymbol{M}_{\mathrm{dqr}}^{\mathrm{abc}}(\theta) \begin{pmatrix} u_{\mathrm{ds}} \\ u_{\mathrm{qs}} \end{pmatrix} \tag{9-21}$$

$$\begin{pmatrix} i_{\mathrm{as}} \\ i_{\mathrm{bs}} \\ i_{\mathrm{cs}} \end{pmatrix} = \boldsymbol{M}_{\mathrm{dqr}}^{\mathrm{abc}}(\theta) \begin{pmatrix} i_{\mathrm{ds}} \\ i_{\mathrm{qs}} \end{pmatrix} \tag{9-22}$$

$$\begin{pmatrix} \lambda_{\mathrm{as}} \\ \lambda_{\mathrm{bs}} \\ \lambda_{\mathrm{cs}} \end{pmatrix} = \boldsymbol{M}_{\mathrm{dqr}}^{\mathrm{abc}}(\theta) \begin{pmatrix} \lambda_{\mathrm{ds}} \\ \lambda_{\mathrm{qs}} \end{pmatrix} \tag{9-23}$$

将式 (9-21)~式 (9-23) 代入自然坐标系下的定子电压方程式 (9-1),可得

$$\boldsymbol{M}_{\mathrm{dqr}}^{\mathrm{abc}}(\theta) \begin{pmatrix} u_{\mathrm{ds}} \\ u_{\mathrm{qs}} \end{pmatrix} = \begin{pmatrix} R_{\mathrm{s}} & & \\ & R_{\mathrm{s}} & \\ & & R_{\mathrm{s}} \end{pmatrix} \boldsymbol{M}_{\mathrm{dqr}}^{\mathrm{abc}}(\theta) \begin{pmatrix} i_{\mathrm{ds}} \\ i_{\mathrm{qs}} \end{pmatrix} + \frac{\mathrm{d}}{\mathrm{d}t} \boldsymbol{M}_{\mathrm{dqr}}^{\mathrm{abc}}(\theta) \begin{pmatrix} \lambda_{\mathrm{ds}} \\ \lambda_{\mathrm{qs}} \end{pmatrix} \tag{9-24}$$

在等式两边乘以矩阵 $M_{\mathrm{abc}}^{\mathrm{dqr}}(\theta)$,化简得到

$$\begin{pmatrix} u_{\mathrm{ds}} \\ u_{\mathrm{qs}} \end{pmatrix} = \boldsymbol{R}_{\mathrm{s}}^{\mathrm{dqr}} \begin{pmatrix} i_{\mathrm{ds}} \\ i_{\mathrm{qs}} \end{pmatrix} + \boldsymbol{\Omega} \begin{pmatrix} \lambda_{\mathrm{ds}} \\ \lambda_{\mathrm{qs}} \end{pmatrix} + \frac{\mathrm{d}}{\mathrm{d}t} \begin{pmatrix} \lambda_{\mathrm{ds}} \\ \lambda_{\mathrm{qs}} \end{pmatrix} \tag{9-25}$$

其中

$$\boldsymbol{R}_{\mathrm{s}}^{\mathrm{dqr}} = \boldsymbol{M}_{\mathrm{abc}}^{\mathrm{dqr}}(\theta) \begin{pmatrix} R_{\mathrm{s}} & & \\ & R_{\mathrm{s}} & \\ & & R_{\mathrm{s}} \end{pmatrix} \boldsymbol{M}_{\mathrm{dqr}}^{\mathrm{abc}}(\theta) = \begin{pmatrix} R_{\mathrm{s}} & \\ & R_{\mathrm{s}} \end{pmatrix} \tag{9-26}$$

$$\boldsymbol{\Omega} = \boldsymbol{M}_{\mathrm{abc}}^{\mathrm{dqr}}(\theta) \left(\frac{\mathrm{d}}{\mathrm{d}t} \boldsymbol{M}_{\mathrm{dqr}}^{\mathrm{abc}}(\theta) \right) = \omega \begin{pmatrix} 0 & -1 \\ 1 & 0 \end{pmatrix} \tag{9-27}$$

观察式 (9-25) 和式 (9-27) 可以发现,式 (9-25) 中 $\boldsymbol{\Omega}\lambda_{\mathrm{ds}}$ 与反电动势的表达形式是一致的,但 ω 是人为定义的坐标系的转速,并不真实存在,为什么会产生电压呢?其实通过式 (9-25) 可以更好地理解电磁感应的原理。电磁感应电动势分为感生电动势和动生电动势,但却没有明确定义何为"动"。在牛顿力学里明确提出了"运动"与"静止"是相对的,它们取决于参考坐标系的选取,那么由此可知,动生电动势和感生电动势二者也是相对的。为了保证不同转速坐标系下实际的感应电动势大小不变,必须存在旋转参考系的对应项 $\boldsymbol{\Omega}\lambda_{\mathrm{qs}}$,用于补偿因坐标系选取不同引起的动生电动势计算上的差异。

同理,将式 (9-22)、式 (9-23) 代入式 (9-2) 可以得到

$$\boldsymbol{M}_{\mathrm{dqr}}^{\mathrm{abc}}(\theta) \begin{pmatrix} \lambda_{\mathrm{ds}} \\ \lambda_{\mathrm{qs}} \end{pmatrix} = \begin{pmatrix} L_{\mathrm{as,as}} & L_{\mathrm{bs,as}} & L_{\mathrm{cs,as}} \\ L_{\mathrm{as,bs}} & L_{\mathrm{bs,bs}} & L_{\mathrm{cs,bs}} \\ L_{\mathrm{as,cs}} & L_{\mathrm{bs,cs}} & L_{\mathrm{cs,cs}} \end{pmatrix} \boldsymbol{M}_{\mathrm{dqr}}^{\mathrm{abc}}(\theta) \begin{pmatrix} i_{\mathrm{ds}} \\ i_{\mathrm{qs}} \end{pmatrix} + \begin{pmatrix} \cos\theta_{\mathrm{r}} \\ \cos\left(\theta_{\mathrm{r}} - \frac{2}{3}\pi\right) \\ \cos\left(\theta_{\mathrm{r}} - \frac{4}{3}\pi\right) \end{pmatrix} \lambda_{\mathrm{f}} \tag{9-28}$$

式中，θ 为旋转坐标系的位置角；θ_r 为转子的位置角。

若定义 $\theta = \theta_r$，则式（9-28）可以得到进一步的简化，所以定义 $\theta = \theta_r$。在该定义下，本节中的 d_r 和 q_r 轴即变为第 8 章中定义的永磁同步电机的直轴与交轴。

式（9-28）两边乘以矩阵 $\boldsymbol{M}_{abc}^{dqr}(\theta_r)$，化简得到

$$\begin{pmatrix} \lambda_{ds} \\ \lambda_{qs} \end{pmatrix} = \boldsymbol{L}^{dqr} \begin{pmatrix} i_{ds} \\ i_{qs} \end{pmatrix} + \boldsymbol{M}_f^{dqr} \lambda_f \tag{9-29}$$

其中

$$\boldsymbol{L}^{dqr} = \boldsymbol{M}_{abc}^{dqr}(\theta_r) \begin{pmatrix} L_{as,as} & L_{bs,as} & L_{cs,as} \\ L_{as,bs} & L_{bs,bs} & L_{cs,bs} \\ L_{as,cs} & L_{bs,cs} & L_{cs,cs} \end{pmatrix} \boldsymbol{M}_{dqr}^{abc}(\theta_r) \tag{9-30}$$

$$\boldsymbol{M}_f^{dqr} = \boldsymbol{M}_{abc}^{dqr}(\theta_r) \begin{pmatrix} \cos\theta_r \\ \cos\left(\theta_r - \dfrac{2}{3}\pi\right) \\ \cos\left(\theta_r - \dfrac{4}{3}\pi\right) \end{pmatrix} = \begin{pmatrix} 1 \\ 0 \end{pmatrix} \tag{9-31}$$

将式（9-3）~式（9-8）代入式（9-30），化简可得

$$\boldsymbol{L}^{dqr} = \begin{pmatrix} L_d & 0 \\ 0 & L_q \end{pmatrix} \tag{9-32}$$

其中

$$L_d = L_{ls} + \frac{3}{2}(L_A - L_B) \tag{9-33}$$

$$L_q = L_{ls} + \frac{3}{2}(L_A + L_B) \tag{9-34}$$

可以看到，通过以上一系列变换，电感矩阵也得到了大幅度的简化，不但 d、q 轴之间的互感化简为 0，d、q 轴的自感也转换为常数，不再随转子位置变化而变化。式（9-33）、式（9-34）中的 L_d、L_q 分别称作直轴电感和交轴电感。

虽然 L_d、L_q 是通过数学变换得到的，但也有明确的物理意义。类似克拉克变换的讨论，令 $\theta = \theta_r$ 的派克变换相当于把定子 A、B、C 三相绕组产生的磁场等效为由两个与转子同步旋转的绕组产生，这两个绕组相互垂直，分别置于 d_r、q_r 轴上，且 d_r 轴与永磁体磁场方向一致，如图 9-3 所示。从图 9-3 中可以看到，因为 d_r、q_r 轴所对应的气隙长度始终不变，所以 L_d、L_q 为常数；因为永磁体嵌在 d_r 轴上，所以 L_d 所对应的电感较小，有 $L_d < L_q$；因为电机气隙的变化相对 d_r、q_r 轴都是对称的，所以 d_r、q_r 轴之间没有互感。

9.3 旋转坐标系下的电机模型

因为在与转子同步旋转的坐标系下，永磁同步电机的模型可以得到大幅度的简化，且物理意义明确，所以在交流电机控制中，一般采用该坐标系描述永磁同步电机的数学模型。在

本书后续章节中，若不加特殊说明，将采用 d、q 轴直接指代转子同步坐标系下根据磁场方向定义的 d_r、q_r 轴（同第 8 章定义）。

将 9.2 节中的式（9-25）整理为旋转 d、q 轴下电压方程的形式，可得

$$L_d \frac{\mathrm{d} i_{ds}^r}{\mathrm{d} t} = u_{ds}^r - R_s i_{ds}^r + \omega_r \lambda_{qs}^r \tag{9-35}$$

$$L_q \frac{\mathrm{d} i_{qs}^r}{\mathrm{d} t} = u_{qs}^r - R_s i_{qs}^r - \omega_r \lambda_{ds}^r \tag{9-36}$$

式（9-35）和式（9-36）中变量的角标相比 9.2 节中进行了简化，上角标 r 代表转子坐标系，下角标 d、q 分别代表转子坐标系中的 d、q 轴，其中 d 轴与转子永磁体磁场方向一致，下角标 s 代表属于定子的变量，ω_r 为转子旋转的电角速度。根据式（9-35）、式（9-36）可以画出在转子坐标系下永磁同步电机的等效电路，如图 9-4 所示。可以看到，在交流电机中，通过将三相物理量变换到转子坐标系下，基本完成了二维空间磁场的解耦，d 轴等效电路与 q 轴等效电路只在反电动势项中存在一定的磁场耦合，电路中的电阻和电感项是完全独立的，这就意味着在转子坐标系下，独立控制电机的 d 轴电流和 q 轴电流变得相对简单了。

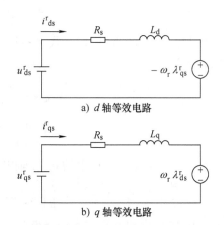

图 9-4 转子坐标系下永磁同步电机的等效电路

将式（9-29）整理为磁链方程的形式为

$$\lambda_{ds}^r = L_d i_{ds}^r + \lambda_f \tag{9-37}$$

$$\lambda_{qs}^r = L_q i_{qs}^r \tag{9-38}$$

因为 d 轴与转子磁链方向重合，所以 d 轴磁链由定子电流和转子磁链共同贡献，而 q 轴磁链仅由定子电流贡献。

下面利用电压方程和磁链方程推导永磁同步电机的转矩方程。永磁同步电机的转矩方程在 8.3.3 节以转矩角的表达式给出过，本节中基于面向控制的 d、q 轴模型，以瞬态 d、q 轴电流形式给出转矩表达式及其推导过程。一般交流电机的转矩方程可以采用两种方式进行推导：一种方式是利用微小角位移引起的电机磁共能的变化来计算；另一种方式是直接利用电机能量转换过程中的能量守恒来计算。下面采用能量守恒法。

利用电机的输入电压、电流计算其输入的电功率为

$$P_i = \frac{1}{T}\int_0^T \left(\begin{pmatrix} u_{as} & u_{bs} & u_{cs} \end{pmatrix} \begin{pmatrix} i_{as} \\ i_{bs} \\ i_{cs} \end{pmatrix} \right) \mathrm{d}t \tag{9-39}$$

式中，T 为电压、电流的周期。

将式（9-21）、式（9-22）代入式（9-39）可得

$$P_i = \frac{3}{2}\frac{1}{T}\int_0^T \left(\begin{pmatrix} u_{ds}^r & u_{qs}^r \end{pmatrix} \begin{pmatrix} i_{ds}^r \\ i_{qs}^r \end{pmatrix} \right) \mathrm{d}t \tag{9-40}$$

式中，3/2 的系数来源于本书派克变换采用了恒幅值变换。

若式（9-19）采用恒功率变换的矩阵系数 $\sqrt{2/3}$，则根据以上步骤推导得到的输入功率方程的系数将为 1。由永磁同步电机运行的基本原理可知，永磁同步电机定、转子磁场相对静止，那么在转子坐标系下定子磁场相当于直流磁场。再参考式（9-35）~式（9-38）可知，转子坐标系下的电压、电流均为直流量，所以其输出功率为直流量而非交流量，可将输入电功率直接写为

$$P_\mathrm{i} = \frac{3}{2}(u_\mathrm{ds}^\mathrm{r} i_\mathrm{ds}^\mathrm{r} + u_\mathrm{qs}^\mathrm{r} i_\mathrm{qs}^\mathrm{r}) \tag{9-41}$$

将式（9-37）、式（9-38）代入式（9-35）、式（9-36），消去电压方程中的定子 d、q 轴磁链，可以得到

$$u_\mathrm{ds}^\mathrm{r} = L_\mathrm{d}\frac{\mathrm{d}i_\mathrm{ds}^\mathrm{r}}{\mathrm{d}t} + R_\mathrm{s} i_\mathrm{ds}^\mathrm{r} - \omega_\mathrm{r} L_\mathrm{q} i_\mathrm{qs}^\mathrm{r} \tag{9-42}$$

$$u_\mathrm{qs}^\mathrm{r} = L_\mathrm{q}\frac{\mathrm{d}i_\mathrm{qs}^\mathrm{r}}{\mathrm{d}t} + R_\mathrm{s} i_\mathrm{qs}^\mathrm{r} + \omega_\mathrm{r} L_\mathrm{d} i_\mathrm{ds}^\mathrm{r} + \omega_\mathrm{r} \lambda_\mathrm{f} \tag{9-43}$$

将式（9-42）、式（9-43）中的 d、q 轴电压代入式（9-41）可得

$$P_\mathrm{i} = \frac{3}{2}\left\{R_\mathrm{s}(i_\mathrm{ds}^{\mathrm{r}\,2} + i_\mathrm{qs}^{\mathrm{r}\,2}) + \frac{\mathrm{d}}{\mathrm{d}t}\left(\frac{1}{2}(L_\mathrm{d} i_\mathrm{ds}^{\mathrm{r}\,2} + L_\mathrm{q} i_\mathrm{qs}^{\mathrm{r}\,2})\right) + \omega_\mathrm{r}[(L_\mathrm{d} - L_\mathrm{q}) i_\mathrm{ds}^\mathrm{r} i_\mathrm{qs}^\mathrm{r} + \lambda_\mathrm{f} i_\mathrm{qs}^\mathrm{r}]\right\} \tag{9-44}$$

式（9-44）中的电机输入功率被整理为三项输出功率之和。左侧第一项是标准的焦耳定律形式，描述了 d、q 轴上由定子电阻引起的铜损耗；左侧第二项导数括号内的表达式为 d、q 轴上电感的储能，在电机稳态运行时，d、q 轴电流不变，电感储能不变，该项为零，当 d、q 轴电流发生变化时，电感储能发生变化，所以需要通过该项补充电感储能的变化；那么只有剩下的第三项代表了电机的机械功率输出，所以将电机的机械功率表示为

$$P_\mathrm{m} = \frac{3}{2}\omega_\mathrm{r}[(L_\mathrm{d} - L_\mathrm{q}) i_\mathrm{ds}^\mathrm{r} i_\mathrm{qs}^\mathrm{r} + \lambda_\mathrm{f} i_\mathrm{qs}^\mathrm{r}] \tag{9-45}$$

因为 ω_r 为电角速度，所以利用机械功率计算输出转矩的表达式为

$$T_\mathrm{e} = \frac{P_\mathrm{m}}{\dfrac{\omega_\mathrm{r}}{\left(\dfrac{p}{2}\right)}} \tag{9-46}$$

将式（9-45）代入式（9-46）可以得到永磁同步电机的输出转矩表达式为

$$T_\mathrm{e} = \frac{3}{2}\frac{p}{2}[\lambda_\mathrm{f} i_\mathrm{qs}^\mathrm{r} + (L_\mathrm{d} - L_\mathrm{q}) i_\mathrm{ds}^\mathrm{r} i_\mathrm{qs}^\mathrm{r}] \tag{9-47}$$

式（9-47）的转矩输出分为两部分：一部分由 q 轴电流与永磁体相互作用产生，由于永磁体磁场与 d 轴重合，所以 λ_f 与 i_qs^r 方向垂直，该项的大小与 q 轴电流成正比，该转矩由洛伦兹力产生，为电磁转矩；另一部分由 d、q 轴磁阻不相等引起的磁场扭曲造成，也称为磁阻转矩，该项同时与 i_ds^r、i_qs^r 相关。对于常见的内嵌式永磁同步电机，$L_\mathrm{d} < L_\mathrm{q}$，当 i_ds^r 为负时，磁阻转矩为正，即 i_ds^r 对转子弱磁的同时也在通过磁阻转矩增加转矩的输出。对于表贴式永磁同步电机，$L_\mathrm{d} = L_\mathrm{q}$，磁阻转矩为零，则转矩表达式可以化简为

$$T_\mathrm{e} = \frac{3}{2}\frac{p}{2}\lambda_\mathrm{f} i_\mathrm{qs}^\mathrm{r} \tag{9-48}$$

所以隐极式永磁同步电机的输出转矩中没有磁阻转矩,且只与 q 轴电流相关。可以发现,式(9-48)的形式与式(3-17)是非常相似的,q 轴电流类似于直流电机的电枢电流,利用这一特性可以很方便地将隐极式永磁同步电机的控制问题转化为直流电机的控制问题,实现高动态性能的转矩响应。

9.4 基于全磁链的电机模型

下面介绍如何解决饱和问题。在本节之前,磁链和电流的关系写作式(9-37)和式(9-38)所示的形式,表示 q 轴磁链只和 q 轴电流有关,二者呈线性关系,比例系数对应 q 轴电感 L_q;d 轴磁链只和 d 轴电流有关,二者呈仿射关系,斜率对应 d 轴电感 L_q,截距对应永磁磁链 λ_f。但经过第 8 章的讲解可知,这种关系只是近似的。图 9-5 所示为试验测定的某个电机的磁链与 d、q 轴电流的关系,测定方法将在第 12 章给出。由图 9-5 可知,d、q 轴磁链不仅和同轴电流有关,还和交叉轴电流有关,如式(9-49)所示,它们构成了一个以直、交轴电流为输入,直、交轴磁链为输出的非线性双输入双输出静态系统。之所以称作静态,是因为构成该系统的方程不含与时间有关的量,也就是说这不是微分方程而是代数方程。给定一个目标磁链组合(λ_{ds}^r, λ_{qs}^r),可以通过数值解法求解出一个电流组合(i_{ds}^r, i_{qs}^r),这个过程可以写作式(9-50)。式(9-49)和式(9-50)是同一个物理现象的两种不同视角,具有如式(9-51)所示的关系。

式(9-49)太过一般,仔细观察图 9-5 可知,对于这个具体案例而言,d 轴磁链依然与 d 轴电流呈仿射关系,但无论是截距还是斜率都是随着 q 轴电流变化的,可以表达为式(9-52)。q 轴磁链不再与 q 轴电流呈线性关系,而且这种非线性关系还是与 d 轴电流相关的,写作式(9-53)。

$$\begin{cases} \lambda_{ds}^r = f_d(i_{ds}^r, i_{qs}^r) \\ \lambda_{qs}^r = f_q(i_{ds}^r, i_{qs}^r) \end{cases} \tag{9-49}$$

$$\begin{cases} i_{ds}^r = g_d(\lambda_{ds}^r, \lambda_{qs}^r) \\ i_{qs}^r = g_q(\lambda_{ds}^r, \lambda_{qs}^r) \end{cases} \tag{9-50}$$

$$\begin{cases} i_{ds}^r = g_d[f_d(i_{ds}^r, i_{qs}^r), f_q(i_{ds}^r, i_{qs}^r)] \\ i_{qs}^r = g_q[f_d(i_{ds}^r, i_{qs}^r), f_q(i_{ds}^r, i_{qs}^r)] \end{cases} \tag{9-51}$$

$$\lambda_{ds}^r = L_d(i_{qs}^r)i_{ds}^r + \lambda_f(i_{qs}^r) \tag{9-52}$$

$$\lambda_{qs}^r = L_q(i_{ds}^r, i_{qs}^r)i_{qs}^r \tag{9-53}$$

对比式(9-52)、式(9-53)和式(9-37)、式(9-38)可知,d、q 轴电感和永磁磁链都已不再是常数,式(9-35)和式(9-36)所示的电压方程不再可以简单地表示为关于电流的线性常系数微分方程。但式(9-25)依然是成立的,将其进行改造,即可得到式(9-54)。将矢量形式拆分成标量形式,并按照状态空间的标准形式进行整理,即可得到式(9-55)。将非饱和状态下以电流为状态变量的电机线性状态空间方程转化为饱和状态下以磁链为状态变量的电机非线性状态空间方程。在本书中称该方程为全磁链电机模型,不仅因为在该状态空间方程中,磁链代替电流成为了状态变量,更因为在这种模型中将磁链视作一个整体,不再区分永磁磁链和电枢反应磁链,即电感作用。

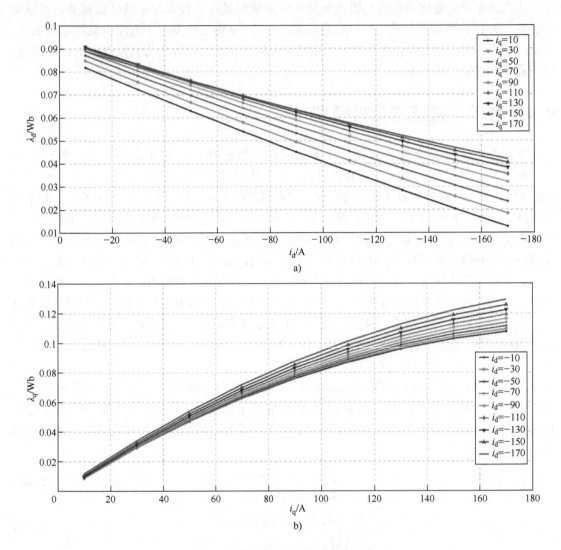

图 9-5 磁链与 d、q 轴电流的关系

$$\begin{bmatrix} u_{ds} \\ u_{qs} \end{bmatrix} = \boldsymbol{R}_s^{dqr} \begin{bmatrix} g_d(\lambda_{ds}^r, \lambda_{qs}^r) \\ g_q(\lambda_{ds}^r, \lambda_{qs}^r) \end{bmatrix} + \boldsymbol{\Omega} \begin{bmatrix} \lambda_{ds}^r \\ \lambda_{qs}^r \end{bmatrix} + \frac{d}{dt} \begin{bmatrix} \lambda_{ds}^r \\ \lambda_{qs}^r \end{bmatrix} \tag{9-54}$$

$$\begin{cases} \dfrac{d}{dt}\lambda_{ds}^r = u_{ds} - R_s g_d(\lambda_{ds}^r, \lambda_{qs}^r) + \omega_r \lambda_{qs}^r \\ \dfrac{d}{dt}\lambda_{qs}^r = u_{qs} - R_s g_q(\lambda_{ds}^r, \lambda_{qs}^r) - \omega_r \lambda_{ds}^r \end{cases} \tag{9-55}$$

9.5 多项式磁链模型及其参数辨识方法

无论是式(9-49)、式(9-52)和式(9-53),都是无法直接使用的,需要把其中的映射关系如 $L_d(i_{qs}^r)$、$\lambda_f(i_{qs}^r)$ 和 $L_q(i_{ds}^r, i_{qs}^r)$ 或者 $f_d(i_{ds}^r, i_{qs}^r)$ 和 $f_q(i_{ds}^r, i_{qs}^r)$ 具体化。可使

用系统辨识或黑箱建模的理论完成这一任务。相关过程分成两步，第一步是假设模型结构，第二步是获取某种最优判据下的最优模型参数。这背后的数学工具是函数拟合，更深层次为最优化方法。

在本书中，假定模型形式是函数族 $\{(i_{ds}^r)^m (i_{qs}^r)^n \mid n, m \in N\}$ 的线性组合，可写作式（9-56）。其中为了简化表达式，忽略了变量中的上角标 r。需要注意的是，无论是对函数族的选择还是确定了函数族后选择其参数 n、m，都是需要根据第二步中的参数拟合效果进行试错的。在本书中，称式（9-56）为多项式形式的全磁链模型。

$$\begin{cases} \lambda_{ds} = f_d(i_{ds}, i_{qs}) = a_0 i_{ds}^0 i_{qs}^0 + a_1 i_{ds}^0 i_{qs}^1 + a_2 i_{ds}^1 i_{qs}^0 + a_3 i_{ds}^0 i_{qs}^2 + a_4 i_{ds}^1 i_{qs}^1 + a_5 i_{ds}^2 i_{qs}^0 + \cdots \\ \lambda_{qs} = f_q(i_{ds}, i_{qs}) = b_0 i_{ds}^0 i_{qs}^0 + b_1 i_{ds}^0 i_{qs}^1 + b_2 i_{ds}^1 i_{qs}^0 + b_3 i_{ds}^0 i_{qs}^2 + b_4 i_{ds}^1 i_{qs}^1 + b_5 i_{ds}^2 i_{qs}^0 + \cdots \end{cases}$$
(9-56)

本书使用普通最小二乘法（Ordinary Least Square，OLS）实现第二步，下面以 d 轴磁链模型的拟合为例展示这一过程。首先按照式（9-57）~式（9-59）定义输出向量、参数向量和数据矩阵。数据矩阵和输出向量中的数据来自如图 9-5 所示的仿真或试验，因此是已知量。参数向量是待辨识的未知量。为了便于理解，这里只选用了式（9-56）中的前六项。再次重申，在实际应用中，需要对这一过程进行反复试错，直到拟合效果达到精度要求。

$$y = \begin{pmatrix} \lambda_{ds}(1) \\ \lambda_{ds}(2) \\ \vdots \\ \lambda_{ds}(N) \end{pmatrix} \tag{9-57}$$

$$\boldsymbol{\theta} = \begin{pmatrix} a_0 \\ a_1 \\ \vdots \\ a_5 \end{pmatrix} \tag{9-58}$$

$$\boldsymbol{\Psi} = \begin{pmatrix} 1 & i_{qs}(1) & i_{ds}(1) & i_{qs}^2(1) & i_{ds}^2(1) & i_{ds}(1)i_{qs}(1) \\ 1 & i_{qs}(2) & i_{ds}(2) & i_{qs}^2(2) & i_{ds}^2(1) & i_{ds}(2)i_{qs}(2) \\ \vdots & \vdots & \vdots & \vdots & \vdots & \vdots \\ 1 & i_{qs}(N) & i_{ds}(N) & i_{qs}^2(N) & i_{ds}^2(N) & i_{ds}(N)i_{qs}(N) \end{pmatrix} \tag{9-59}$$

按照式（9-60）构造代价函数，可见代价函数是以参数向量 $\boldsymbol{\theta}$ 为自变量，以数据向量 $\boldsymbol{\Psi}$ 和输出向量 y 为系数的多元二次方程，其最优值有如式（9-61）所示的解析表达形式，该式有解的必要条件是数据个数 N 大于参数个数 6，且二者差距越大拟合效果越好。

$$J = (y - \boldsymbol{\Psi}\boldsymbol{\theta})^T (y - \boldsymbol{\Psi}\boldsymbol{\theta}) \tag{9-60}$$

$$\hat{\boldsymbol{\theta}} = \mathrm{argmin}(J) = (\boldsymbol{\Psi}^T \boldsymbol{\Psi}^{-1}) \boldsymbol{\Psi}^T y \tag{9-61}$$

通常有两种方法可以获得关于磁链-电流关系的数据，第一种是通过静态有限元仿真，获得多个 (i_{ds}, i_{qs}) 组合下的 $(\lambda_{ds}, \lambda_{qs})$ 仿真值。第二种是通过矢量控制，将电机稳定运行于某个转速 ω，测量多个 (i_{ds}, i_{qs}) 组合下的 (u_{ds}, u_{qs}) 及 ω，并通过式（9-62）计算得到 $(\lambda_{ds}, \lambda_{qs})$ 估计值。显然，第二种方法需要提前实测电机电阻 R_s。

$$\begin{cases} \lambda_{qs} = -\dfrac{u_{ds} - R_s i_{ds}}{\omega} \\ \lambda_{ds} = \dfrac{u_{qs} - R_s i_{qs}}{\omega} \end{cases} \tag{9-62}$$

使用图 9-5 中的试验数据进行拟合，得到的最优参数见式（9-63）。将该参数代入模型，得到的模型预测误差如图 9-6 所示。

$$\hat{\boldsymbol{\theta}} = \begin{pmatrix} a_0 \\ a_1 \\ a_2 \\ a_3 \\ a_4 \\ a_5 \end{pmatrix} = \begin{pmatrix} 0.08518 \\ 5.015 \times 10^{-4} \\ 1.686 \times 10^{-4} \\ 3.339 \times 10^{-7} \\ -8.689 \times 10^{-7} \\ -7.374 \times 10^{-7} \end{pmatrix} \tag{9-63}$$

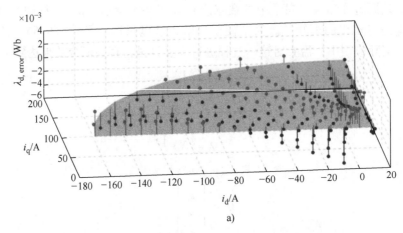

a)

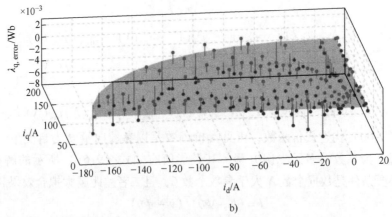

b)

图 9-6 模型预测误差

第 10 章

永磁同步电机的控制

本章介绍永磁同步电机的矢量控制,除了与直流电机相似的转矩控制,本章还对永磁同步电机的磁场控制进行讨论,并结合本书第 5、6 章的相关知识,详细介绍用于永磁同步电机驱动的电流控制器设计、三相逆变电路及三相 PWM 的调制方法。

10.1 永磁同步电机矢量控制原理

10.1.1 直流电机的转矩控制与永磁同步电机的转矩控制

在直流电机控制中,主要强调了转矩控制的基础作用,因为在机械能的表现形式上,无论是电机的转速还是转角都是由转矩决定的。同样,交流电机的控制基础也是转矩控制。

回顾直流电机的转矩控制,因为其电磁转矩与电枢电流成正比,所以可以直接将转矩控制目标转换为电枢电流的控制目标。因电枢电流由电枢电压决定,所以直流电机的转矩控制问题转化为:设计一个电枢电压的(闭环)控制函数,使得电枢电流可以快速准确地跟踪其设定的目标值。那么对于交流电机是否也有类似的关系呢?自交流电机诞生,人们就一直希望交流电机具有和直流电机相似的调速特性,可以直接通过控制电枢电流的幅值来控制电机的转矩。但直到 20 世纪 70 年代,这种想法才得以实现。交流电机和直流电机相比,其转矩控制的难点在于:直流电机的电枢电压为直流电压,所以可以直接通过电枢电压幅值的调节来控制电机转矩;而交流电机的电枢电压为三相交流电压,需要同时调节三相交流电压的幅值和相位。在 IGBT 和 MOSFET 等高速电力电子器件诞生之前,对交流电压相位(或频率)的精确控制是无法实现的,所以也无法实现高性能的交流电机转矩控制。

回到永磁同步电机的转矩控制问题上,在永磁同步电机的三相电压的幅值和相位都可以精确控制的前提下,如何能控制其转矩呢?对永磁同步电机转矩的控制可以首先分析式(9-47)或式(9-48)中电机转矩与电流的关系。在式(9-47)中,内嵌式永磁同步电机的输出转矩同时与 i_{ds}^r、i_{qs}^r 相关,且存在非线性关系,而式(9-48)中,隐极式永磁同步电机的输出转矩与 i_{qs}^r 线性相关。虽然不同结构的永磁同步电机的转矩输出表达式有所不同,但两个表达式中的电磁转矩都用 $3/2$ $(p/2)$ $\lambda_f i_{qs}^r$ 表示。该项与直流电机转矩表达式,即式(3-17)在形式上一致,且物理意义也相同,都代表永磁同步电机中励磁磁场 λ_f 与其垂直方向上的电枢电流 i_{qs}^r 的相互作用。而且根据 9.3 节的分析可知，i_{qs}^r 具有直流特性，所以从这个意义上，永磁同步电机在转子同步坐标系下的转矩输出特征与直流电机是非常相似的。可以仿照直流电机的转矩控制方法，在永磁同步电机的转子同步坐标系下控制 q 轴电流，从而实现永磁同步电机的转矩控制。

即使在转子同步坐标系下，永磁同步电机的工作原理与直流电机依然存在一定差别：直流电机通过机械换向器保证了电枢电流与励磁磁场的垂直关系，电枢电流完全用于产生转矩；但永磁同步电机的电枢电流方向并不一定与转子磁场垂直，只有电枢电流在 q 轴上的分量 i_{qs}^r 用于产生电磁转矩，它在 d 轴上的分量 i_{ds}^r 是与励磁磁场方向相同的，所以不产生电磁转矩。根据式（9-43），i_{ds}^r 可能影响永磁体磁链在定子中产生的反电动势；而根据式（9-47），它也可能影响磁阻转矩的大小。所以，在永磁同步电机控制中不但要关注 i_{qs}^r 的控制，同时也要关注 i_{ds}^r 的控制。只不过 i_{qs}^r 有明确的控制目标——电机的输出转矩 T_e，而 i_{ds}^r 却没有非常明确的控制目标，或者说永磁同步电机的转矩控制比直流电机的转矩控制要多一个自由度。

不仅永磁同步电机，一般交流电机在控制上相比直流电机都多出一个自由度，这一结论可以用交流电与直流电的差异解释。交流电需要同时控制幅值和相位，而直流电只需要控制幅值，所以交流控制要比直流控制多了一个自由度。相比正交坐标系下的 d、q 轴变量描述，幅值与相位的描述可以看作是平面坐标系统的极坐标描述，所以二者本质上也是一致的。正是由于交流电机相比直流电机增加的这个自由度，交流电机不再需要机械换向器，而是可以通过对电流相位的控制实现更为精确的电流换向。同时，这个自由度还可以用于优化交流电机的运行效率，扩大其工作区域。

10.1.2 永磁同步电机的矢量控制方法

永磁同步电机的转矩控制可以转化为其转子坐标系下 d、q 轴电流的控制，且无论用 d、q 轴，还是用三相电流或幅值相角表示定子电流，永磁同步电机的定子电流都具有二维特性，所以永磁同步电机的转矩控制的本质可以理解为对其定子电流矢量的控制。这种控制方法也称为矢量控制（Vector Control/Field Oriented Control）。

永磁同步电机的矢量控制可以概括为以下几个步骤：

1）根据目标转矩 T_e^* 计算转子坐标系下的目标定子电流 i_{ds}^{r*} 和 i_{qs}^{r*}。

2）根据电机三相（两相）电流反馈值计算转子坐标系下的反馈电流 i_{ds}^r 和 i_{qs}^r。

3）分别利用 i_{ds}^{r*}、i_{ds}^r 和 i_{qs}^{r*}、i_{qs}^r 进行定子电流的闭环反馈控制，计算定子电压指令 u_{ds}^{r*} 和 u_{qs}^{r*}，使反馈定子电流跟随目标定子电流。

4）通过坐标转换，将 u_{ds}^{r*} 和 u_{qs}^{r*} 转换为正交定子坐标系中的电压指令 u_{ds}^{s*} 和 u_{qs}^{s*}，或转换为三相绕组端电压指令 u_{as}^*、u_{bs}^*、u_{cs}^*。

5）利用电力电子变换器输出 u_{ds}^{s*} 和 u_{qs}^{s*}，对电机供电，完成永磁同步电机的电流闭环控制。

下面结合图 10-1，详细解释以上矢量控制的步骤。

首先，因为矢量控制的基本思想是通过定子电流控制实现电机输出转矩的控制，所以第一步需要将电机的目标转矩 T_e^* 解析为电机转子坐标系下的定子电流 i_{ds}^{r*} 和 i_{qs}^{r*}。这一过程为

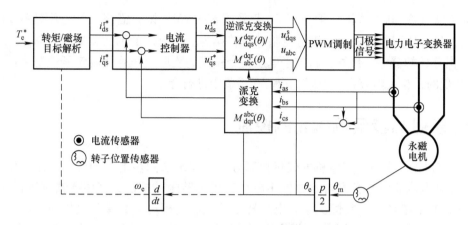

图 10-1　永磁同步电机的矢量控制原理示意图

一输入、两输出，有一额外的自由度可供控制使用，所以该过程一般还需要考虑其他控制目标，如电机的效率、转速等。因为转矩主要与 q 轴电流相关，所以这一额外自由度的控制目标主要与 d 轴电流相关。因为 d 轴为转子磁链方向，所以 d 轴电流产生的磁场的主要作用是改变转子磁链方向的定子磁场，一般也可以将 i_{ds}^{r*} 电流的解析理解为对 d 轴方向目标磁场的解析。这部分相关的内容将在 10.2 节中详细讨论。

获得了 d、q 轴的目标电流 i_{ds}^{r*} 和 i_{qs}^{r*}，就可以进行永磁同步电机的电流闭环控制了。电流闭环控制首先需要反馈的是实际定子电流 i_{ds}^{r} 和 i_{qs}^{r}。一般直接利用电流传感器采集电机的两相电流 i_{as}、i_{bs}，并计算第三相电流 i_{cs}。然后利用转子位置传感器确定转子机械位置角 θ_m，并计算其磁场电角度 θ_e。基于以上实际测量的变量，利用派克变换即可计算得到定子电流的反馈值 i_{ds}^{r} 和 i_{qs}^{r}。在这一过程中，转子位置传感器信号一般通过光电编码器或旋转变压器获得。旋转变压器的精度不如光电编码器，但可靠性较好，所以车用电机一般采用旋转变压器。电流传感器一般采用采样电阻或闭环霍尔式电流传感器。当电机系统功率较小、整体成本较低时，可直接在电路中串联无感电阻，利用电阻压降计算电流，但这种方法在采样电阻上存在功率损耗，而且测量精度相对较低且难于实现强电与弱电的电气隔离。当电机系统功率较大时，一般采用闭环霍尔式电流传感器。目前的闭环霍尔式电流传感器可以达到很高的精度，可以实现强电与弱电的电气隔离，且带宽高，电流测量范围大。无论是转子位置传感器还是电流传感器，它们采集信号的精度及可靠性直接影响到矢量控制的性能。针对转子位置传感器和电流传感器的信号处理，有大量的相关研究，有兴趣的读者可以参看文献 [2, 34-39]。

永磁同步电机的 d、q 轴电流反馈控制与直流电机的电枢电流反馈控制的基本方法是相似的，均主要基于 PI 控制器，输出量一般都为 u_{ds}^{r*} 和 u_{qs}^{r*}。PI 控制器的基本设计方法，可以参照直流电机相关章节的讨论，但是，从式（9-42）和式（9-43）可以看出，d、q 轴的电压、电流之间存在交叉耦合，即 u_{ds}^{r} 的改变可能会影响到 i_{qs}^{r}，u_{qs}^{r} 的改变可能会影响到 i_{ds}^{r}。所以根据实际需要，矢量控制中的电流控制可能还需要处理交叉耦合问题，进行前馈解耦。

电流控制器获得的控制量 u_{ds}^{r*} 和 u_{qs}^{r*} 是作用在数学变换得到的虚拟 d、q 轴上的，无法直接输出，所以需要将它们转换到定子坐标系下输出。根据电力电子变换器产生定子电压调制策略的不同，需要转换的定子电压表示形式可能也有所不同。目前三相交流调制多采用

SVPWM 方式（在 10.4 节将详细介绍），若采用 SVPWM，则只需将控制电压转换为 u_{ds}^{s*} 和 u_{qs}^{s*} 即可。另一些调制方法则需要将控制电压转换为三相电压的形式，即 u_{as}^*、u_{bs}^*、u_{cs}^*，如 SPWM、滞环比较器等。最终，将定子电压指令转换为实际电压作用在定子上是由电力电子变换器实现的，相关内容将在 10.3 节和 10.4 节中进行介绍。

10.2 永磁同步电机磁场的控制

10.1 节讨论了永磁同步电机的矢量控制方法，即永磁同步电机的矢量控制可以理解为通过 d、q 轴电流的调节实现对永磁同步电机磁场和转矩的控制，其中 q 轴电流控制转矩，而 d 轴电流控制磁场。一般情况下，电机转矩的控制目标可以直接从电机的上层应用处获得，但磁场的控制目标却不来自上层应用处。例如：电动汽车中驱动电机的转矩目标来自驾驶员的加速意愿。当驾驶员需要车辆加速时应增大电机转矩，需要车辆减速时则应减小电机转矩，但驾驶员（或整车控制器）却不会关心这些工况下应该让电机的磁场增大还是减小，以及目标磁场的大小是多少，所以矢量控制必须要单独考虑如何解析磁场的控制目标或设定 d 轴电流的目标。对于永磁同步电机磁场的控制目标主要集中在两方面：一方面关注如何通过 d 轴电流的控制提高电机的效率，一般称为最大转矩电流比（Maximum Troque Per Ampere，MTPA）控制；另一方面关注如何通过 d 轴电流的控制提高电机能达到的最高转速，一般称为弱磁控制（Flux Weakening）。

10.2.1 最大转矩电流比控制

若认为永磁同步电机损耗主要为铜损耗，忽略铁损耗的影响，则定子电流的幅值直接决定了电机铜损耗的大小，也就决定了电机的效率。所以可近似地认为，当电机转矩不变、定子电流矢量的幅值最小时，电机效率最高，即如果控制电机工作在最大转矩电流比的工况下，可以得到较好的电机效率性能。因为永磁同步电机的铁损耗特性较为复杂，且一般定子电流的调节对铁损耗影响较小（对比图 8-22 和图 8-23），所以永磁同步电机的 d 轴电流控制普遍以最大转矩电流比作为目标。

隐极式永磁同步电机的最大转矩电流比控制非常简单。从式（9-48）可以看出，电机转矩与 d 轴电流没有关系，因此可以直接得到当 $i_{ds}^r = 0$ 时，转矩电流比最大，所以隐极式永磁同步电机多采用 $i_{ds}^r = 0$ 控制。

内嵌式永磁同步电机的最大转矩电流比控制相对复杂，根据式（9-47）求得，当 $L_d < L_q$ 时，若 d 轴电流满足式（10-1）条件，则转矩电流比最大。

$$i_{ds}^r = \frac{\lambda_f}{2(L_q - L_d)} - \sqrt{\frac{\lambda_f^2}{4(L_q - L_d)^2} + i_{qs}^{r\,2}} \quad (10\text{-}1)$$

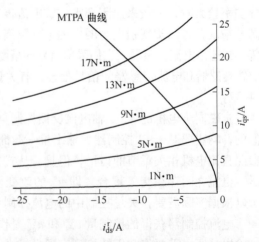

图 10-2 永磁同步电机 MTPA 曲线与等转矩曲线

此时永磁同步电机 MTPA 曲线如图 10-2 所示。因为 $L_d < L_q$，所以该曲线在 $i_{ds}^r i_{qs}^r$ 平面的第二象限。

在实际应用中，式（10-1）中的电感参数不为常数，随着 d、q 轴电流的增大，由于饱和效应，相应的电感值会明显减小。所以，要进行准确的最大转矩电流比控制最常用的方法是离线试验标定 MTPA 曲线，并在控制中通过查表的方式插值得到所需的 i_{ds}^{r*} 和 i_{qs}^{r*}。当然，随着控制技术的发展，可以通过对电机电感的在线辨识考虑磁场的非线性特性。

10.2.2 弱磁控制

纯电动汽车往往不需要变速器，可以采用电机直接驱动传动系统，这是因为电机相比内燃机具有更宽的调速范围和更为均匀的效率特性。因为受到供电电压的限制，车用驱动电机额定转速往往无法满足整车直驱速度范围的要求，所以一般会控制交流电机的最大转速达到其额定转速的 2 倍以上。若要求交流电机在其额定转速之上工作，就必须采用弱磁控制。顾名思义，弱磁控制同样是通过调节磁场实现的。

弱磁控制的讨论类似于对电机外特性的讨论，需要首先了解电机工作中所受到的主要约束，即电压约束、电流约束和磁场约束。

这里的电压约束指电机供电电压受到电源的限制。在直流电压一定的情况下（车载电池电压一定），利用逆变器调制得到三相交流电压会受到限制。目前广泛采用的 SVPWM 三相电压调制方法所能输出的最大三相线电压峰值等于直流电压，那么可知理想情况下逆变器能产生的最大相电压峰值（相关公式的推导将在 10.4 节中给出）为

$$U_{\max} = \frac{u_{\mathrm{DC}}}{\sqrt{3}} \tag{10-2}$$

根据等幅值派克变换，即式（9-19）可知，在转子坐标系下永磁同步电机的电压约束可以表示为

$$u_{ds}^{r\,2} + u_{qs}^{r\,2} \leqslant U_{\max}^2 \tag{10-3}$$

电流约束是由电流引起的电机系统温升决定的，所以电机的电流约束不一定为定值，可能与系统的连续工作时间有关。通常电机本体和逆变器都有相应的温度上限，但二者温升速率相差极大。电机本体的温升时间常数可以达到几分钟，而电力电子器件的温升时间常数可能只有几十微秒。所以，一般的车用驱动电机系统设计时，电流约束主要由电机本体决定。在短时间加速过程中（一般为30s），电机的电流约束可以达到额定值的 2 倍甚至更高（所谓的峰值电流），而逆变器在选型匹配过程中一般要求承受电流的能力要在峰值电流的基础上留一定余量。在本节的讨论中，假设永磁同步电机系统能承受的相电流最大值为 $I_{\max}$，则转子坐标系下永磁同步电机的电流约束可以表示为

$$i_{ds}^{r\,2} + i_{qs}^{r\,2} \leqslant I_{\max}^2 \tag{10-4}$$

磁场约束主要受到磁场饱和的影响，电机中的磁场不可能无限增大，这部分约束一般在电机设计中要重点考虑，但在电机控制中也有着重要的作用。因为磁场饱和是引起电机系统非线性最重要的因素之一，所以对于高性能的电机控制必须考虑磁场的饱和特性。为了简化本节的内容，下面对弱磁控制的讨论暂时不考虑磁场饱和特性。

将式（9-42）和式（9-43）代入式（10-3），忽略电流的瞬态过程及定子电阻压降，可以得到

$$\frac{i_{qs}^{r\ 2}}{L_d^2} + \frac{\left(i_{ds}^r + \dfrac{\lambda_f}{L_d}\right)^2}{L_q^2} \leq \left(\frac{U_{max}}{L_d L_q \omega_r}\right)^2 \tag{10-5}$$

式（10-5）代表了 i_{ds}^r、i_{qs}^r 平面内一椭圆的内部，当 $L_q > L_d$ 时，椭圆焦点在 i_{ds}^r 轴上，椭圆的中心坐标为 $(-\lambda_f/L_d, 0)$。式（10-5）中的 ω_r 为变量，随着 ω_r 的增大，椭圆的长轴和短轴会按比例缩小。所以转速越高，受到电压约束，电机的工作区域就越小，这一结论与前述交、直流电机的工作原理也是一致的。随着电机转速的升高，反电动势逐渐升高，相电压与反电动势之差减小，所以相电流的范围会越来越小。将式（10-4）与式（10-5）同时画在 i_{ds}^r、i_{qs}^r 平面内，可以得到图 10-3 所示的电压、电流约束曲线。因为电机运行同时受到电压和电流的约束，所以其可能的工作区域为图 10-3 中电流约束与电压约束的公共面积。随着转速的增加，椭圆的范围相应缩小，电流约束与电压约束之间的公共面积也逐渐减小。

式（10-5）的推导过程忽略了定子电阻的影响。图 10-3 中虚线表示的椭圆即为考虑定子电阻情况下的电压约束，可以看到定子电阻的影响是相对比较小的，且随着转速的提高，电阻压降在定子电压中的比例将越来越小，所以在转速较高的情况下忽略定子电阻是合理的。图 10-3 中最为重要的现象是，随着转速的升高，必须通过增大负方向的 d 轴电流和降低正方向的 q 轴电流来保证电压约束边界。这一现象的物理意义非常明确，即当电机定子电压受到限制时，随着电机转速的升高，为了保证电源功率流向电机，需要降低反电动势，所以在负方向增加 d 轴电流，用于削弱 d 轴方向的磁场，降低反电动势。同时，q 轴电流也必须随着 d 轴电流的增加而减小，以防止过电流。这种通过电流控制来削弱电机磁场，以保证电机高速运行的磁场控制方法称为弱磁控制。

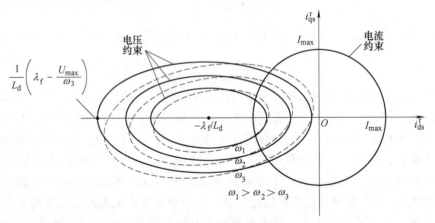

图 10-3 电压、电流约束曲线

下面推导弱磁控制的工作过程。定义电机在 MTPA 曲线上工作的最大转速为基速，即 ω_b，当电机速度小于 ω_b 时，电机不受电压约束的影响，工作在电流约束圆内的 MTPA 线（见图 10-4 中 OB 段）上。当电机转速达到 ω_b 时，电机的电压约束和电流约束相交于 B 点，利用式（10-5）可以得到基速的表达式为

$$\omega_b = \frac{U_{max}}{\sqrt{L_q^2 i_{qs}^{r\ 2} + (L_d^2 i_{ds}^r + \lambda_f)^2}} \tag{10-6}$$

将式（10-4）代入式（10-1）可以得到此时的 d、q 轴电流为

$$i_{\text{ds\_b}}^{\text{r}} = \frac{\lambda_{\text{f}} - \sqrt{\lambda_{\text{f}}^2 + 8(L_{\text{q}} - L_{\text{d}})^2 I_{\max}^2}}{4(L_{\text{q}} - L_{\text{d}})} \tag{10-7}$$

$$i_{\text{qs\_b}}^{\text{r}} = \sqrt{I_{\max}^2 - i_{\text{ds\_b}}^{\text{r}\,2}} \tag{10-8}$$

当电机转速超过 ω_{b} 时，受到电压和电流的限制，无法继续工作在 MTPA 曲线上，因为在这个过程中定子电压始终保持在电压约束上，即定子电压矢量幅值始终为 $U_{\max}$。为了获得最大的转矩，定子电流应工作在电流约束边界上（见图 10-4 中 BC 段）。

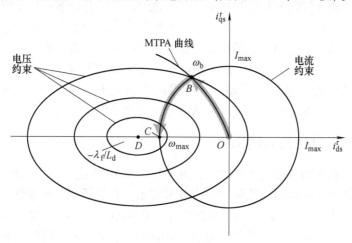

图 10-4　永磁同步电机弱磁控制定子电流工作轨迹示意图

可以看到图 10-4 所示的电流轨迹由于受到电流的约束，无法达到 D 点，此时该电机理论上的最大转速为

$$\omega_{\max} = \frac{U_{\max}}{\lambda_{\text{f}} - L_{\text{d}} I_{\max}} \tag{10-9}$$

易推导得到这种情况出现的条件为

$$I_{\max} < \frac{\lambda_{\text{f}}}{L_{\text{d}}} \tag{10-10}$$

反之，则该电机理论上可以达到无穷大转速（即 D 点）。在实际应用中，对于较高速度下的弱磁控制是比较复杂的，如 MTPV 等，在本书中不再详细讨论，有兴趣的读者可以参考文献 [2] 及文献 [45-47]。

本节在弱磁控制的讨论中，表达式及示意图均以嵌入式永磁同步电机为例。若考虑隐极式永磁同步电机，则电压约束边界与电流约束边界相同，都为圆形，其他并无不同之处。可以将隐极式永磁同步电机看作嵌入式永磁同步电机的一种特例。同时应当注意的是，无论是最大转矩电流比控制还是弱磁控制，都不是永磁同步电机矢量控制所特有的控制方法。这两种控制方法只是描述了交流电机目标磁场与转矩、转速之间的关系，所以它们的原理在其他交流电机的磁场控制中也是通用的。最后还要说明的一点是，并不是所有的永磁同步电机都采用弱磁控制，一种新型的永磁同步电机——增磁型永磁同步电机（FI – IPMSM）就与此不同。这种电机设计为 $L_{\text{d}} > L_{\text{q}}$，可以利用正向的 d 轴电流产生磁阻转矩，此时电压极限圆的方向及 MTPA 曲线等都会发生变化，有兴趣的读者可以自行推导或参照文献 [48, 49]。

10.3 永磁同步电机电流控制器设计

永磁同步电机的控制是一个内涵丰富的话题,图 10-1 展示了其完整控制框架。其中包括三部分与广义的控制相关的概念。第一部分是"转矩/磁场目标解析",它的任务是将转矩指令翻译成电流指令,根据电机运行工况的不同,这种翻译也是不同的,如在 10.2 节中阐述的最大转矩电流比控制和弱磁控制就是这一概念。这部分控制在很多资料中又被称作电流轨迹规划(Programming)。第二部分是"电流控制器",它的任务是将电流指令翻译成电压指令,狭义的控制正是这部分,即自动控制理论中研究的话题,也是在本节中将要阐述的内容。第三部分是"调制",它的任务是将电压指令翻译成开关信号。这是将在 10.4 节和 10.5 节讲解的内容。这三部分"控制"所涉及的知识是不同的,第一部分从属于电机学,第二部分从属于自动控制理论,第三部分从属于电力电子学。

10.3.1 永磁同步电机控制结构

被控对象和控制率的连接关系构成了控制结构。图 10-5 就展示了一种典型的控制结构:串联调节反馈控制。这种框图在控制理论中非常常见,它包括信号和系统(过程)两部分。首先介绍信号:y^* 是控制指令,表示控制变量(Control Variable)的目标值,y 是控制变量,$\tilde{y}$ 是控制变量测量值,u^* 是操控变量(Manipulated Variable)指令,表示操控变量的目标值,u 是操控变量,而 d 和 n 分别表示扰动和噪声。然后介绍系统(过程):控制率是算法,表示了控制指令、控制变量测量值和操控变量指令之间的关系,可以用微分方程或者代数方程描述,而执行器、系统和传感器都是实物,其中执行器是把操控变量指令转化成真正具有驱动能力的操控变量的设备,在永磁同步电机控制中,电力电子变换器就是执行器,系统是狭义的被控对象,永磁同步电机就是一个系统,其输入是操控变量,输出是控制变量,在永磁同步电机电流控制中,直、交轴电压的 u_{ds}^r、u_{qs}^r 就是操控变量,直、交轴电流 i_{ds}^r、i_{qs}^r 就是控制变量,通过观察式(9-43)可知,空载反电动势项即 $\omega_r \lambda_f$ 就是扰动信号,传感器是关联控制变量和控制变量测量值的设备。

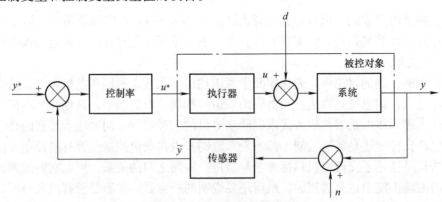

图 10-5 串联调节反馈控制

为了设计出控制性能良好的控制率,对执行器、系统和传感器进行适当的建模是必要的。之所以说"适当"而不是"精确"是由于多方面的原因。首先是不能,以电机为代表的被控对象包括饱和等非理想效应，精确建模代价很大，甚至是不可能的，如在 9.5 节中仅考虑了饱和效应，其数学模型的复杂程度就可见一斑，更何况还没有考虑损耗和温升效应等。其次是没必要，反馈控制对被控对象的适应性是很强的。因此，选择合适的精度和广度对系统进行建模，是考验科研人员的试金石。

在一般的控制率设计中，往往将传感器和执行器建模成增益为 1 的比例环节，此时控制结构简化为图 10-6 所示。图 10-7～图 10-9 展示了若干种常见的控制结构。其中图 10-7 所示为开环控制，这是最朴素的自动控制，一般而言控制率设计为 P^{-1}，需要对被控对象的数学模型有准确认识，可以视为模型预测控制最基础的形式。开环控制的典型特点是控制变量测量值不引入控制率，没有稳定性问题，响应速度快但对负载扰动和过程参数失配的适应性差。图 10-8 所示控制结构可以视作图 10-6 和图 10-7 所示控制结构的结合，叫作两自由度调节器，意思是调节器有两个设计自由度，可以分别针对抗扰性和指令跟踪性做设计。一般而言，需要根据抗扰性设计反馈控制率，再根据指令跟踪性设计前馈控制率。图 10-9 所示为内模控制（Internal Model Control，IMC），其主要特点是有一个数学模型与真实被控对象并联，引入控制率的不是控制变量测量值，而是控制变量预测误差。

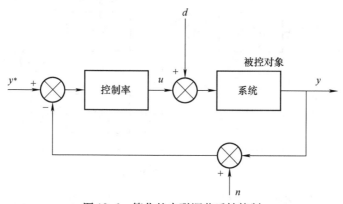

图 10-6　简化的串联调节反馈控制

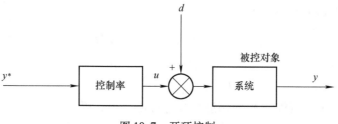

图 10-7　开环控制

在进行电机控制算法研究时，要先选择控制结构，再根据控制结构的特点进行调节器的设计。

10.3.2　基于 PI 控制的控制率设计

控制率是指用微分/积分方程或代数方程表达的控制指令、控制变量测量值和操控变量指令的关系。从最优化设计的角度看待控制率设计可以分成两步，第一步确定方程的形式，第二步确定方程的系数。下面选择式（10-11）作为控制率所对应的微分方程的形式，则

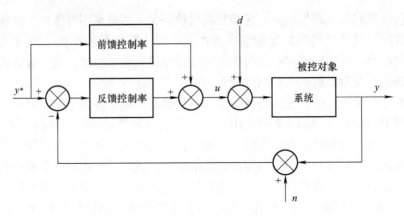

图 10-8 两自由度调节器

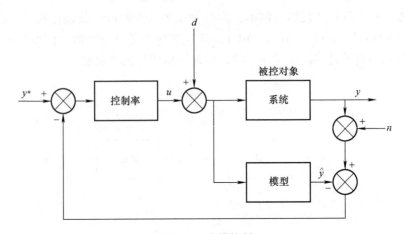

图 10-9 内模控制

式(10-12)是其拉普拉斯变换(用 $L[\ ]$ 表示),用于将微分/积分方程转化为代数方程。这种形式的控制率设计意图是使操控变量正比于控制误差和控制累计误差的和。这就是所谓的比例积分控制,即 PI 控制。

$$k_p(y^* - y) + k_i \int_0^t (y^* - y) \mathrm{d}\tau = u \tag{10-11}$$

$$\frac{L[u]}{L[y^* - y]} = k_p + \frac{k_i}{s} \tag{10-12}$$

将式(9-42)和式(9-43)两侧进行拉普拉斯变换,得到式(10-13)。在式(10-13)中,为了形式简单,在不至于引起混淆的情况下省略了拉普拉斯算符 $L[\ ]$,请读者注意区分。可见,被控对象是具有内部耦合并带有外部扰动的双输入双输出系统,两个输入是 u_{ds}^r、u_{qs}^r,两个输出是 i_{ds}^r、i_{qs}^r,外部扰动是 $\omega_r \lambda_f$。

$$\begin{cases} u_{ds}^r = (sL_d + R_s)i_{ds}^r - \omega_r L_q i_{qs}^r \\ u_{qs}^r = \omega_r L_d i_{ds}^r + (sL_q + R_s)i_{qs}^r + \omega_r \lambda_f \end{cases} \tag{10-13}$$

以图 10-6 所示的控制结构为基础,设计如图 10-10 所示的控制结构。可见,d 轴电压 u_{ds}^r 由 d 轴调节器的输出与 q 轴电流乘以一个比例增益之和构成,q 轴电压与此类似,可以表示成式(10-14)。当从另一视角看待这个问题时,将被控对象视作以 u_{ds}^*、u_{qs}^* 为输入,i_{ds}^r、

i_{qs}^r 为输出的双输入双输出系统,则图 10-10 所示的控制结构即转化为如图 10-11 所示的控制结构,其数学模型如式(10-15)所示。对比图 10-10 和图 10-11 可知,后者不再是一个具有内部耦合的双输入双输出系统,而是两个独立的单输入单输出系统。其中 d 轴系统没有外部扰动,q 轴系统具有外部扰动。这种转化使得控制率的设计大为简化。需要注意的是,这种转化的前提是对 L_q 和 L_d 的估计和对转速 ω_r 的测量均准确。

$$\begin{cases} u_{ds}^r = u_{ds}^* - \omega_r L_q i_q \\ u_{qs}^r = u_{qs}^* + \omega_r L_d i_d \end{cases} \quad (10\text{-}14)$$

$$\begin{cases} u_{ds}^* = (sL_d + R_s) i_{ds}^r \\ u_{qs}^* = (sL_q + R_s) i_{qs}^r + \omega_r \lambda_f \end{cases} \quad (10\text{-}15)$$

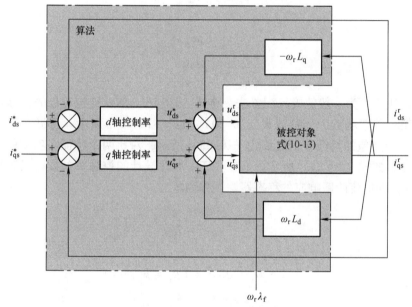

图 10-10 永磁电机控制的基本控制结构

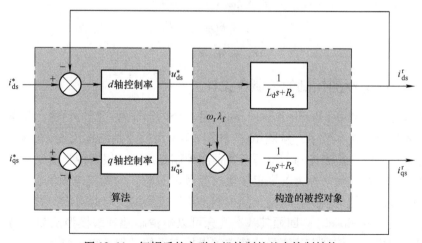

图 10-11 解耦后的永磁电机控制的基本控制结构

以 d 轴控制率设计为例，针对解耦合的系统进行设计，在此给出两种设计方法。第一种是零极点相消法，首先将控制率按照式（10-16）进行形式变换，用控制率的零点去对消被控对象的极点，得到式（10-17）。再按照式（10-18）设计比例增益 k_p，其中 ω_{BW} 表示期望电流环控制带宽，以 rad/s 为单位。经过如此设计后，d 轴系统的闭环传递函数为式（10-19），可见它是直流增益为1，时间常数为 $1/\omega_{BW}$ 的一阶惯性环节，可以实现电流阶跃输入下稳态跟踪误差为零。

$$G_d = k_p + \frac{k_i}{s} = k_p \frac{s + \frac{k_i}{k_p}}{s} \tag{10-16}$$

$$\frac{k_i}{k_p} = \frac{R_s}{L_d} \tag{10-17}$$

$$k_p = L_d \omega_{BW} \tag{10-18}$$

$$\frac{i_{ds}^r}{i_{ds}^*} = \frac{\omega_{BW}}{s + \omega_{BW}} \tag{10-19}$$

第二种方法是更为一般的极点配置法，将式（10-16）乘以被控对象的传递函数，得到回路增益和闭环传递函数，分别如式（10-20）和式（10-21）所示。可见，特征多项式为式（10-22）。令期望的特征多项式如式（10-23）所示，对比两个特征多项式的系数，可以得到控制率参数如式（10-24）所示。不难验证，如此设计的控制率参数可以满足闭环系统直流增益为1，即电流阶跃响应的稳态跟踪误差为零。

$$G_l = \frac{k_p s + k_i}{L_d s^2 + R_s s} \tag{10-20}$$

$$G_c = \frac{G_l}{1 + G_l} = \frac{k_p s + k_i}{L_d s^2 + (R_s + k_p)s + k_i} \tag{10-21}$$

$$s^2 + \frac{R_s + k_p}{L_d}s + \frac{k_i}{L_d} = 0 \tag{10-22}$$

$$s^2 + \xi\omega_0 s + \omega_0^2 = 0 \tag{10-23}$$

$$\begin{cases} k_p = \xi\omega_0 L_d - R_s \\ k_i = \omega_0^2 L_d \end{cases} \tag{10-24}$$

10.3.3 基于模型预测控制的控制率设计

模型预测控制（Model Predictive Control）是一个内涵非常广泛的话题，完整地覆盖该话题不是本书的目标。在本节中，从图10-7和图10-8两种控制结构出发，以前馈（Feedforward）的视角看待模型预测控制。所谓模型预测控制是指可只根据控制指令，依据被控对象的数学模型，以某种优化指标为准则求解操控变量的过程，对控制变量的测量不是必要的。所以从控制信号流向的角度说，模型预测控制是前馈性质的。与此对应，另一种典型的控制信号流向是反馈（Feedback）。回顾其基本概念可以更清晰地理解模型预测控制。反馈控制是可只根据控制指令和控制变量测量值就求解操控变量的过程，它对被控对象数学模型的掌握不是必要的。

反馈控制和前馈控制都属于控制结构，图10-6和图10-7就分别展示了最基本的反馈控制和前馈控制。图10-8所示控制结构可以视作二者的结合，兼顾了反馈控制鲁棒性强和前馈控制响应速度快的优点。

在本节中，以图10-11中解耦合的 d 轴系统为研究对象，介绍最基本的模型预测控制原理及其实现方法。将式（10-15）中的 d 轴方程在时域中表达，如式（10-25）所示，再将其离散化，得到式（10-26）。需要注意，式（10-26）只是近似成立的，离散步长 T_s 越小，这种近似程度越高。在这里，以单步指令跟踪误差最小为优化指标求解操控变量，如式（10-27）所示。将该操控变量带入式（10-26）可以得到式（10-28），说明在模型参数准确、控制步长足够短且操控变量没被限幅的情况下，用模型预测产生的控制率，即式（10-27）可以实现一拍指令跟随。这种控制又被称作无差拍控制（Deadbeat Control）。把式（10-26）和式（10-27）绘制成如图10-12所示的框图后，从中可以清晰地看出，虽然这个控制案例极其简单，但也具备了"模型预测"和"滚动优化"这两个模型预测控制中必不可少的环节。

$$u_{ds}^* = L_d \frac{di_{ds}^r}{dt} + R_s i_{ds}^r \tag{10-25}$$

$$i_{ds}^r(k+1) = i_{ds}^r(k) + \frac{T_s}{L_d}[u_{ds}^*(k) - R_s i_{ds}^r] \tag{10-26}$$

$$u_{ds}^*(k) = \operatorname{argmin}[i_{ds}^*(k) - \hat{i}_{ds}^r(k+1)] = \frac{L_d}{T_s}[i_{ds}^*(k) - i_{ds}^r(k)] + R_s i_{ds}^r(k) \tag{10-27}$$

$$i_{ds}^r(k+1) = i_{ds}^*(k) \tag{10-28}$$

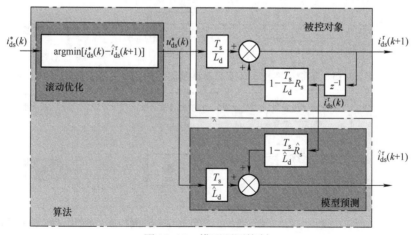

图10-12 模型预测控制

一个实际可用的模型预测控制除了"模型预测"和"滚动优化"外，还包括"反馈校正"环节。这是因为模型不可能和被控对象完全相同。如图10-12所示的控制结构不包括任何纠偏环节，导致模型参数失配的时候会出现控制误差。有多种方式可以实现纠偏，如图10-8所示的两自由度调节器就是其中一种。将图10-8以模型预测控制的概念重新绘制，即得到图10-13，其中 f 表示某种以控制指令和控制变量当前值为自变量的映射。

在 SIMULINK 平台上搭建图10-6～图10-8所示的三种控制结构进行仿真对比，仿真框图分别如图10-14～图10-16所示，仿真中所用到的参数见表10-1，可见其中人为构造了参

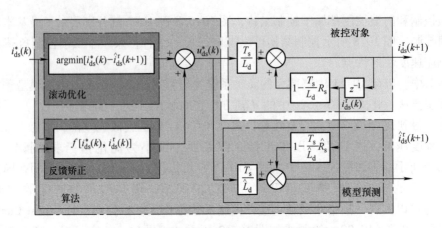

图 10-13　两自由度调节器以模型预测控制重绘

数失配的情况。三种控制结构的电流响应曲线如图 10-17 所示。可见，不带反馈校正环节的模型预测控制会存在静差，只有反馈校正环节的控制系统没有静差，但响应速度较为缓慢。以两自由度调节器实现带反馈校正环节的模型预测控制实现了无静差和快速响应兼顾的控制效果。

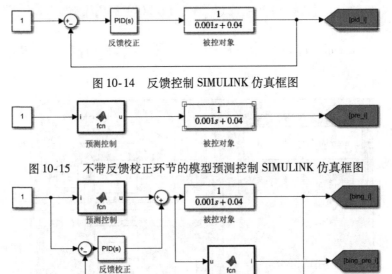

图 10-14　反馈控制 SIMULINK 仿真框图

图 10-15　不带反馈校正环节的模型预测控制 SIMULINK 仿真框图

图 10-16　两自由度调节器（带反馈校正环节的模型预测控制）SIMULINK 仿真框图

表 10-1　仿真参数

参数	含义	数值
L_d	d 轴电感真实值	0.001H
R_s	相电阻真实值	0.04Ω
$\hat{L}_d$	d 轴电感模型值	0.0005H
$\hat{R}_s$	相电阻模型值	0.06Ω
ω_{BW}	期望带宽频率	100rad/s

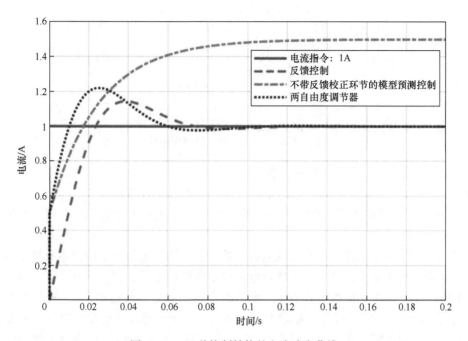

图 10-17 三种控制结构的电流响应曲线

10.4 交流电机控制的功率电路与 SPWM

从永磁同步电机矢量控制方法中可以看到，交流电机的矢量控制就是对定子 d、q 轴电流的控制。而为了控制定子电流，必须能精确实时地控制定子 A、B、C 三相的电压。这就涉及了本书第 5、6 章的电力电子技术。

10.4.1 三相逆变电路拓扑

在第 6 章中，介绍了 H 桥电路。该电路可以实现将直流电压变换为单相交流电压。但目前广泛使用的交流电机为三相交流电机，如何利用一个直流电源产生三相交流电压呢？仿照 H 桥电路的原理，利用单极双掷开关，可以得到三相逆变电路驱动绕组为星形联结的三相交流电机的电路原理拓扑，如图 10-18 所示，图中三个单极双掷开关并联在直流电源 u_{DC} 上，分别通过 PWM 调制输出交流电机的一相端电压（A、B 或 C 点处的电压），电机三相绕组为星形联结，具有中性点 N。在该拓扑中，每个单极双掷开关也称为其对应相的桥臂（如 A 相桥臂），若定义直流电压的 $u_{DC}/2$ 点电位为 0，则可以知道 A、B、C 三点都可以通过对应桥臂的 PWM 调制，独立地输出 $[-u_{DC}/2, u_{DC}/2]$ 之间的任意电压，从而实现交流电机三相电压的独立控制。

10.4.2 三相逆变电路的实现

图 10-18 中的三相逆变电路应选用什么样的电路元器件来实现其单极双掷开关的功能呢？根据第 6 章的介绍可知，单极双掷开关的实现需要分三步进行：

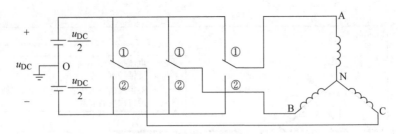

图 10-18 三相逆变电路原理拓扑

1) 在开关的"掷"上并联电容,保证"掷"上电压的连续性。
2) 在开关的"极"上串联电感,保证"极"上电流的连续性。
3) 判断开关承受的电压、电流方向,根据图 6-13、图 6-15 或图 6-16 选择合适的电力电子电路拓扑。

所以,第一步应在直流电压端并联电容;第二步,因为电机定子绕组本身就是电感,所以不用在电路中附加电感;第三步,确定电力电子电路的拓扑。因为单极双掷开关的"掷"与直流电压相连,所以其极性始终为正,而"极"与电机定子绕组串联,"极"电流即为相电流(交流电流),所以"极"上要求既能承受正向电流,也能承受反向电流。所以开关应可以同时在一、四象限工作,故选择图 6-15 相应电路。综合可得三相逆变电路的实现如图 10-19 所示。目前采用逆变器驱动的车用交流电机多为高压大功率电机,所以驱动多为 IG-BT,这里以 IGBT 为例给出三相逆变电路的实现方法。若采用 MOSFET,相应的电路结构也是完全一样的。

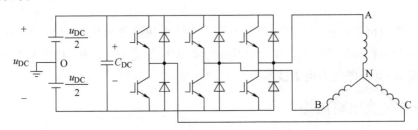

图 10-19 三相逆变电路的实现

10.4.3 三相逆变电路的六阶梯波调制

在三相逆变电路中,应当注意的是星形联结的电机三相绕组的中性点 N 一般情况下是不接地的,N 点的电位会随着 A、B、C 三点电位的变化而变化,所以电机的相电压 u_{AN}、u_{BN}、u_{CN} 并不直接等于 A、B、C 三点电位 u_{AO}、u_{BO}、u_{CO}。相对于相电压,一般称 u_{AO}、u_{BO}、u_{CO} 为极电压。

下面分析最简单的情况:若三个单极双掷开关不进行 PWM 调制,而只用于电压的换向,且三个单极双掷开关按互差 120°顺序开关,则称为六阶梯波调制,得到的 u_{AO}、u_{BO}、u_{CO} 波形如图 10-20 所示。

利用以上的开关状态计算作用在电机上的相电压,以 $0 \sim \pi/3$ 区间为例,在此区间内,$u_{AO} = u_{CO} = u_{DC}/2$,$u_{BO} = -u_{DC}/2$,电机三相绕组等效电路如图 10-21 所示。此时 A 相绕组

与 C 相绕组并联，再与 B 相绕组串联，所以可以计算得到 N 点电压为

$$u_N = \frac{1}{6}u_{DC} \quad (10\text{-}29)$$

三相相电压为

$$\begin{cases} u_{AN} = u_{CN} = \frac{1}{3}u_{DC} \\ u_{BN} = -\frac{2}{3}u_{DC} \end{cases} \quad (10\text{-}30)$$

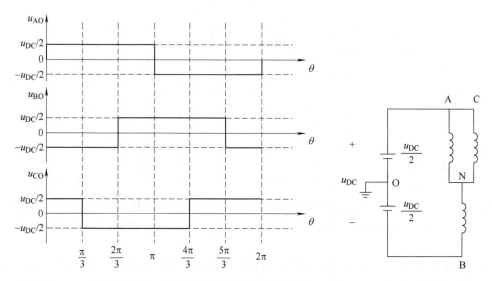

图 10-20　三相逆变电路在六阶梯波调制下的极电压波形　　图 10-21　电机三相绕组在 0 ~ π/3 区间内的等效电路

同理可以计算得到其他电角度区间内 N 点电压 u_N 及三相的相电压与线电压，具体计算结果见表 10-2。相应的电压波形如图 10-22、图 10-23 所示。

表 10-2　三相逆变电路在 180° 换向状态下的 N 点电压、相电压与线电压

电压	$[0, \pi/3]$	$[\pi/3, 2\pi/3]$	$[2\pi/3, \pi]$	$[\pi, 4\pi/3]$	$[4\pi/3, 5\pi/3]$	$[5\pi/3, 2\pi]$
u_N	$\frac{1}{6}u_{DC}$	$-\frac{1}{6}u_{DC}$	$\frac{1}{6}u_{DC}$	$-\frac{1}{6}u_{DC}$	$\frac{1}{6}u_{DC}$	$-\frac{1}{6}u_{DC}$
u_{AN}	$\frac{1}{3}u_{DC}$	$\frac{2}{3}u_{DC}$	$\frac{1}{3}u_{DC}$	$-\frac{1}{3}u_{DC}$	$-\frac{2}{3}u_{DC}$	$-\frac{1}{3}u_{DC}$
u_{BN}	$-\frac{2}{3}u_{DC}$	$-\frac{1}{3}u_{DC}$	$\frac{1}{3}u_{DC}$	$\frac{2}{3}u_{DC}$	$\frac{1}{3}u_{DC}$	$-\frac{1}{3}u_{DC}$
u_{CN}	$\frac{1}{3}u_{DC}$	$-\frac{1}{3}u_{DC}$	$-\frac{2}{3}u_{DC}$	$-\frac{1}{3}u_{DC}$	$\frac{1}{3}u_{DC}$	$\frac{2}{3}u_{DC}$
u_{AB}	u_{DC}	u_{DC}	0	$-u_{DC}$	$-u_{DC}$	0
u_{BC}	$-u_{DC}$	0	u_{DC}	u_{DC}	0	$-u_{DC}$
u_{CA}	0	$-u_{DC}$	$-u_{DC}$	0	u_{DC}	u_{DC}

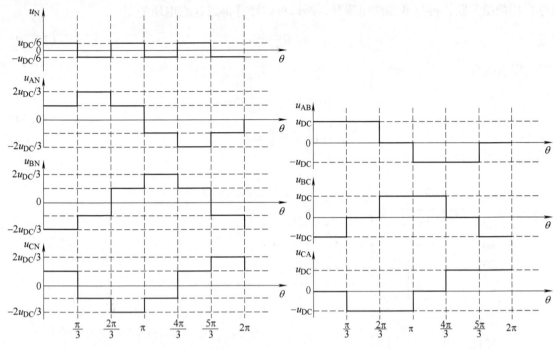

图 10-22 三相逆变电路在六阶梯波调制
状态下的 N 点电压、相电压波形示意图

图 10-23 三相逆变电路在六阶梯波调制
状态下的线电压波形示意图

可以看到，图 10-22 和图 10-23 中的交流电机相电压和线电压波形都与理想的正弦波形有较大的区别，且二者的瞬时电压也不存在固定不变的 $\sqrt{3}$ 倍比例关系。根据电路及交流电机运行的原理可知，交流电机的供电状态主要是由以上电压波形的基波决定的。因为 AB、BC、CA 间的线电压相等，所以取 u_{BC} 计算线电压基波。由于 u_{BC} 是偶函数，根据傅里叶级数，其 n 次谐波的计算式可以写为

$$U_n = \frac{1}{\pi} \left| \int_0^{2\pi} U_{BC}(\theta) \cos(n\theta) \mathrm{d}\theta \right| \tag{10-31}$$

取 $n = 1$，计算图 10-23 中线电压基波的幅值为

$$U_1 = \frac{1}{\pi} \left| \int_0^{2\pi} U_{BC}(\theta) \cos\theta \mathrm{d}\theta \right| = \frac{2\sqrt{3}}{\pi} u_{DC} \tag{10-32}$$

从图 10-20 可以看出，这是直流电压 u_{DC} 能输出的最大交流线电压基波峰值，但输出该峰值的代价是线电压中含有大量谐波。从电机旋转磁场的角度来看，在这样的线电压下，定子磁场在一个周期内完成 6 次换向，而并非匀速旋转，所以其输出转矩可能有明显的转矩脉动。

10.4.4 三相逆变电路的 PWM

为了提高交流电机转矩输出的平稳性，下面采用 PWM 进行三相逆变电路的调制。若三相对应桥臂的占空比分别设为 D_A、D_B、D_C，则可以得到三相极电压 u_{AO}、u_{BO}、u_{CO} 分别表示为

$$\begin{cases} u_{AO} = (D_A - 0.5) u_{DC} \\ u_{BO} = (D_B - 0.5) u_{DC} \\ u_{CO} = (D_C - 0.5) u_{DC} \end{cases} \quad (10\text{-}33)$$

因为假定星形联结的三相定子绕组中性点不接地,所以

$$i_{as} + i_{bs} + i_{cs} = 0 \quad (10\text{-}34)$$

设电机三相绕组对称,阻抗为 Z,则三相相电流可以表示为

$$\begin{cases} i_a = \dfrac{u_{AO} - u_N}{Z} \\ i_b = \dfrac{u_{BO} - u_N}{Z} \\ i_c = \dfrac{u_{CO} - u_N}{Z} \end{cases} \quad (10\text{-}35)$$

将式(10-35)代入式(10-34)可得

$$u_N = \frac{1}{3}(u_{AO} + u_{BO} + u_{CO}) \quad (10\text{-}36)$$

从而得到作用在三相绕组上的相电压为

$$\begin{cases} u_{AN} = \dfrac{2}{3} u_{AO} - \dfrac{1}{3} u_{BO} - \dfrac{1}{3} u_{CO} \\ u_{BN} = \dfrac{2}{3} u_{BO} - \dfrac{1}{3} u_{AO} - \dfrac{1}{3} u_{CO} \\ u_{CN} = \dfrac{2}{3} u_{CO} - \dfrac{1}{3} u_{AO} - \dfrac{1}{3} u_{BO} \end{cases} \quad (10\text{-}37)$$

式(10-37)也称为逆变器的开关模型,它表示了三相交流电机驱动系统中极电压到绕组相电压的变换关系。因为极电压与单极双掷开关具有相同的开关波形,所以该模型在电机控制仿真中一般直接结合式(10-33),通过三相桥臂的占空比(PWM 驱动信号)计算电机的相电压。

若三相 PWM 占空比分别采用 5.2 节所述 SPWM 的调制原理,其调制得到的正弦波幅值最大为 $0.5 u_{DC}$,则在三相逆变电路中,利用 SPWM 调制所能得到的三相线电压基波幅值最大为

$$U_1 = u_{AB} = u_{AO} - u_{BO} = \frac{u_{DC}}{2} \max\left[\cos(\omega t) - \cos\left(\omega t - \frac{2\pi}{3}\right)\right] = \frac{\sqrt{3}}{2} u_{DC} \quad (10\text{-}38)$$

逆变电路输出电压的基波最大幅值与输入直流电压之比,一般称为直流电压利用率。SPWM 的直流电压利用率要远低于六阶梯波,即式(10-32)的,但 SPWM 可以大幅度消除输出电压中的谐波,获得更为理想的基波电流。是否可以在消除谐波的同时提高直流电压利用率呢?答案是肯定的。所以目前交流电机的驱动大部分不采用 SPWM 的方式,而是采用空间矢量 PWM(SVPWM)的方式。

10.5 空间矢量 PWM 技术

单相 SPWM 获得的正弦电压波形的直流电压利用率较低,无法充分地利用直流电压,所以人们考虑是否有更为合理的 PWM 方法应用于三相交流电压调制。从独立一相 PWM 的

角度分析，若参考波为正弦基波，则 SPWM 已经充分地利用了直流电压，很难进一步提高直流电压利用率。而若参考波中含有其他频率的谐波，则输出的 PWM 电压中也必含有对应频率的谐波，这会在一定程度上降低电源的输出电压的质量。因此，若要提升 PWM 的直流电压利用率，必须针对交流电机的三相系统进行全局的优化。

10.5.1　电压空间矢量原理

当同时考虑交流电机的三相电压时，如何将三相电压的调制联系在一起是一个难点。这时候读者可以回想一下第 9 章介绍的克拉克变换。在式（9-9）中，任意三相变量都可以用正交坐标系下的 d_s、q_s 轴分量进行表示，即用一个矢量进行表示，所以可以尝试用一个矢量来统一表示 A、B、C 三相电压。该矢量的横、纵坐标可以通过克拉克变换计算得到，即

$$\begin{bmatrix} u_{ds} \\ u_{qs} \end{bmatrix} = \boldsymbol{M}_{abc}^{dqs} \begin{bmatrix} u_a \\ u_b \\ u_c \end{bmatrix} \tag{10-39}$$

此时对 A、B、C 三相电压的调制就转换为了对 u_{ds}^{dqs}、u_{qs}^{dqs} 两相电压的调制，同样也可以解释为利用 PWM 调制产生幅值为 U_s^*、相位为 θ_u^* 的目标电压矢量，其中

$$\begin{cases} u_{ds}^{dqs} = U_s^* \cos\theta_u^* \\ u_{qs}^{dqs} = U_s^* \sin\theta_u^* \end{cases} \tag{10-40}$$

根据第 8、9 章的介绍，作用在电机定子上的三相对称电压可以等效为幅值不变并以 $2\pi f$ 的速度匀速旋转的电压矢量，所以，可以将对三相对称正弦电压的 PWM 等效为相应电压矢量幅值和相位的调制。

因为电力电子器件开关的输出在幅值和时间上都是离散的，所以其输出的角度、幅值必然无法连续变化。因此，这里首先考察可以通过开关状态组合获得的某一时刻的电压矢量。在三相逆变电路中，共有三个单极双掷开关，每个单极双掷开关有两个状态："0" 或 "1"。所以电路总共有 $2^3 = 8$ 种开关状态的组合。其中 "000" 和 "111" 代表三相端电压相同，可以直接得到对应的相电压为 0，其余 6 组开关状态则会产生非零的相电压矢量。这 6 组非零的相电压矢量与表 10-2 中列出的 6 个区间的相电压作用是一一对应的。把 8 组开关组合状态定义为 (s_a, s_b, s_c)，将对应的相电压代入式（10-39），并求解式（10-40），可以计算得到这 8 种开关组合状态下作用在电机上的电压矢量值及其对应的幅值和相位，见表 10-3。将计算得到的电压矢量画在 dqs 坐标系下，如图 10-24 所示。

表 10-3　不同开关组合状态下逆变器输出的电压矢量值及其对应的幅值和相位

(s_a, s_b, s_c)	u_{ds}^{dqs}	u_{qs}^{dqs}	U_s	θ_u
(1, 0, 0)	$\dfrac{2}{3}u_{DC}$	0	$\dfrac{2}{3}u_{DC}$	0
(1, 1, 0)	$\dfrac{1}{3}u_{DC}$	$\dfrac{\sqrt{3}}{3}u_{DC}$	$\dfrac{2}{3}u_{DC}$	$\dfrac{\pi}{3}$
(0, 1, 0)	$-\dfrac{1}{3}u_{DC}$	$\dfrac{\sqrt{3}}{3}u_{DC}$	$\dfrac{2}{3}u_{DC}$	$\dfrac{2\pi}{3}$

(续)

(s_a, s_b, s_c)	u_{ds}^{dqs}	u_{qs}^{dqs}	U_s	θ_u
(0, 1, 1)	$-\frac{2}{3}u_{DC}$	0	$\frac{2}{3}u_{DC}$	π
(0, 0, 1)	$-\frac{1}{3}u_{DC}$	$-\frac{\sqrt{3}}{3}u_{DC}$	$\frac{2}{3}u_{DC}$	$\frac{4\pi}{3}$
(1, 0, 1)	$\frac{1}{3}u_{DC}$	$-\frac{\sqrt{3}}{3}u_{DC}$	$\frac{2}{3}u_{DC}$	$\frac{5\pi}{3}$
(1, 1, 1)	0	0	0	0
(0, 0, 0)	0	0	0	0

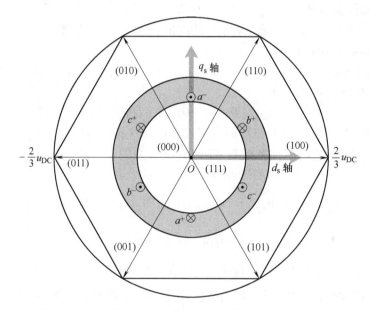

图10-24 不同开关组合状态下逆变器输出的电压矢量图

可以看到，通过逆变器的三个单极双掷开关的开关状态组合，可以得到 6 个幅值为 $(2/3)u_{DC}$、角度互差 $\pi/3$ 的电压矢量和 2 个幅值为 0 的电压矢量，其中角度互差 $\pi/3$ 的 6 个电压矢量将电压矢量平面分为了 6 个面积相等的扇区 Ⅰ～Ⅵ。因此，实现电压矢量相位、幅值的连续调制的问题就转化为了如何利用这 8 个电压矢量进行电压空间矢量 PWM 的问题。

10.5.2 电压空间矢量 PWM 原理

根据第 5 章所述 PWM 的基本原理，若对图 10-24 中的某一非零电压矢量进行 PWM，则可以获得方向不变、幅值在 $[0, (2/3)u_{DC}]$ 之间的电压矢量。若对多个不同方向的矢量进行调制，那么这些矢量的组合不但可以实现矢量幅值的调节，还同时可以实现矢量相位的调节。所以，同时对两个以上的非零电压矢量进行 PWM 就可以实现任意幅值、相位（转速）的电压矢量的调制，从而实现三相交流电压的调制，这就是空间矢量（Space Vector）PWM

技术，一般称为 SVPWM 技术。在第 5 章讨论 PWM 产生原理时，使用了"面积相等"的原则——面积相等的本质就是电压幅值在一个周期内积分相等。对于具有二维特征的矢量也可以采用相同的原则，即

$$\bm{u}_s^* T = \sum (\bm{u}_i D_i T) \quad (10\text{-}41)$$

式中，$\bm{u}_s^*$ 为目标电压矢量；T 为 PWM 周期；$\bm{u}_i$ 为 8 个基本电压矢量之一；D_i 为 $\bm{u}_i$ 对应电压矢量的占空比。

以 I 扇区为例分析式（10-41）的应用，若要生成 I 扇区内的任意电压矢量 $\bm{u}_s^*$，如图 10-25 所示，应采用 $\bm{u}_{(100)}$ 与 $\bm{u}_{(110)}$ 合成，设二者的作用时间分别为 $D_{(100)}T$ 和 $D_{(110)}T$。

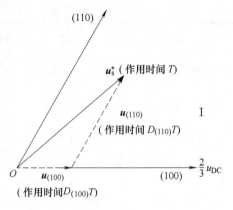

图 10-25 空间矢量合成示意图（I 扇区）

根据式（10-41）可以得到

$$\bm{u}_s^* T = \bm{u}_{(100)} D_{(100)} T + \bm{u}_{(110)} D_{(110)} T + \bm{u}_{(111)} D_{(111)} T + \bm{u}_{(000)} D_{(000)} T \quad (10\text{-}42)$$

根据占空比的定义可以得到

$$D_{(100)} + D_{(110)} + D_{(111)} + D_{(000)} = 1 \quad (10\text{-}43)$$

满足式（10-42）和式（10-43）的占空比数组 $[D_{(100)}, D_{(110)}, D_{(111)}, D_{(000)}]$ 都可以实现对电压矢量 $\bm{u}_s^*$ 的调制。考虑到式（10-42）为矢量形式，且 $\bm{u}_{(111)} = 0$，$\bm{u}_{(000)} = 0$，利用等式左右 d_s、q_s 轴分量分别相等可得

$$\begin{cases} |\bm{u}_s^*| \cos \angle(\bm{u}_s^*) = |\bm{u}_{(100)}| D_{(100)} + |\bm{u}_{(110)}| D_{(110)} \cos \dfrac{\pi}{3} \\ |\bm{u}_s^*| \sin \angle(\bm{u}_s^*) = |\bm{u}_{(110)}| D_{(110)} \sin \dfrac{\pi}{3} \end{cases} \quad (10\text{-}44)$$

式中，$|\bm{u}_s^*|$ 和 $\angle(\bm{u}_s^*)$ 分别为目标电压矢量 $\bm{u}_s^*$ 的幅值和相位。

将基本矢量的幅值代入式（10-44），可以得到 $D_{(100)}$ 和 $D_{(110)}$ 的表达式为

$$\begin{cases} D_{(100)} = \sqrt{3} \dfrac{|\bm{u}_s^*|}{u_{DC}} \sin\left(\dfrac{\pi}{3} - \angle(\bm{u}_s^*)\right) \\ D_{(110)} = \sqrt{3} \dfrac{|\bm{u}_s^*|}{u_{DC}} \sin \angle(\bm{u}_s^*) \end{cases} \quad (10\text{-}45)$$

将式（10-45）代入式（10-46）可得

$$D_{(111)} + D_{(000)} = 1 - \sqrt{3} \dfrac{|\bm{u}_s^*|}{u_{DC}} \cos\left(\dfrac{\pi}{6} - \angle(\bm{u}_s^*)\right) \quad (10\text{-}46)$$

因为 $\bm{u}_{(111)}$ 和 $\bm{u}_{(000)}$ 同为零矢量，所以只需保证两个矢量作用的占空比之和满足式（10-46）即可实现目标矢量的调制。因为在定子坐标系中，d_s、q_s 轴的选取不涉及转子位置，所以图 10-24 中的六个扇区具有对称性。根据以上相似的原理，可以得到其他扇区中目标电压矢量的合成方法，并最终实现图 10-24 中六边形扇区内任意目标电压矢量的 PWM。

10.5.3 SVPWM 与 SPWM

为了实现 $D_{(100)}$ 和 $D_{(110)}$ 对 $\bm{u}_s^*$ 的调制，要求 $D_{(111)} + D_{(000)} \geq 0$，所以由式（10-46）

可得

$$|\boldsymbol{u}_s^*| \leq \frac{\frac{1}{\sqrt{3}}u_{DC}}{\cos\left(\frac{\pi}{6} - \angle(\boldsymbol{u}_s^*)\right)} \tag{10-47}$$

因为 SVPWM 过程中，要求能保证在整个扇区内电压矢量的幅值维持不变，所以 $|\boldsymbol{u}_s^*|$ 能取到的最大值为 $u_{DC}/\sqrt{3}$。因为 $\boldsymbol{u}_s^*$ 是按照幅值不变的克拉克变换正交分解得到的，所以其幅值与相电压幅值一致。SVPWM 三相线电压基波幅值最大值可以表示为

$$U_1 = u_{DC} \tag{10-48}$$

结合式（10-32）和式（10-38），可以将不同的三相交流电压调制方法的直流电压利用率总结在表 10-4 中。

表 10-4　不同的三相交流电压调制方法的直流电压利用率

调制方法	六阶梯波	SPWM	SVPWM
直流电压利用率（线电压峰值）	$\frac{2\sqrt{3}}{\pi} \approx 1.1$	$\frac{\sqrt{3}}{2} \approx 0.87$	1

从表 10-4 中可以看到，SVPWM 的直流电压利用率大于 SPWM 但小于六阶梯波。因为六阶梯波中谐波含量较大，所以难以应用于高性能的交流电机控制。而 SVPWM 和 SPWM 谐波含量相似，它们的谐波都主要来源于 PWM 开关过程带来的 kHz 以上的谐波，对基波影响较小。

在同样的正弦基波调制的情况下，SVPWM 是如何实现直流电压利用率的提高呢？一般文献中通过提取 SVPWM 参考波的方法解释这一问题。根据第 5 章的介绍，若定义用于 PWM 发生的三角波（定时器）的幅值为 1，则 SVPWM 的参考波波形与其占空比的波形是一致的，所以下面直接讨论 SVPWM 的占空比波形。图 10-26 所示为计算得到的 SVPWM 三相的占空比，从图中可以清楚地看到，SVPWM 所用的参考波并不是标准的正弦波形，而是在正弦的峰值位置有明显的下凹，这一下凹决定了图中所示的占空比波形基波峰值是大于 1 的。

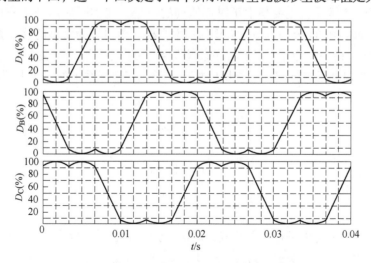

图 10-26　SVPWM 三相占空比（参考波）

为了理解图 10-26 中参考波的本质特性，可以对该波形进行频域的分解。因为三相波形

仅在相位上有差别，所以对任意一相进行傅里叶分解，结果都是一致的。分解结果如图10-27所示。因为图10-26中调制的正弦电压周期为0.02s，所以其基波为50Hz，可以看到傅里叶分解得到的50Hz的基波分量为0.577。因为SVPWM的输出是三相极电压的调制信号，所以与线电压相差$\sqrt{3}$倍，即从傅里叶分解的结果与之前解析推导得到的SVPWM的直流电压利用率是一致的。在这里更为关心的是图10-27中不仅含有基波成分，还有明显的3次谐波成分，即150Hz的成分分量。该分量的幅值是

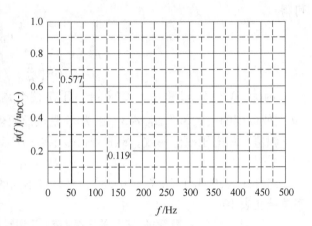

图 10-27　SVPWM 的频率特性

0.119。可以验证，正是该分量引起了SVPWM参考波基波峰值处的下凹，从而提高了PWM的直流电压利用率。虽然SVPWM的参考波中含有明显的3次谐波分量，但该分量并不会引起交流线电压或电流的畸变。这是因为三相交流系统的特点是三相电压、电流都互差120°电角度，对于相应的3次谐波则是同相位的，或者说A、B、C三相的极电压是实时相等的，所以在中性点悬空的三相星形联结的绕组中不会产生3次谐波电流。同时因为线电压可以由极电压之差计算得到，所以线电压中也不会含有3次谐波。因此，无论从电压空间矢量的角度，还是从PWM参考波中注入3次及其倍数次谐波的角度，都可以很好地解释SVPWM的原理。基于这两种思路，针对不同的电压调制要求和电力电子电路拓扑，衍生出了大量的PWM方法，有兴趣的读者可以参考多电平PWM技术、过调制技术等相关的文献。

10.5.4　电压空间矢量PWM的常见软件实现算法

前述的SVPWM推导，主要集中于对其原理的讨论。在实际应用中，SVPWM的算法已经非常成熟。下面参考TI公司的SVPWM的技术文档，给出较为常见的软件算法。

首先，在TI文档中，为了区分转子旋转坐标系下的d、q轴，定义定子上的正交坐标系为α、β轴，并对相电压进行归一化。所以相应定子正交坐标系下的定子电压定义为

$$\begin{cases} u_\alpha^* = \dfrac{|\boldsymbol{u}_s^*|\cos\angle(\boldsymbol{u}_s^*)}{\dfrac{u_{DC}}{\sqrt{3}}} \\ u_\beta^* = \dfrac{|\boldsymbol{u}_s^*|\sin\angle(\boldsymbol{u}_s^*)}{\dfrac{u_{DC}}{\sqrt{3}}} \end{cases} \quad (10\text{-}49)$$

将式（10-49）代入式（10-44），可以得到$\boldsymbol{u}_{(100)}$与$\boldsymbol{u}_{(110)}$电压矢量作用的占空比分别为

$$\begin{cases} D_{(100)} = \dfrac{1}{2}(\sqrt{3}u_\alpha^* - u_\beta^*) \\ D_{(110)} = u_\beta^* \end{cases} \quad (10\text{-}50)$$

但式(10-49)和式(10-50)只适应于0°~60°的Ⅰ扇区,与其他扇区矢量作用时间的表达式是有所不同的。为了方便对其他扇区进行统一表达,定义

$$\begin{cases} X = u_\beta^* \\ Y = \dfrac{1}{2}(u_\beta^* + \sqrt{3}u_\alpha^*) \\ Z = \dfrac{1}{2}(u_\beta^* - \sqrt{3}u_\alpha^*) \end{cases} \tag{10-51}$$

同样,为了统一表示占空比,定义扇区两侧的两个电压矢量作用占空比分别为 t_1、t_2,则上述Ⅰ扇区两个基本电压矢量的作用占空比可以表示为

$$\begin{cases} t_1 = -Z \\ t_2 = X \end{cases} \tag{10-52}$$

分别推导6个扇区的占空比表达式,可以得到 t_1、t_2 的计算公式,见表10-5。

表10-5 SVPWM占空比的计算

扇区	Ⅰ	Ⅱ	Ⅲ	Ⅳ	Ⅴ	Ⅵ
t_1	$-Z$	Z	X	$-X$	$-Y$	Y
t_2	X	Y	$-Y$	Z	$-Z$	$-X$

对于扇区的判断,首先利用变量 X、Y、Z 通过公式计算得到一个中间变量,即

$$\text{ind} = (X>0) + 2(Z<0) + 4(Y<0) \tag{10-53}$$

式中,( )代表当括号中的判断条件成立时,该值为1,反之为零。

根据计算得到的ind值,查表10-6即可得到电压矢量所在的扇区。

表10-6 电压矢量所在的扇区判断表

扇区	Ⅰ	Ⅱ	Ⅲ	Ⅳ	Ⅴ	Ⅵ
ind值	3	1	5	4	6	2

最后,需要将表10-5中的占空比 t_1、t_2 转换为三相逆变电路中三个单极双掷开关的占空比,t_{aon}、t_{bon} 和 t_{con},具体转换公式为

$$\begin{cases} t_{\text{aon}} = \dfrac{T - t_1 - t_2}{2} \\ t_{\text{bon}} = t_{\text{aon}} + t_1 \\ t_{\text{con}} = t_{\text{bon}} + t_2 \end{cases} \tag{10-54}$$

以上计算得到的占空比通过分配给对应相的开关(见表10-7),完成SVPWM的算法。

表10-7 三相占空比分配表

扇区	Ⅰ	Ⅱ	Ⅲ	Ⅳ	Ⅴ	Ⅵ
D_a	t_{aon}	t_{bon}	t_{con}	t_{con}	t_{bon}	t_{aon}
D_b	t_{bon}	t_{aon}	t_{aon}	t_{bon}	t_{con}	t_{con}
D_c	t_{con}	t_{con}	t_{bon}	t_{aon}	t_{aon}	t_{bon}

图 10-28 所示为根据以上方法调制产生 SVPWM 的示意图，图中同样选取了 I 扇区的目标矢量用于讨论。可以看到 SVPWM 中各相电压占空比的输出是采用 5.3 节中的增减计数器比较的方式得到的，除了通过与计数器比较得到 t_1、t_2 所对应的基本矢量（100）、（110）外，该调制方法还同时使用了零矢量（000）和（111），且两个零矢量作用时间是相等的，这也就是式（10-54）中 1/2 系数的来源。当然，根据 SVPWM 的原理，从目标电压矢量的生成角度来讲，零矢量的选择是任意的。但是根据上述方法选择零矢量被比较普遍地应用于交流电机控制中，因为这种方法在不增加开关频率的情况下，尽可能地增加了电压矢量在一个周期内的调制次数，可以有效地减小 SVPWM 的谐波而不增加开关损耗。由图 10-28 可以看到，这种方法实现了在一个周期中由 7 个电压矢量连续作用的调制，所以这种调制方法也被称为七段式 SVPWM。若在一个周期中不同时采用两个零矢量，而是只采用一个零矢量，则 SVPWM 的过程将变为 5 个电压矢量连续作用，对应的 SVPWM 方法也称为五段式 SVPWM。五段式 SVPWM 的谐波含量略大于七段式 SVPWM，且应用相对较少，但在共模电压抑制、死区补偿等方面也有其一定的优势。

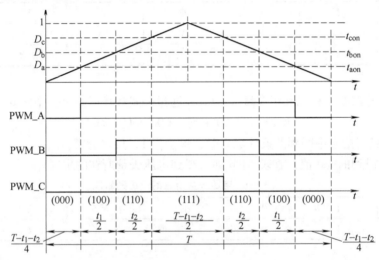

图 10-28 七段式 SVPWM 的示意图（I 扇区）

第 11 章
感应电机的建模与控制

传统工业应用中，感应电机可以直接通过三相交流电源供电，不用采取变频控制，所以本章首先简要介绍传统交流电机理论中对感应电机的理解、描述及控制方法。在此基础上，对应永磁同步电机的矢量控制方法，介绍感应电机的直接矢量控制和间接矢量控制方法。本章最后还给出感应电机的直接转矩控制原理，介绍交流电机定子坐标系下磁场控制的基本思想。本章的内容在常见的电机类书籍中一般分为多个章节，是交流电机知识的主体内容，但是鉴于感应电机目前在汽车上的应用不及永磁同步电机，且二者的原理本质上具有一致性，所以在本章中对感应电机的介绍是相对简要的。有兴趣深入学习的读者可选取相关的参考文献进行进一步的了解。

11.1 传统感应电机的描述及控制方法

异步电机主要分为感应电机和绕线转子电机，其中感应电机可以应用于大功率的汽车附件驱动（如电动空调）或电动汽车的驱动，但绕线转子电机在汽车中应用较少，所以本章针对感应电机进行介绍。

第 1 章提到过，全球电机所消耗的电能中，80% 是由异步电机所消耗的，可见异步电机应用之广。异步电机有如此广泛应用的一个重要原因是其不必采用控制器（不需要对定、转子磁场位置进行精确控制），直接连接三相交流电源就可以正常工作。在 20 世纪电力电子技术广泛应用之前，交流传动中均主要采用这种交流电源直接供电的方式，传统上对感应电机的研究也都是基于这种方式的。因此，本节首先概要地介绍传统感应电机的描述及控制方法。

11.1.1 感应电机的稳态等效电路

感应电机通过定子磁场的旋转，在转子绕组中感应出电流，并产生磁场，所以可以认为异步电机定、转子绕组之间的电磁感应具有与变压器相似的原理，定子绕组由定子端供电，而定子绕组又通过定、转子之间的互感对转子绕组供电，此时感应电机等效电路如图 11-1 所示。其中 U_s、I_s 为相量形式的电机相电压和相电流，R_s 为定子电阻，X_{ls} 为定子漏抗，R_r 为定子电阻，X_{lr} 为转子漏抗，E_s、E_r 共同组成了一个理想变压器，分别代表定子侧和转子侧有互感产生的电压。

感应电机与变压器的不同在于其转子绕组（变压器二次绕组）相对定子绕组（变压器一次绕组）以转子转速 ω_r 转动。所以，绕组中的感应电动势不但和交流电流频率相关，还和转子旋转频率相关。异步电机转差频率的定义为

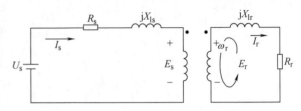

图 11-1 基于变压器原理的感应电机等效电路

$$s = \frac{\omega_s - \omega_r}{\omega_s} \tag{11-1}$$

式中，ω_s 为同步机械角速度，可以表示为

$$\omega_s = \frac{\omega_e}{\frac{p}{2}} = \frac{2\pi f_e}{\frac{p}{2}} \tag{11-2}$$

式中，ω_e 为同步电角速度；f_e 为定子电流频率；p 为极数。

为了保证转矩的平稳输出，转子磁场转速应与定子磁场转速相同。同步转速 ω_s 与定子交流磁场变化频率 f_e 成正比，考虑到转子参考系本身的转速为 ω_r，所以此时在转子坐标系内，转子磁场变化频率与 $(\omega_e - \omega_r)$ 成正比，即转差率代表了转子电流频率与定子电流频率之比。根据电磁感应定律，若定、转子互感匝数比为 1∶1，则可以得到

$$|E_r| = s|E_s| \tag{11-3}$$

一种特殊情况是当 $s = 0$ 时，$|E_r| = 0$。在这种情况下，转子转速与同步转速相同，转子绕组中不产生感应电动势。若转子绕组短路（即感应电机），则转子中无电流，电机不产生转矩；若转子绕组中通入直流电流（或等效直流电流如永磁体），则此时与同步电机工作原理一致。当 $s = 1$ 时，感应电机完全等效于变压器。

基于图 11-1 中的正方向定义，可以写出定、转子互感产生的电压方程为

$$E_s = j\omega_e L_m (I_s - I_r) \tag{11-4}$$

$$E_r = js\omega_e L_m (I_s - I_r) \tag{11-5}$$

式中，L_m 为定转子互感。

可以看到定、转子互感压降只相差了比例系数 s，参考变压器"T"形等效电路的方法，可以将以上等效电路的转子侧电路折算到定子侧，且保持转子电流不变。根据式（11-4）和式（11-5），在定子互感电压的作用下要保持转子电流不变，则转子阻抗应为实际值的 $1/s$，得到图 11-2 所示的感应电机单相稳态等效电路，图中 L_{ls} 为定子漏感，L_{lr} 为转子漏感。

11.1.2 感应电机的机械特性曲线

利用图 11-2 可以分析感应电机的能量转换过程，图中电源 U_s 输出的电能一部分用于产生无功，转化为磁场，储存在电感中；另一部分产生有功，被电阻所消耗。理论上电阻所消耗的有功应该转化为热能，耗散到空气中。如果这样的话，感应电机的等效电路中无法输出机械能。但不难注意到真实电路中，转子电流为 I_r，相应的转子电阻为 R_r，而非电路中的 R_r/s，所以等效电路中转子电阻的 $(R_r/s - R_r)$ 部分在真实电路中并不存在，其上消耗的有

功对应的就是感应电机转换为机械能做功的部分。直接根据图 11-2 所示的电路求解感应电机的机械功率表达式相对复杂，可以利用戴维南定理对感应电机定子侧进行等效，等效后电路如图 11-3 所示。

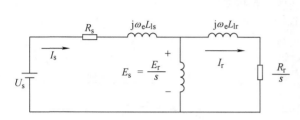

图 11-2 感应电机单相稳态等效电路

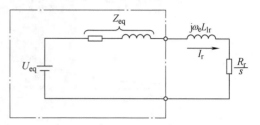

图 11-3 对定子侧应用戴维南定理后的感应电机等效电路

图 11-3 中，U_{eq} 和 Z_{eq} 为等效电源电动势和内阻，其表达式分别为

$$U_{eq} = \frac{j\omega_e L_m}{R_s + j\omega_e(L_{ls} + L_m)} U_s \tag{11-6}$$

$$Z_{eq} = R_{eq} + j\omega_e L_{eq} = \frac{j\omega_e L_m(R_1 + j\omega_e L_{ls})}{R_1 + j\omega_e(L_{ls} + L_m)} \tag{11-7}$$

式中，R_{eq}、L_{eq} 分别为等效内阻的实部和虚部。

利用戴维南定理等效后，转子相电流的表达式为

$$I_r = \frac{U_{eq}}{Z_{eq} + j\omega_e L_{lr} + \frac{R_r}{s}} \tag{11-8}$$

根据以上对感应电机等效电路的讨论，可以得到其输出的机械功率可以表示为

$$P_m = 3|I_r|^2 \frac{1-s}{s} R_r \tag{11-9}$$

所以其输出转矩可以表示为

$$T_e = \frac{P_m}{\omega_r} = 3|I_r|^2 \frac{1-s}{s\omega_r} R_r \tag{11-10}$$

将式（11-2）代入式（11-1）可以得到

$$\omega_r = (1-s)\frac{\omega_e}{\left(\frac{p}{2}\right)} \tag{11-11}$$

所以感应电机的输出转矩也可以表示为

$$T_e = \frac{3p}{2\omega_e}|I_r|^2 \frac{R_r}{s}$$

$$= \frac{3p}{2\omega_e} \frac{|U_{eq}|^2}{\left(R_{eq} + \frac{R_r}{s}\right)^2 + \omega_e^2(L_{eq} + L_{lr})^2} \frac{R_r}{s} \tag{11-12}$$

根据式（11-11）和式（11-12），可以计算得到感应电机的转速-电磁转矩特性曲线，如图 11-4 所示。该曲线一般称为感应电机的机械特性曲线。需要注意的是，感应电机的机

械特性曲线是电机在三相电源电压、频率固定的情况下得到的函数关系，在变频控制的交流电机系统中并不存在这一关系。

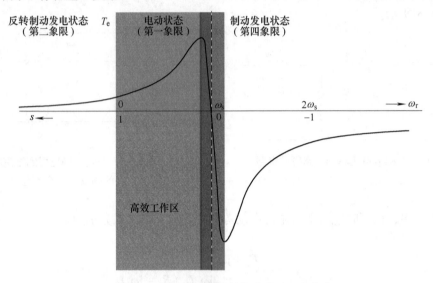

图 11-4 感应电机的机械特性曲线及运行状态

在图 11-4 中可以看到固定电源供电情况下感应电机的转矩随转速变化的规律。当转子转速为同步转速时，转子内没有感应电流，转矩为零；但转子转速略低于同步转速时，根据楞次定律，定子磁场将向转子加速的方向"拖动"转子中感应出的磁场，电磁转矩迅速升高并很快达到最大值；当转子转速进一步降低并转为反向旋转时，电磁转矩会持续下降并趋近于零；另一方面，若转子转速高于定子磁场转速，则定子磁场将向转子减速的方向"拖动"转子中感应出的磁场，产生负方向的电磁转矩，达到最大值后逐渐趋向于零。所以一般认为感应电机的机械特性曲线可以分为三个工作状态，在 $0 \leqslant s < 1$ 区间内，感应电机处于电动状态，也是其最为常见的工作状态。在 $s \geqslant 1$ 区间，感应电机反转，此时电机转矩为正，转速为负，处于发电状态，传统上采用改变同步转速的正方向的方式（一般即改变相序），使该状态用于电机制动。在 $s < 0$ 区间，感应电机同样处于发电状态，此时转速为正，转矩为负，该状态适合应用于原动机驱动下的感应发电机（如风力发电）。虽然感应电机可以工作在以上三个状态下，但一般情况下其转差率都会在 0 附近，因为由图 11-2 或图 11-3 的等效电路可以看出，转子中转化为机械能的有功 P_m 与传递到转子的有功 P_r 之比可以表示为

$$\frac{P_m}{P_r} = 1 - s \tag{11-13}$$

所以，无论是电动还是发电状态，只有当 s 接近于 0 时，感应电机才能获得较高的效率，即图 11-4 中的深色区域。从另一角度看，虽然在其他区间感应电机的效率可能较低，但其机械特性可以保证无论其工作在哪点，电磁转矩的方向总是使转子转速趋向于同步转速。从这个意义上看，感应电机的工作始终处于稳定状态，不会出现永磁同步电机的失步现象，所以若用于电动汽车的驱动，感应电机的可控性和可靠性更好。

11.1.3 传统感应电机的调速方法

传统感应电机的调速方法主要基于式（11-12），从中可以看出，改变电机极对数、供电

频率、供电电压和转子电阻是最为直接的改变感应电机机械特性的方法。若负载特性保持不变，则机械特性的改变就可以实现电机转速的调节。下面分别介绍这些感应电机调速方式。

1. 变极调速

变极调速即通过改变定子绕组的连接方式，改变电机的极对数，从而实现调速的方法。一般情况下变极调速需要两套或两套以上的独立定子绕组，这样就可以通过绕组连接的切换实现不同的极对数。这种调速方法可以实现的一个原因是感应电机转子是笼型的，在没有外界磁场的情况下不存在极对数的概念。转子磁场的分布由定子磁场的变化决定，所以电机的极对数完全由定子决定。定子绕组连接的改变会直接改变定子磁场的极对数，从而改变转子磁场的极对数，这样，电机的额定转速即成比例地发生变化。变极调速的缺点非常明显，它只能实现有限数量感应电机机械特性的切换，无法连续调速，同时还需要考虑在绕组切换后供电电压、电流的变化。

2. 变频调速

变频调速即通过改变定子的供电频率调速的方法。随着电力电子技术的发展，通过逆变器就可以方便地实现对输出电压频率的控制，使得变频调速的方法得以广泛应用。根据图 11-2 等效电路，感应电机的定子电压方程可以写为

$$U_s = (R_s + j\omega_e L_{ls})I_s + E_s \tag{11-14}$$

对比直流电机及永磁同步电机的电枢绕组电压方程，E_s 可理解为与转速相关的反电动势项，定义定子互感磁链 λ_m 为

$$\lambda_m = L_m(I_s - I_r) \tag{11-15}$$

则定子电压方程可以写为

$$U_s = (R_s + j\omega_e L_{ls})I_s + j\omega_e \lambda_m \tag{11-16}$$

因为电机是通过反电动势与转子传递能量的，所以大部分工况下要求式（11-16）中的反电动势项远大于电阻与漏感压降。因此相比 L_m，可以近似忽略 R_s、L_{ls}，则式（11-6）和式（11-7）中由戴维南定理等效得到的电动势和内阻表达式可以简化为

$$U_{eq} \approx U_s \approx j\omega_e \lambda_m \tag{11-17}$$

$$Z_{eq} \approx 0 \tag{11-18}$$

即此时感应电机等效电路的定子侧可以等效为理想电压源，将式（11-18）代入式（11-12）可得

$$T_e \approx \frac{3p}{2} \frac{\omega_e |\lambda_m|^2 R_r}{\left(\dfrac{R_r}{s}\right)^2 + \omega_e^2 L_{lr}^2 s} \tag{11-19}$$

同样从电机能量转换效率角度考虑，在大部分工况下，转子漏感 L_{lr} 上的压降远小于 R_r/s 上的压降，忽略漏感 L_{lr} 上的压降，式（11-19）可以简化为

$$T_e \approx 3 \frac{p}{2} |\lambda_m|^2 \frac{s\omega_e}{R_r} \tag{11-20}$$

从式（11-20）可以看出，若保持 $|\lambda_m|$ 恒定不变，则感应电机的机械特性可以通过改变 ω_e 进行平移，这就是变频调速的基本原理。感应电机变频调速原理如图 11-5 所示，其中 T_L 为负载特性，感应电机的机械特性与负载特性的交点即为稳态工况点。从图 11-5 中可以看到，通过降低感应电机的频率，可以降低电机的转速，且可实现连续的速度调节。从

式 (11-17) 可以看出，要实现 $|\lambda_m|$ 恒定不变，就要求感应电机相电压幅值 $|U_s|$ 与 ω_e 成正比，即与供电频率成正比。所以，变频调速也常称为恒电压频率比控制（V/F 控制）。

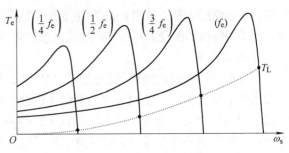

图 11-5　感应电机变频调速原理

3. 变压调速

变压调速即通过改变定子供电电压幅值调速。直流电机的调速完全是依靠改变电枢电压幅值实现的，但感应电机却与之有较大差别。图 11-6 所示为感应电机变压调速原理。由图 11-6 可以看到，改变感应电机定子电压只会在转矩轴一个方向缩放电机的机械特性，即若要求感应电机以较高的效率（转差率较小）运行，则工况点均在最大转矩点右侧。因为最大转矩点的位置不随电压幅值的变化而变化，所以图 11-6 中右侧三个工况点相距较近，也说明了变压调速的调速范围是非常有限的。

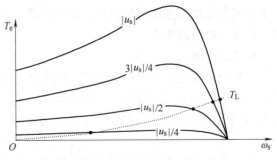

图 11-6　感应电机变压调速原理

4. 变转子电阻调速

变转子电阻调速是通过改变转子电阻的方式改变电机的机械特性，但因为感应电机的笼型转子改变电阻较难，所以这种方式一般用于绕线转子电机。考虑到感应电机转子电阻对电机性能的影响非常重要，且深槽及双笼型转子感应电机在起动过程中也相当于转子电阻发生了改变，所以这里给出变转子电阻调速的原理，如图 11-7

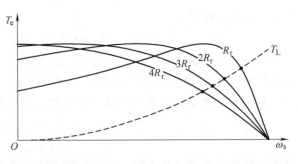

图 11-7　感应电机变转子电阻调速原理

所示。在电机起动时增大转子电阻，有利于增大电机的起动转矩，同时减小其起动电流。

11.2　感应电机的矢量控制原理

11.2.1　感应电机与永磁同步电机控制上的区别

感应电机的工作原理与永磁同步电机相似，它们都通过在定子绕组中通入对称的三相电流产生旋转的定子磁场，并通过定子磁场与转子磁场的夹角产生转矩，将电能转化为机械能或将机械能转化为电能。它们二者的不同之处在于转子磁场的产生方式：永磁同步电机的转子磁场由永磁体产生，所以忽略磁场饱和和温度变化的影响，可以认为永磁体磁场相对转子静止不变，在静止坐标系下，该转子磁场与转子是同步旋转的；而感应电机的转子磁场由转子绕组中的交流电产生,感应电机的转子磁场相对转子旋转,在静止坐标系下,该转子磁场与转子的转速不同,这也是感应电机属于异步电机的原因。这里应当注意的是,以上讨论的同步和异步的概念针对的是转子磁场转速与转子转速之间的关系,交流电机有恒定转矩输出时,其定子和转子磁场的转速必然相同。

因为在感应电机中转子磁场转速与转子转速不相等,所以感应电机的转子磁场位置很难直接通过传感器获得。仿照永磁同步电机矢量控制的方法,采用磁链估计器获取感应电机的转子磁场位置,其后在转子磁场同步坐标系下进行交、直轴电流(转矩和 d 轴磁场)的闭环控制,则称为感应电机的直接矢量控制。与之不同,因为交轴电流和转差频率成正比,所以也可以通过目标转矩计算转差频率,从而间接获得转子磁场位置并进行矢量控制,这种方法称为间接矢量控制。

11.2.2 感应电机在同步旋转坐标系下的等效电路与数学模型

仿照永磁同步电机在不同坐标系下的模型推导,获取感应电机相应的数学模型。

自然坐标系下感应电机的绕组模型如图 11-8 所示。与永磁同步电机的推导方法相同,用集中绕组等效相绕组,以逆时针方向为正,三相依次相差 120°。选取转子 A 相轴线与定子 A 相轴线重合时,转子电角度为 0°。随着转子逆时针旋转,转子电角度 θ_r 逐渐增大。定子变量用下角标 s 表示,转子变量用下角标 r 表示。

可以得到自然坐标系下感应电机的定子电压方程的矩阵表示为

$$\begin{pmatrix} u_{as} \\ u_{bs} \\ u_{cs} \end{pmatrix} = \begin{pmatrix} R_s & & \\ & R_s & \\ & & R_s \end{pmatrix} \begin{pmatrix} i_{as} \\ i_{bs} \\ i_{cs} \end{pmatrix} + \frac{d}{dt} \begin{pmatrix} \lambda_{as} \\ \lambda_{bs} \\ \lambda_{cs} \end{pmatrix} \tag{11-21}$$

其表达式与永磁同步电机的相同。因为感应电机转子磁场由转子绕组中的电流产生,所以感应电机还需要列写转子电压方程为

$$\begin{pmatrix} 0 \\ 0 \\ 0 \end{pmatrix} = \begin{pmatrix} R_r & & \\ & R_r & \\ & & R_r \end{pmatrix} \begin{pmatrix} i_{ar} \\ i_{br} \\ i_{cr} \end{pmatrix} + \frac{d}{dt} \begin{pmatrix} \lambda_{ar} \\ \lambda_{br} \\ \lambda_{cr} \end{pmatrix} \tag{11-22}$$

式(11-22)等号左侧为转子电压,因为感应电机转子绕组短路,所以其值为 0。感应电机的定子磁链和转子磁链可以统一表示为

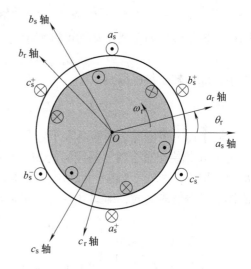

图 11-8 自然坐标系下感应电机的绕组模型

$$\begin{pmatrix} \Lambda_{abcs} \\ \Lambda_{abcr} \end{pmatrix} = \begin{pmatrix} L_s & L_{sr} \\ L_{sr}^T & L_r \end{pmatrix} \begin{pmatrix} I_{abcs} \\ I_{abcr} \end{pmatrix} \tag{11-23}$$

其中

$$\Lambda_{abcs} = \begin{pmatrix} \lambda_{as} \\ \lambda_{bs} \\ \lambda_{cs} \end{pmatrix} \tag{11-24}$$

$$\boldsymbol{\Lambda}_{abcr} = \begin{pmatrix} \lambda_{ar} \\ \lambda_{br} \\ \lambda_{cr} \end{pmatrix} \tag{11-25}$$

$$\boldsymbol{I}_{abcs} = \begin{pmatrix} i_{as} \\ i_{bs} \\ i_{cs} \end{pmatrix} \tag{11-26}$$

$$\boldsymbol{I}_{abcr} = \begin{pmatrix} i_{ar} \\ i_{br} \\ i_{cr} \end{pmatrix} \tag{11-27}$$

感应电机气隙均匀，定、转子自感为常数，不存在随气隙变化项，所以感应电机自感表达式中不含有永磁同步电机自感表达式中的 L_B。定子绕组自感可以表示为

$$L_{as,as} = L_{bs,bs} = L_{cs,cs} = L_{ls} + L_{m-ph} \tag{11-28}$$

从式（11-28）可以看出，定子绕组自感同样由两项组成：L_{ls} 为定子漏感；L_{m-ph} 则可看作定子相绕组产生的磁链穿过气隙与转子绕组交链的部分。若认为定子相绕组相互交链的磁场必通过气隙，则可以得到定子绕组互感为

$$L_{as,bs} = L_{bs,as} = L_{bs,cs} = L_{cs,bs} = L_{as,cs} = L_{cs,as} = -\frac{1}{2}L_{m-ph} \tag{11-29}$$

同理，转子绕组的自感及互感可以表示为

$$L_{ar,ar} = L_{br,br} = L_{cr,cr} = L_{lr} + L_{m-ph} \tag{11-30}$$

式中，L_{lr} 为转子绕组漏感。

$$L_{ar,br} = L_{br,ar} = L_{br,cr} = L_{cr,br} = L_{ar,cr} = L_{cr,ar} = -\frac{1}{2}L_{m-ph} \tag{11-31}$$

除了以上的电感，还需要表示定子绕组与转子绕组之间的互感。定义当转子 A 相绕组与定子 A 相绕组重合时，两绕组间的互感应恰为定子绕组磁链穿过气隙与转子绕组交链的部分，即 L_{m-ph}，认为转子 A、B、C 三相绕组分别独立产生磁链，则仿照永磁同步电机永磁体定子磁链表达式，即式（9-2），可以写出感应电机定子磁链的表达式为

$$\begin{pmatrix} \lambda_{as} \\ \lambda_{bs} \\ \lambda_{cs} \end{pmatrix} = \boldsymbol{L}_s \begin{pmatrix} i_{as} \\ i_{bs} \\ i_{cs} \end{pmatrix} + \begin{pmatrix} \cos\theta_r & \cos\left(\theta_r - \frac{4}{3}\pi\right) & \cos\left(\theta_r - \frac{2}{3}\pi\right) \\ \cos\left(\theta_r - \frac{2}{3}\pi\right) & \cos\theta_r & \cos\left(\theta_r - \frac{4}{3}\pi\right) \\ \cos\left(\theta_r - \frac{4}{3}\pi\right) & \cos\left(\theta_r - \frac{2}{3}\pi\right) & \cos\theta_r \end{pmatrix} L_{m-ph} \begin{pmatrix} i_{ar} \\ i_{br} \\ i_{cr} \end{pmatrix} \tag{11-32}$$

所以定子绕组与转子绕组之间的互感矩阵为

$$\boldsymbol{L}_{sr} = L_{m-ph} \begin{pmatrix} \cos\theta_r & \cos\left(\theta_r - \frac{4}{3}\pi\right) & \cos\left(\theta_r - \frac{2}{3}\pi\right) \\ \cos\left(\theta_r - \frac{2}{3}\pi\right) & \cos\theta_r & \cos\left(\theta_r - \frac{4}{3}\pi\right) \\ \cos\left(\theta_r - \frac{4}{3}\pi\right) & \cos\left(\theta_r - \frac{2}{3}\pi\right) & \cos\theta_r \end{pmatrix} \tag{11-33}$$

依据以上的自然坐标系下的感应电机电压磁链方程,利用第9章的正交变换及旋转变换推导即可得到任意转速的旋转正交坐标系下感应电机的模型。推导过程这里不再赘述,直接给出结果。在任意转速 ω 的正交坐标系下,感应电机的电压方程可以表示为

$$\frac{\mathrm{d}\lambda_{\mathrm{ds}}^{\omega}}{\mathrm{d}t} = u_{\mathrm{ds}}^{\omega} - R_{\mathrm{s}}i_{\mathrm{ds}}^{\omega} + \omega\lambda_{\mathrm{qs}}^{\omega} \tag{11-34}$$

$$\frac{\mathrm{d}\lambda_{\mathrm{qs}}^{\omega}}{\mathrm{d}t} = u_{\mathrm{qs}}^{\omega} - R_{\mathrm{s}}i_{\mathrm{qs}}^{\omega} - \omega\lambda_{\mathrm{ds}}^{\omega} \tag{11-35}$$

$$\frac{\mathrm{d}\lambda_{\mathrm{dr}}^{\omega}}{\mathrm{d}t} = -R_{\mathrm{r}}i_{\mathrm{dr}}^{\omega} + (\omega - \omega_{\mathrm{r}})\lambda_{\mathrm{qr}}^{\omega} \tag{11-36}$$

$$\frac{\mathrm{d}\lambda_{\mathrm{qr}}^{\omega}}{\mathrm{d}t} = -R_{\mathrm{r}}i_{\mathrm{qr}}^{\omega} - (\omega - \omega_{\mathrm{r}})\lambda_{\mathrm{dr}}^{\omega} \tag{11-37}$$

式中,上角标 ω 代表转速为 ω 的旋转坐标系;下角标 d、q 分别代表旋转坐标系中正交的 d、q 轴,下角标 s 代表属于定子的变量;下角标 r 代表属于转子的变量;ω_{r} 为转子转速。

根据交流电机的工作原理可知,在磁场的同步坐标系下,交流电机的电流、磁场等变量可以变换为直流量。所以令 $\omega = \omega_{\mathrm{e}}$,同时定义转子磁链方向为 d 轴,则转子 q 轴方向的磁链为 0。此时感应电机在同步旋转坐标系下的电压方程为

$$\frac{\mathrm{d}\lambda_{\mathrm{ds}}^{\mathrm{e}}}{\mathrm{d}t} = u_{\mathrm{ds}}^{\mathrm{e}} - R_{\mathrm{s}}i_{\mathrm{ds}}^{\mathrm{e}} + \omega_{\mathrm{e}}\lambda_{\mathrm{qs}}^{\mathrm{e}} \tag{11-38}$$

$$\frac{\mathrm{d}\lambda_{\mathrm{qs}}^{\mathrm{e}}}{\mathrm{d}t} = u_{\mathrm{qs}}^{\mathrm{e}} - R_{\mathrm{s}}i_{\mathrm{qs}}^{\mathrm{e}} - \omega_{\mathrm{e}}\lambda_{\mathrm{ds}}^{\mathrm{e}} \tag{11-39}$$

$$\frac{\mathrm{d}\lambda_{\mathrm{dr}}^{\mathrm{e}}}{\mathrm{d}t} = -R_{\mathrm{r}}i_{\mathrm{dr}}^{\mathrm{e}} \tag{11-40}$$

$$0 = R_{\mathrm{r}}i_{\mathrm{qr}}^{\mathrm{e}} + \omega_{\mathrm{sl}}\lambda_{\mathrm{dr}}^{\mathrm{e}} \tag{11-41}$$

感应电机定、转子磁链方程可以表示为

$$\lambda_{\mathrm{ds}}^{\omega} = L_{\mathrm{s}}i_{\mathrm{ds}}^{\omega} + L_{\mathrm{m}}i_{\mathrm{dr}}^{\omega} \tag{11-42}$$

$$\lambda_{\mathrm{qs}}^{\omega} = L_{\mathrm{s}}i_{\mathrm{qs}}^{\omega} + L_{\mathrm{m}}i_{\mathrm{qr}}^{\omega} \tag{11-43}$$

$$\lambda_{\mathrm{dr}}^{\omega} = L_{\mathrm{m}}i_{\mathrm{ds}}^{\omega} + L_{\mathrm{r}}i_{\mathrm{dr}}^{\omega} \tag{11-44}$$

$$\lambda_{\mathrm{qr}}^{\omega} = L_{\mathrm{m}}i_{\mathrm{qs}}^{\omega} + L_{\mathrm{r}}i_{\mathrm{qr}}^{\omega} \tag{11-45}$$

在转子磁场同步坐标系中选择 d 轴为转子磁链方向,则以上磁链方程可以改写为

$$\lambda_{\mathrm{ds}}^{\mathrm{e}} = L_{\mathrm{s}}i_{\mathrm{ds}}^{\mathrm{e}} + L_{\mathrm{m}}i_{\mathrm{dr}}^{\mathrm{e}} \tag{11-46}$$

$$\lambda_{\mathrm{qs}}^{\mathrm{e}} = L_{\mathrm{s}}i_{\mathrm{qs}}^{\mathrm{e}} + L_{\mathrm{m}}i_{\mathrm{qr}}^{\mathrm{e}} \tag{11-47}$$

$$\lambda_{\mathrm{dr}}^{\mathrm{e}} = L_{\mathrm{m}}i_{\mathrm{ds}}^{\mathrm{e}} + L_{\mathrm{r}}i_{\mathrm{dr}}^{\mathrm{e}} \tag{11-48}$$

$$0 = L_{\mathrm{m}}i_{\mathrm{qs}}^{\mathrm{e}} + L_{\mathrm{r}}i_{\mathrm{qr}}^{\mathrm{e}} \tag{11-49}$$

其中

$$L_{\mathrm{s}} = L_{\mathrm{sl}} + L_{\mathrm{m}} \tag{11-50}$$

$$L_{\mathrm{r}} = L_{\mathrm{rl}} + L_{\mathrm{m}} \tag{11-51}$$

$$L_{\mathrm{m}} = \frac{3}{2}L_{\mathrm{m-ph}} \tag{11-52}$$

同样可以采用能量守恒法推导感应电机的转矩方程,这里也只给出最终的推导结果。感应电机输出的机械功率为

$$P_\mathrm{m} = \frac{3}{2}\omega_\mathrm{r} L_\mathrm{m}(i_\mathrm{qs}^e i_\mathrm{dr}^e - i_\mathrm{ds}^e i_\mathrm{qr}^e) \tag{11-53}$$

所以其转矩表达式为

$$T_\mathrm{e} = \frac{3}{2} L_\mathrm{m} \frac{p}{2}(i_\mathrm{ds}^e i_\mathrm{dr}^e - i_\mathrm{ds}^e i_\mathrm{qr}^e) \tag{11-54}$$

式（11-54）同样描述了定、转子磁场相互作用产生转矩的过程。因为定、转子磁场既可以用绕组电流表示，也可以用磁链表示，所以感应电机的转矩表达式并不唯一，有多达10种不同的表达方式。有兴趣的读者可以参看文献［2，50］。

11.2.3 感应电机的直接矢量控制原理

根据11.2.1节的讨论，感应电机直接矢量控制的思想与永磁同步电机是非常相似的，其区别在于获取转子磁场的位置和幅值的方法。在永磁同步电机中，转子磁链可以直接获取，磁链矢量的位置可以直接通过转子位置传感器获得，磁链矢量的幅值恒定不变。而在感应电机中，转子磁链无法直接获取。图11-9给出了感应电机直接矢量控制原理示意图，图中采用转子磁链观测器分别获得转子磁链的位置和幅值，并分别用于坐标变换和转矩、磁场的控制。因为感应电机转子磁场要通过定子感应获得，所以在矢量控制中，除了考虑定子转矩电流的控制，还必须同时考虑转子磁链幅值的控制，不能简单地采用永磁同步电机中的 $i_\mathrm{d}=0$ 控制。

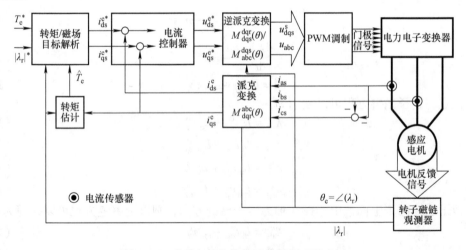

图11-9 感应电机直接矢量控制原理示意图

感应电机直接矢量控制需要准确地观测转子磁链的位置。传统上，转子磁链可以通过直接测量气隙磁通的方法获得。这种方法一般利用霍尔式传感器或感应线圈实现气隙磁通的测量，并利用定子电流及电感参数计算得到转子磁链。这类方法普遍的缺点在于需要额外安装传感器，对气隙磁通测量的精度可能受到温度、转速等因素的影响，利用气隙磁链计算表达式中的参数会随工况发生变化，所以转子磁链的估计精度也会受到影响。

目前普遍采用的转子磁链观测方法都基于两种基本的磁链观测模型：电压模型和电流模型。下面对电压模型和电流模型做简要的介绍。

利用定子电压计算转子磁链的方法称为电压模型。在静止dq坐标系下，将 $\omega=0$ 代入

式(11-38)和式(11-39)可得

$$\frac{d\lambda_{ds}^s}{dt} = u_{ds}^s - R_s i_{ds}^s \tag{11-55}$$

$$\frac{d\lambda_{qs}^s}{dt} = u_{qs}^s - R_s i_{qs}^s \tag{11-56}$$

可以利用积分计算得到定子磁链,即

$$\lambda_{ds}^s = \int_0^t (u_{ds}^s - R_s i_{ds}^s) dt \tag{11-57}$$

$$\lambda_{qs}^s = \int_0^t (u_{qs}^s - R_s i_{qs}^s) dt \tag{11-58}$$

将式(11-42)、式(11-43)代入式(11-44)、式(11-45),消去转子电流即可得到转子磁链的d、q轴分量,即

$$\lambda_{dr}^s = \frac{L_r}{L_m}(\lambda_{ds}^s - \sigma L_s i_{ds}^s) \tag{11-59}$$

$$\lambda_{qr}^s = \frac{L_r}{L_m}(\lambda_{qs}^s - \sigma L_s i_{qs}^s) \tag{11-60}$$

式中,σ为漏磁系数,有

$$\sigma = \frac{L_s L_r - L_m^2}{L_s L_r} \tag{11-61}$$

利用式(11-57)~式(11-61)计算感应电机的转子磁链即称为感应电机的电压模型。在感应电机的电压模型中,纯积分环节的精度决定了转子磁链估计的精度。因为该积分环节本质上是对电机反电动势的积分,低转速下反电动势低,导致被积分信号噪声含量高,噪声被积分会有明显的零漂,所以电压模型不适用于低速工况。

利用定子电流计算转子磁链的方法称为电流模型。将$\omega=0$代入感应电机转子电压方程,即式(11-36)和式(11-37),将微分用p表示可得

$$i_{dr}^s = -\frac{\omega_r \lambda_{qr}^s + p\lambda_{dr}^s}{R_r} \tag{11-62}$$

$$i_{qr}^s = \frac{\omega_r \lambda_{dr}^s - p\lambda_{qr}^s}{R_r} \tag{11-63}$$

将式(11-44)、式(11-45)代入式(11-62)、式(11-63)可得

$$\lambda_{dr}^s = \frac{1}{1+\tau_r p}(L_m i_{ds}^s - \tau_r \omega_r \lambda_{qr}^s) \tag{11-64}$$

$$\lambda_{qr}^s = \frac{1}{1+\tau_r p}(L_m i_{qs}^s + \tau_r \omega_r \lambda_{dr}^s) \tag{11-65}$$

式中,τ_r为转子时间常数,定义为

$$\tau_r = \frac{L_r}{R_r} \tag{11-66}$$

利用式(11-64)和式(11-65)即可通过定子电流计算得到转子磁链。与电压模型不同,电流模型除了需要定子电流信息,同时需要转子转速信息,所以需要在转子上安装转速传感器。同时电流模型中的转子时间常数τ_r对温度、磁场饱和等工况变化较为敏感,这些参数的误差可能造成转子磁链估计的误差。

总的来说，电压模型在高速工况下误差较小，电流模型在低速工况下误差较小。可以将二者结合，实现混合转子磁链观测器。

11.2.4 感应电机的间接矢量控制原理

感应电机的间接矢量控制不用计算转子磁链的瞬时位置及幅值，而是通过定子 d、q 轴电流与电机转矩、磁场之间的关系，实现感应电机的高性能转矩控制。

在同步坐标系下，将式（11-48）和式（11-49）代入式（11-54）可得

$$T_e = \frac{3}{2}\frac{L_m}{L_r}\frac{p}{2}\lambda_{dr}^e i_{qs}^e \tag{11-67}$$

式（11-67）与隐极式永磁同步电机的转矩表达式十分相似，当保持转子磁场 λ_{dr}^e 不变时，定子 q 轴电流与转矩成正比，即可以通过 q 轴电流实现感应电机的转矩控制。此时推导转子磁场 λ_{dr}^e 与定子电流的关系，将式（11-48）代入式（11-36）中消去 i_{dr}^e 可得

$$\lambda_{dr}^e = \frac{L_m}{1+\tau_r p} i_{ds}^e \tag{11-68}$$

由式（11-68）可见，转子磁链仅由定子 d 轴电流控制。这样利用 d、q 轴电流就实现了感应电机转矩控制和磁场控制的解耦，下面只需要确定同步坐标系下 d 轴的位置即可。由式（11-41）得到的转差频率可以表示为

$$\omega_{sl} = -R_r \frac{i_{qr}^e}{\lambda_{dr}^e} \tag{11-69}$$

将式（11-49）、式（11-68）代入式（11-69）可得

$$\omega_{sl} = \left(\frac{1+\tau_r p}{\tau_r}\right)\frac{1}{i_{ds}^e} i_{qs}^e \tag{11-70}$$

此时转差频率可以由定子 d、q 轴电流计算得到。利用转差频率和转子转速可以计算得到转子磁场的转速，从而可以积分得到转子磁场的位置。感应电机间接矢量控制原理示意图如图 11-10 所示。可以看到，间接矢量控制与直接矢量控制的主要差别在于转子磁场位置的估计。在间接矢量控制中利用定子 d、q 轴目标电流直接计算得到转差频率，从而获得转子磁场位置，所以间接矢量控制也称为转差频率控制。

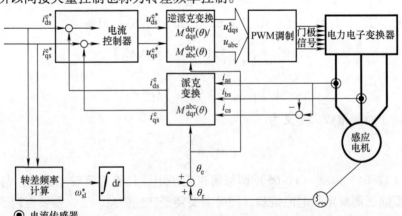

图 11-10 感应电机间接矢量控制原理示意图

11.3 感应电机的直接转矩控制原理

在 20 世纪 80 年代中期，德国学者 M. Depenbrock 和日本学者 I. Takahashi 几乎同时提出了异步电机直接转矩控制的方法，并引起了一系列关于直接转矩控制与矢量控制比较的讨论。目前一般认为两种控制方法的本质是一致的，而且演化到今天形式上也基本一致了。随着数字控制器性能的不断提升和永磁同步电机的大面积应用，直接转矩控制的应用越来越少，但它最开始的控制思想有其独特之处，可以从另一个角度去理解交流电机的原理和空间矢量 PWM，所以在本节加以简要的介绍。

将式（11-42）~式（11-45）代入式（11-54），可以得到由定、转子磁链表示的感应电机电磁转矩为

$$T_e = \frac{3}{2} \frac{L_m}{\sigma L_s L_r} \frac{p}{2} (\lambda_{qs}^\omega \lambda_{dr}^\omega - \lambda_{ds}^\omega \lambda_{qr}^\omega) \tag{11-71}$$

若将感应电机定、转子磁链写为矢量形式，则电机的电磁转矩可以表示为

$$T_e = \frac{3}{2} \frac{L_m}{\sigma L_s L_r} \frac{p}{2} (\boldsymbol{\lambda}_s \times \boldsymbol{\lambda}_r) \tag{11-72}$$

其中定、转子矢量的叉乘计算式为

$$\boldsymbol{\lambda}_s \times \boldsymbol{\lambda}_r = |\boldsymbol{\lambda}_s||\boldsymbol{\lambda}_r|\sin\gamma \tag{11-73}$$

由于转子磁链变化由定子磁链（电流）变化引起，且时间常数为 τ_r，所以定子磁链的变化速度远远快于转子磁链，在极小的时间区间内，可以认为转子磁链是恒定不变的。基于此，感应电机电磁转矩的变化可以表示为

$$T_e = \frac{3}{2} \frac{L_m}{\sigma L_s L_r} \frac{p}{2} [(\boldsymbol{\lambda}_s + \Delta\boldsymbol{\lambda}_s) \times \boldsymbol{\lambda}_r] \tag{11-74}$$

式（11-74）可以理解为，对定子磁链的控制可直接实现感应电机的转矩控制。对于感应电机定子磁链的控制方法可以由其静止坐标系下的电压方程直接得到。将 $\omega = 0$ 代入式（11-34），忽略定子压降可得

$$\Delta\boldsymbol{\lambda}_s^s = \int \boldsymbol{u}_s^s \mathrm{d}t \tag{11-75}$$

假设在时间区间 Δt 内，作用在定子上的电压矢量不发生变化，则这段时间内定子磁链的改变为

$$\Delta\boldsymbol{\lambda}_s^s = \boldsymbol{u}_s^s \Delta t \tag{11-76}$$

本书在 10.4 节介绍过三相逆变电路只能输出 8 种开关状态组合，分别表示 6 个互差 60°、幅值相等的电压矢量和两个幅值为 0 的电压矢量，所以式（11-76）中的电压矢量 $\boldsymbol{u}_s^s$ 在三相逆变电路中只有 7 种选择。这 7 个电压矢量在 Δt 时间内作用的结果无非是增大、减小或保持定子磁链的幅值及相位，最终影响转矩的输出。为了方便控制，可以将感应电机的转矩控制目标转化为通过选择合适的 $\boldsymbol{u}_s^s$，在保持定子磁链幅值近似不变的前提下，调节定子磁链相位以符合转矩的需求。基于这种思想，可以得到直接转矩控制的原理示意图，如图 11-11 所示，在图中，首先利用定子磁链/转矩观测器获得当前电机的定子磁链矢量及电磁转矩的大小，并将定子磁链与转矩的幅值与目标值利用滞环比较器进行比较，比较结果为

−1、0或1。若输出为1，则说明目标值大于反馈值，需要增加转矩/磁链幅值；若输出为0，说明目标值与反馈值基本接近，不用改变；若输出为−1，则说明目标值小于反馈值，需要减小转矩/磁链幅值。两个滞环比较器输出的结果结合目前定子磁链的位置就可以确定当前应选择的电压矢量，从而实现感应电机的转矩/磁链闭环控制。

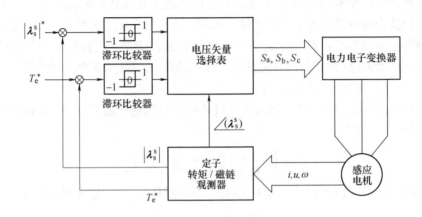

图 11-11　感应电机直接转矩控制的原理示意图

电压矢量选择表基于空间矢量的定义和定子磁链的位置进行设计。若8个电压空间矢量定义如图11-12所示，扇区划分如图11-13所示，则可以得出电压矢量选择表，见表11-1，表中各列代表当前定子磁链所处扇区，各行则对应两个滞环比较器的输出。在直接转矩控制中，通过对当前定子磁链所在扇区的判断和两个滞环比较器的输出，就可以在表11-1中得到当前应当施加的电压矢量。随着定子磁链位置的变化，所施加的电压矢量也交替变化，最终实现定子磁链绕圆周旋转，产生旋转磁场。

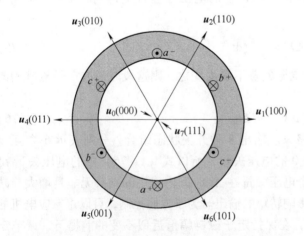

图 11-12　直接转矩控制中的8个电压空间矢量定义

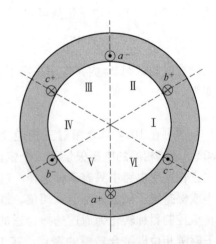

图 11-13　直接转矩控制中的扇区划分

表 11-1 电压矢量选择表

$\Delta\|\lambda_s^s\|$	ΔT_e	I	II	III	IV	V	VI
1	1	u_2	u_3	u_4	u_5	u_6	u_1
	0	u_0	u_7	u_0	u_7	u_0	u_7
	-1	u_6	u_1	u_2	u_3	u_4	u_5
-1	1	u_3	u_4	u_5	u_6	u_1	u_2
	0	u_7	u_0	u_7	u_0	u_7	u_0
	-1	u_5	u_6	u_1	u_2	u_3	u_4

为了让读者更直观地了解直接转矩控制的工作过程，图 11-14 给出了直接转矩控制下异步电机起动过程定子磁链变化的示意图。在起动初始阶段，由于定子磁链幅值和转矩同时小于设定值，定子磁链在 u_2 的作用下沿 u_2 增大，当定子磁链进入 II 扇区，电压矢量改为 u_3 作用，直至定子磁链在 III 扇区电压矢量 u_4 的作用下进入设定的磁链滞环比较区域，开始在磁链波动允许的误差内曲折地沿逆时针方向旋转，从而实现了定子旋转磁场的控制。

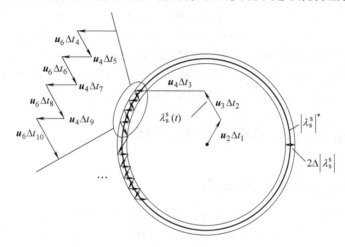

图 11-14 直接转矩控制下异步电机起动过程定子磁链变化的示意图

直接转矩控制往往容易和空间矢量 PWM 产生混淆。二者的共同点在于都应用电压空间矢量的概念，统一考虑交流电机三相电压的控制。二者的区别在于：直接转矩控制的电压矢量作用时间是由滞环比较器的实时比较确定的；空间矢量 PWM 可以提前确定作用时间，更便于利用单片机或 DSP 中的定时器进行精确控制。这一区别决定了空间矢量 PWM 可以更为精确地控制 PWM 电压的输出，尤其对于数字系统。近年来，空间矢量调制的概念也逐步在直接转矩控制中得到了应用，传统的滞环比较器已经应用得比较少了。

虽然表面上直接转矩控制的应用较为简单，不用考虑定子电流闭环控制及转子磁场的幅值和位置，也并未真正对感应电机的磁场和转矩进行解耦，但这也极大地限制了它的高性能应用。例如：因为没有解耦，直接转矩控制中的弱磁控制及效率优化控制都较为困难；因为没有电流闭环控制，所以传统的直接转矩控制无法限制电流的幅值，这会造成短时间的过电流，而这种过电流现象引起的转矩快速响应曾经还被误以为是直接转矩控制的优点。总之，传统的直接转矩控制虽然巧妙地回避了解耦的问题，但其控制的精确程度不及矢量控制。随着对交流电机控制性能需求的提升，直接转矩控制的方法也在不断改进，并越来越多地开始融合矢量控制的思想。

第 12 章

车用交流电机实例

本章给出 4 个交流电机应用的实例:第一个实例完整地介绍永磁同步电机的参数辨识流程;第二个实例详细地展示从电机、逆变器到矢量控制系统的建模方法;第三个实例以逆变器死区及其补偿为例,给出一个结合电力电子与电机技术,对电机控制算法细节进行开发优化的实例;第四个实例则从整车的角度对电机特性进行建模,给出电机在整车尺度下特性的抽象和电动汽车整车的建模方法。4 个实例都基于 MATLAB/SIMULINK 软件平台,不但涵盖了电机系统建模的主要方法,也包括了 SIMULINK 软件的使用技巧。

12.1 车用永磁同步电机参数辨识算法

12.1.1 基于自动化设备的辨识流程

9.5 节讲解了使用最小二乘法进行电机磁链模型参数辨识的基本原理和主要步骤,利用式(9-61)获得最小二乘解的最基本方法即批处理解法。这种解法属于离线辨识方法,需要事先获得参数辨识所需的所有数据,并通过搭建如图 12-1 所示的对拖测试系统进行参数获

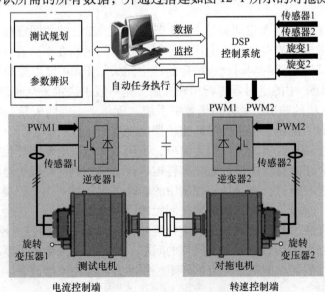

图 12-1 对拖测试系统

取。参数辨识的精度与数据量有关，特别是对于非线性强的被测对象。为了降低人工测试带来的时间和经济成本，可将本节介绍的辨识算法编程，形成自动化测试程序。无论人工还是自动，其背后原理都是相通的。

在自动化测试程序控制的对拖测试系统中，由DSP作为控制单元的单个控制器，负责双电机的控制算法的执行工作，并同时与上位机进行通信。上位机负责自动测试流程规划的代码执行和指令下发工作，并同时将控制器侧上传的有效数据存储到指定位置。整个自动测试流程大致可以分为两个部分，其中第一部分为永磁同步电机的自起动过程，这一部分由自动测试装备完成未知台架的初始参数和信息的辨识工作，并实现对拖测试系统从静止状态稳定启动的功能；第二部分是永磁同步电机的工况路径规划和数据获取，这一步由上位机和下位机配合执行所需标定的全部工况的遍历工作，并记录参数辨识所需的有效数据。自动测试装备整体流程如图12-2所示。最后，根据测试得到的试验数据利用批处理最小二乘法进行参数辨识，确定多项式的阶次和各项的对应系数。

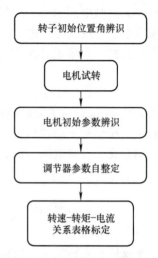

图12-2 自动测试装备整体流程图

1. 电机初始参数辨识

永磁电机初始参数包括初始位置角辨识、电阻辨识、电感辨识、永磁磁链辨识和机械参数辨识。各辨识环节的衔接由上位机自动完成。各环节采用的辨识方法分别如下。

（1）转子初始位置角辨识

转子初始位置角辨识采用基于定子电流注入的磁场定位的方法，在交、直轴坐标系下分别令电角度为0°和90°，再分别注入电流指令，利用定子磁场对于转子磁场的作用力，吸引电机转子转动到对应位置。电角度为0°时旋转变压器采样得到的角度信号即为转子初始位置角，并利用电角度为90°时的旋转变压器信号与0°时的旋转变压器信号的角差判断旋转变压器与电机旋转的正方向。

（2）电阻辨识

采用伏安法辨识永磁同步电机定子绕组电阻，在确保永磁同步电机绕组安全的前提下，向电机直轴方向注入短暂的小幅值直流电压，此后三相电流经过一段时间会达到稳态，当相电流稳定后，相电阻阻值可以表示为

$$R_s = \frac{u_{d1}}{i_{d1}} \tag{12-1}$$

式中，u_{d1}、i_{d1}分别为第一次注入的直流电压幅值和测量得到的相电流幅值。

受逆变器非线性的影响，指令电压与实际输出电压之间存在偏差，该偏差很大程度上由死区和开关管压降导致，电机稳态时认为该偏差近似为常数。因此，再对电机直轴方向注入与第一次注入的大小不同的小幅值直流电压，综合两次试验所获得的数据，辨识得到的相电阻阻值可表示为

$$R_s = \frac{u_{d2} - u_{d1}}{i_{d2} - i_{d1}} \tag{12-2}$$

式中，u_{d2}和i_{d2}分别为第二次注入的直流电压幅值和测量得到的相电流幅值。

实际应用中，为了确保电机绕组的安全性和扩大辨识系统的应用范围，电压值的调整步

长应根据采样电流的反馈量自主调节。

（3）电感辨识

电感辨识采用高频电压信号注入的方法。永磁同步电机在静止状态下，向待辨识电感所在轴注入高频电压信号，测量相电流的幅值信息，并结合注入电压的幅频信息计算相应轴的电感参数。考虑到注入电压信号频率很高，电阻压降在电压方程中的占比可忽略不计。以直轴电感为例，在辨识时注入的电压信号的表达式为

$$u_d = U_h \sin(\omega_h t) \tag{12-3}$$
$$i_d = I_h \sin(\omega_h t + \varphi_h) \tag{12-4}$$

式中，U_h 和 ω_h 分别为高频电压信号的幅值和角频率；I_h 和 φ_h 分别为响应电流信号的幅值和相对于电压信号的相位移。

结合交、直轴电压方程，直轴电感的计算表达为

$$L_d = \frac{U_h}{I_h \omega_h} \tag{12-5}$$

同理，交轴电感辨识也可参照直轴电感辨识的方法。

（4）永磁磁链辨识

永磁同步电机的永磁磁链辨识基于电流闭环控制实现，然后便可以根据辨识得到的电阻和电感等参数，基于控制参数设计准则确定电流控制器的参数。

首先给定直轴电流阶跃信号，交轴电流指令为 0，交、直轴电流通过电流控制器生成交、直轴电压指令。电流闭环控制的角度信号可通过设定的转速指令积分得到，最终电机稳定在设定的转速指令状态下，记录此时的交轴电压和直轴电流。

保持设定转速不变，改变直轴电流给定值，交轴电流指令仍然保持为 0，然后同样记录电机稳定运行后的交轴电压和直轴电流。最终结合两次试验的数据，得到永磁磁链的计算表达式为

$$\lambda_f = \frac{u_{q1} i_{d2} - u_{q2} i_{d1}}{\omega_0 (i_{d2} - i_{d1})} \tag{12-6}$$

式中，u_{q1}、u_{q2} 和 i_{d1}、i_{d2} 分别为两次试验记录的交轴电压和直轴电流；ω_0 为设定转速对应电角速度。

（5）机械参数辨识

机械参数辨识可采用恒转矩给定加速的方法，即给定交轴电流指令让电机加速运行，同时设定转速上限值，当电机转速达到该值后，清除交轴电流指令，此时电机会自由减速运动至转速为 0。

在整个加速过程中对真实电流和转速进行采样，然后基于如式（12-7）所示的永磁同步电机机械运动方程式，通过最小二乘法辨识机械参数。

$$T_e = J \frac{d\omega}{dt} + B\omega \tag{12-7}$$

式中，J 为永磁同步电机的转动惯量；B 为机械阻尼系数。

2. 电机自动路径规划及数据获取

图 10-2 中的转速 - 转矩 - 电流关系表格标定过程需要上位机控制电机自动的进行路径规划和数据获取。为此制定了永磁同步电机全域运行工况的自动路径规划，下面以电机转速大于零，工作在电动状态为例予以介绍。永磁同步电机的工作区域大部分时间分布在电流平面内的第二象限，即电动运行区域，按照电流路径规划方式一般可分为矩形区域标定和圆形区域标定两种，如图 12-3 所示。矩形区域标定适用于分析特定直轴电流（或交轴电流）下

的磁链变化趋势，适用于仿真分析或试验中在电流幅值范围内的定性分析；圆形区域标定适用于实际中对永磁同步电机全域工况的标定。

矩形区域标定的所有工作点由预先设定的电流步长决定，交、直轴电流幅值的取值范围分别为从 $i_{q,min}$ 到 $i_{q,max}$ 和从 $i_{d,max}$ 到 $i_{d,min}$。因此矩形区域标定的工作点对应电流可表示为

$$\begin{cases} i_{d,k} = i_{d,min} + k \cdot \Delta i_d & k = 1,2,3\cdots \\ i_{q,k} = i_{q,min} + k \cdot \Delta i_q & k = 1,2,3\cdots \end{cases} \tag{12-8}$$

式中，Δi_d 和 Δi_q 分别为设定的直、交轴电流步长。

圆形区域标定的允许工作范围是一个由相电流最大幅值组成的 1/4 圆，所有的工作点由预先设定的角度步长和电流步长决定，电流幅值的取值范围从 $i_{s,min}$ 到 $i_{s,max}$，角度取值范围为 0°~90°。当前工况的对应工作点可表示为

$$\begin{cases} i_{s,k} = i_{s,min} + k \cdot \Delta i_s & k = 1,2,3\cdots \\ \theta_k = k' \cdot \Delta \theta & k' = 1,2,3\cdots \end{cases} \tag{12-9}$$

式中，Δi_s 和 $\Delta \theta$ 分别为设定的电流步长和角度步长。

考虑到永磁同步电机实际运行工况中的电流纹波和超调等特性，在第一象限增加了部分的标定区域，即图 12-3 中的灰色区域。

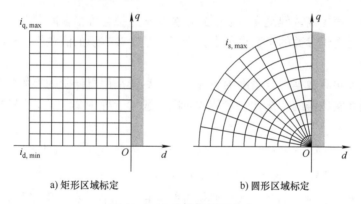

a) 矩形区域标定　　b) 圆形区域标定

图 12-3　电流路径规划方式

图 12-4 所示为试验中自动标定程序单个转速下的大致执行流程，自动标定的过程由 DSP 下位机与上位机共同实现。下位机负责指令的执行和控制算法的运行，上位机负责指令的计算和下发工作。具体的流程大致为：上位机预先规划转速和电流标定轨迹，当标定流程开始时先给转速控制侧电机发出第一个转速指令；下位机收到上位机的转速指令后执行转速控制侧程序，当转速稳定后向上位机发送稳定标志；上位机接收到下位机发送的标志后开始执行电流环遍历程序，依次给下位机发送电流指令；下位机依照指令执行电流环程序，当采样得到的真实电流跟踪指令电流时，负责判断电流稳定的程序向上位机发送稳定标志，并将当前工况的稳态数据发送给上位机，上位机将其存储在指定区域。以上流程持续到当前转速下所有工作点执行完毕，然后将电流指令清零，在清零后继续下一个转速点的标定，直至所需工况全部完成后结束标定工作。

3. 参数模型阶次确定及系数辨识

由 9.5 节可知，需通过试错法确定多项式的系数 m 和 n，而高阶多项式磁链模型虽然对

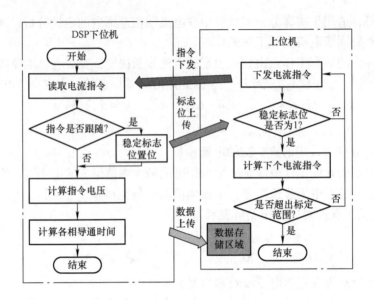

图 12-4 自动标定单个转速下的大致执行流程

于磁链曲面的拟合度更高，但是高阶多项式也会带来过拟合等诸多问题。不仅如此，更高阶的模型意味着所需辨识参数的个数也更多，为了满足参数辨识的满秩性，试验工况的工作点数也会成倍增加。

因此，在保证实际数据拟合精度的条件下，应尽量采用更低阶的参数模型。在实际确定模型时，考虑到真实磁链的非线性，多项式阶次一般大于等于 2。以 2 阶模型为例，多项式可表示为

$$\begin{cases} \lambda_d = a_{00} + a_{10} i_d + a_{01} i_q + a_{11} i_d i_q + a_{20} i_d^2 + a_{02} i_q^2 \\ \lambda_q = b_{00} + b_{10} i_d + b_{01} i_q + b_{11} i_d i_q + b_{20} i_d^2 + b_{02} i_q^2 \end{cases} \quad (12\text{-}10)$$

为了判断当前阶次对应的多项式模型是否符合精度标准，定义确定系数 R^2 用于衡量模型的拟合精度，有

$$R^2 = 1 - \frac{SSE}{SST} \quad (12\text{-}11)$$

式中，SSE 为拟合数据和原始数据对应点的误差的二次方和，一般也称为残差二次方和；SST 为原始数据和平均值之差的二次方和，又称为总变差。

SSE 和 SST 的表达式为

$$\begin{cases} SSE = \sum w_i (y_i - \hat{y}_i)^2 \\ SST = \sum w_i (y_i - \bar{y})^2 \end{cases} \quad (12\text{-}12)$$

式中，$\bar{y}$ 为真实输出数据的平均值；w_i 为对应数据项的权重。

确定系数值越接近于 1，表示拟合模型对于样本值的拟合程度越好。

在实际建立多项式模型时，当前阶次对应多项式模型的确定系数若能满足需求的拟合精度时，则各项系数即为最终的辨识结果。若不能满足，则应提高模型阶次，继续进行数据拟合和参数辨识的过程，直到最终符合拟合精度需求。

12.1.2 仿真与试验验证

1. 仿真验证

为了验证参数辨识策略的有效性,根据实际系统需求,用 SIMULINK 搭建变参数电机模型的仿真模拟平台,模拟车用永磁同步电机参数随工况变化的效果。如图 12-5 所示,该仿真平台利用 S – function 模块构建了电机的参数模型,将状态量作为电机模型参数的自变量,根据实时状态量在线修正参数模型。同时,仿真平台将电机状态量引入直流侧模型中,在直流侧实时反映交流侧的负载效应,还可以体现开关管的压降、死区等非理想因素。此外,模型利用延时模块模拟硬件系统中的执行时序,将永磁同步电机驱动控制系统在实际运行中的各种非理想因素均表现在仿真模型中,最大化体现仿真结果的真实性。

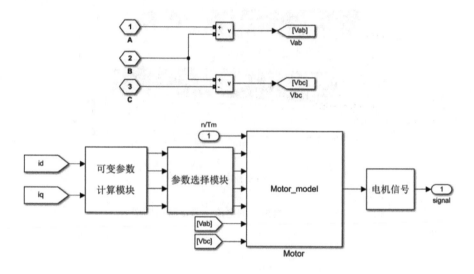

图 12-5 变参数电机的仿真模拟平台

以变参数电机的仿真平台为基础,搭建全域工况的自动参数辨识框架。仿真中设置永磁电机参数随工况时变,变参数电机模型的映射关系通过永磁同步电机有限元分析获得,各数据点之间采用线性插值的方法,保证全域工况范围内参数的连续和平滑变化。仿真中为了方便分析交、直轴磁链随自轴电流变化的趋势,采用矩形区域标定,直轴电流最大幅值为特征电流对应点,本仿真所用电机模型的电流 – 磁链映射曲面如图 12-6 所示。

在数据获取的过程中,控制转速侧电机工作在固定转速,拖动被测电机旋转,仿真中设置电机转速为 1000r/min。交、直轴电流指令由预先规划的轨迹确定,标定过程中电流环采用 PI 控制器,交、直轴电流步长均为 50A。图 12-7 所示为基于自动标定流程辨识得到的仿真用电机模型电流 – 磁链映射曲面,为了保证参数辨识的精度,设定确定系数 R^2 为 0.99,通过批处理最小二乘法分析得到的磁链多项式是 3 阶的,各项系数为

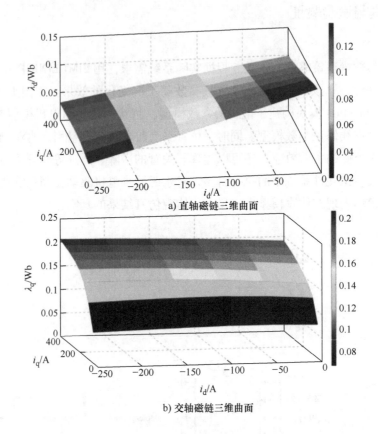

a) 直轴磁链三维曲面

b) 交轴磁链三维曲面

图 12-6 电机模型的电流-磁链映射曲面

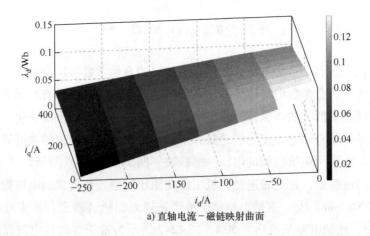

a) 直轴电流-磁链映射曲面

图 12-7 基于自动标定流程辨识得到的仿真用电机模型电流-磁链映射曲面

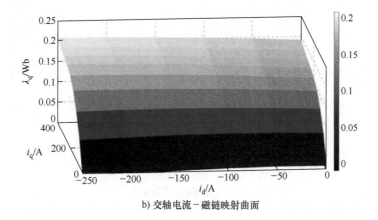

b) 交轴电流-磁链映射曲面

图 12-7 基于自动标定流程辨识得到的仿真用电机模型电流-磁链映射曲面（续）

$$\begin{pmatrix} a_{00} \\ a_{10} \\ a_{01} \\ a_{20} \\ a_{11} \\ a_{02} \\ a_{30} \\ a_{21} \\ a_{12} \\ a_{03} \end{pmatrix} = \begin{pmatrix} 0.1362 \\ 0.0005063 \\ 2.76 \times 10^{-5} \\ -1.16 \times 10^{-7} \\ -1.108 \times 10^{-6} \\ -7.041 \times 10^{-7} \\ -2.899 \times 10^{-10} \\ -3.921 \times 10^{-10} \\ 9.38 \times 10^{-10} \\ 9.801 \times 10^{-10} \end{pmatrix} \begin{pmatrix} b_{00} \\ b_{10} \\ b_{01} \\ b_{20} \\ b_{11} \\ b_{02} \\ b_{30} \\ b_{21} \\ b_{12} \\ b_{03} \end{pmatrix} = \begin{pmatrix} 0.008706 \\ -2.722 \times 10^{-5} \\ 0.001518 \\ -4.883 \times 10^{-7} \\ -9.97 \times 10^{-7} \\ -4.937 \times 10^{-6} \\ -3.148 \times 10^{-10} \\ 4.14 \times 10^{-10} \\ 1.885 \times 10^{-9} \\ 5.712 \times 10^{-9} \end{pmatrix} \qquad (12\text{-}13)$$

为了更直观地分析辨识参数模型的精度，将图 12-6 和图 12-7 中的三维曲面在图 12-8 所示的二维平面上表示，从图中可以看出，交、直轴多项式磁链的辨识结果能较好地还原交、直轴磁链的真实值，在全域范围内的辨识误差均控制在 0.005Wb 以内。需要特别说明的是，由于实际中电阻受温度影响更明显，因此在辨识中考虑电阻为常量。而且，相比电流变化对电参数的影响，不同的转速工况对电参数的影响很小，因此无论在仿真还是后续试验中，一般选取具有代表性的特定转速工况进行试验，比如半额定转速等。

2. 试验验证

图 12-9a 所示为试验台架的控制器及操作台面，它包括电源、示波器、由 DSP 作为控制单元的控制器、计算机（作为上位机）和 CAN 卡，图 12-9b 所示为电机对拖平台。其中由 DSP 作为控制单元的控制器负责双电机的控制算法的执行工作，并同时经 CAN 卡与上位机进行通信。被试永磁同步电机的出厂铭牌参数见表 12-1，试验中电机给定转速为 1000r/min，电流幅值标定范围为 0~170A。

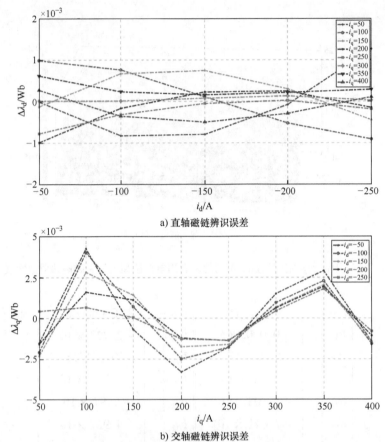

a) 直轴磁链辨识误差

b) 交轴磁链辨识误差

图 12-8 辨识磁链与有限元仿真磁链的误差对比

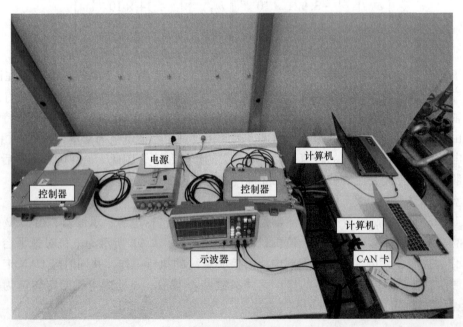

a) 控制器及操作台面

图 12-9 试验台架

b) 电机对拖平台

图 12-9 试验台架（续）

表 12-1 被试永磁同步电机出厂铭牌参数

参数	符号	数值
极对数	p	4
额定电流	I_N	170A
额定电压	U_N	300V
额定功率	P_N	20kW
额定转矩	T_N	100N·m
额定转速	n_N	2000r/min

具体的辨识流程在 12.1.1 节中已经详细地介绍了，在数据获取的过程中，控制转速侧电机工作在固定转速，拖动被测电机旋转。交、直轴电流指令由预先规划的轨迹确定，标定过程中电流环采用 PI 控制器。设置电流步长为 10A，电流夹角的间隔为 10°。此外，考虑到永磁同步电机在运行时的电流纹波或者超调等现象，在电流平面内还增加了 10A 增磁区域的标定，在该段区域，永磁同步电机的交轴电流以步长 10A 逐渐增加，直轴电流给定为常值。由于电机标定范围为 0~170A，再加上额外设置的 10A 增磁区域，总的标定数据为 187 组。这些数据用于确定交、直轴电流-磁链的映射曲面。为了防止单个电流奇点和电流纹波对于电流采样数据的影响，每组数据包含 256 个工作点，但实际仅将该组数据的平均值传输给上位机。图 12-10 所示为基于试验数据辨识得到的三维交、直轴电流-磁链的映射曲面。

在辨识得到的电流-磁链的映射曲面基础上，利用批处理最小二乘法辨识多项式的各项系数，设定确定系数为 0.995，当磁链多项式的阶数均为 2 时，多项式精度已满足要求，系数矩阵为

$$\begin{pmatrix} a_{00} \\ a_{10} \\ a_{01} \\ a_{20} \\ a_{11} \\ a_{02} \end{pmatrix} = \begin{pmatrix} 0.08518 \\ 5.016 \times 10^{-4} \\ 1.686 \times 10^{-4} \\ 3.339 \times 10^{-7} \\ -8.689 \times 10^{-7} \\ -7.374 \times 10^{-7} \end{pmatrix}, \begin{pmatrix} b_{00} \\ b_{10} \\ b_{01} \\ b_{20} \\ b_{11} \\ b_{02} \end{pmatrix} = \begin{pmatrix} 4.222 \times 10^{-5} \\ 5.692 \times 10^{-5} \\ 1.082 \times 10^{-3} \\ 3.333 \times 10^{-7} \\ -7.802 \times 10^{-7} \\ -2.668 \times 10^{-6} \end{pmatrix} \quad (12\text{-}14)$$

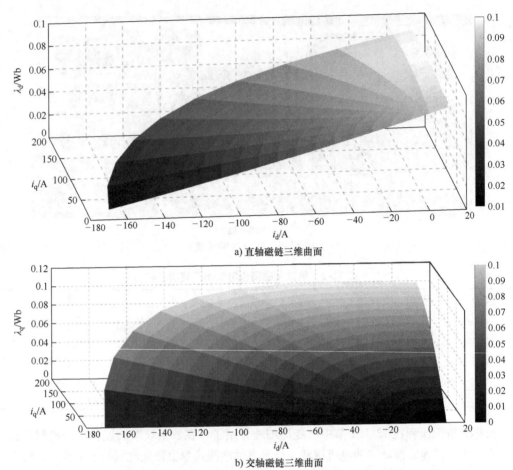

a) 直轴磁链三维曲面

b) 交轴磁链三维曲面

图 12-10 基于试验数据辨识得到的三维交、直轴电流-磁链的映射曲面

图 12-11 所示为多项式磁链模型与原始试验数据之间的全域工况的拟合误差针状图，圆点标记表示实际磁链大于拟合磁链，方点标记则反之。从图 12-11 中三维离散序列的最大值可以看出全域工况范围内的拟合误差在 0.006Wb 以内，绝大部分数据点的拟合误差在 0.002Wb 以内。

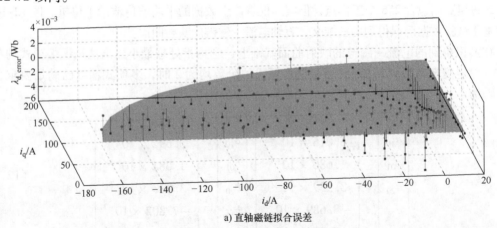

a) 直轴磁链拟合误差

图 12-11 拟合误差针状图

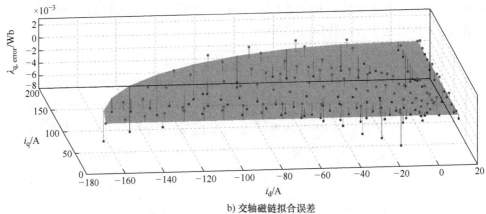

b) 交轴磁链拟合误差

图 12-11　拟合误差针状图（续）

12.2　车用永磁同步电机矢量控制系统建模与仿真

12.2.1　电机系统及模型框架

在本实例中选取了一台小功率的 ISG 车用电机，电机本体及测试台架如图 12-12 所示。电机的基本特性见表 12-2。本实例将针对该电机，基于 MATLAB/SIMULINK 软件，利用矢量控制实现其速度闭环控制的仿真。

表 12-2　目标电机的基本参数

额定功率	6kW	峰值功率	10kW（持续 20s）
额定转速	940r/min	最大转速	7000r/min
额定转矩	61N·m	最大转矩	102N·m

仿真模型的总体结构如图 12-13 所示。仿真模型主体由 3 部分组成：控制器模型、逆变器模型和电机模型，此外还需要考虑到仿真模型的初始化及仿真结果的记录等前处理和后处理问题。在仿真模型主体中，控制器为离散系统，其对应代码的计算频率由实际系统中的单片机（DSP）控制频率及定时器频率所决定；逆变器及电机均为实际物理被控对象，所以是连续系统。

利用物理量建立各模型之间的联系，是仿真模型搭建的基础。图 12-13 给出了相应的连接关系，并通过这样的连接关系将仿真模型的 3 个部分联系为一个闭环系统。图 12-13 中的物理量不但将独立的部件连接为一个完整的系统，同时清晰地定义了各模块（子模块）的输入输出。各模块可以看作是实现不同功能的函数，而这些输入输出则可看作这些功能的定义。有了功能的定义，其函数的实现方法可以方便地在本书的对应章节中找到。如电机模型，其输入为定子电压，输出为转子转速，所以电机的建模问题就可以转化为，寻找相应的公式，利

图 12-12　电机本体及测试台架

用电机的定子电压计算电机转子的转速,这样复杂的建模问题就明确化了。根据图 12-13 中的模型结构,下面将逐个介绍各模块的实现。

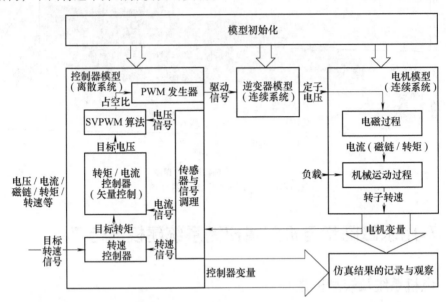

图 12-13　仿真模型的总体结构

12.2.2　派克变换与克拉克变换

在图 12-13 所示的系统模型结构中,矢量控制算法是在 dq 旋转坐标系下实现的。为了简化计算和方便矢量控制算法的开发和校验,电机模型也采用了 dq 旋转坐标系,这就涉及了派克变换和克拉克变化及它们的逆变换。

克拉克变换及其逆变换实现的是静止坐标系下三相坐标系统和两相坐标系统之间变量的

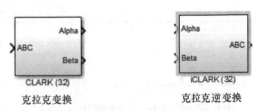

图 12-14　克拉克变换与克拉克逆变换模块

转换,所以首先应明确克拉克变换及其逆变换的输入和输出,可以将两个变换算法封装为如图 12-14 所示的两个模块。基于式(9-10)和式(9-12)可以得到以上两个变换的实现方法,如图 12-15 所示。

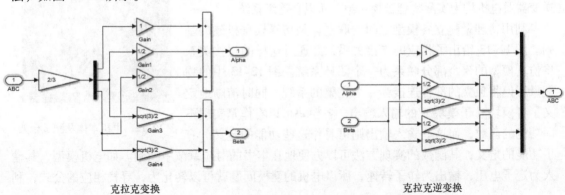

图 12-15　克拉克变换与克拉克逆变换的实现

同理，派克变换及其逆变换的算法封装如图 12-16 所示。基于式（9-18）可以得到派克变换及其逆变换的实现方法，如图 12-17 所示。

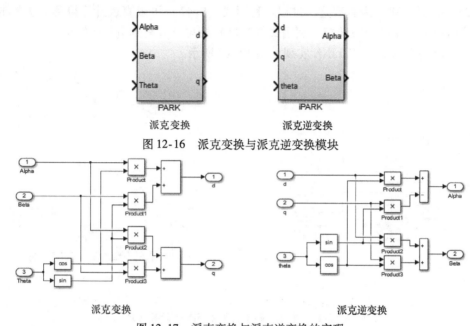

图 12-16　派克变换与派克逆变换模块

图 12-17　派克变换与派克逆变换的实现

12.2.3　电机模型

电机模型的实现如图 12-18 所示。在图 12-18 中，电机模型首先利用克拉克及派克变换

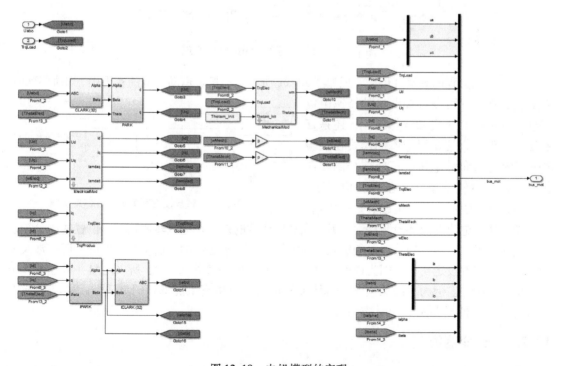

图 12-18　电机模型的实现

将定子电压转换到 dq 旋转坐标系中，并在 dq 旋轴坐标系下利用定子电压计算得到定子电流。这一过程也就是图 12-13 中的电磁过程，可以利用永磁同步电机的电压、磁链方程，即式（9-35）~式（9-38）来实现这一过程。利用式（9-47）可以直接计算得到电机的电磁转矩。结合电机上作用的负载转矩，利用式（3-11）即可计算得到电机的转速。

电压、磁链方程的 SIMULINK 实现如图 12-19 所示。

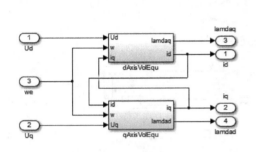

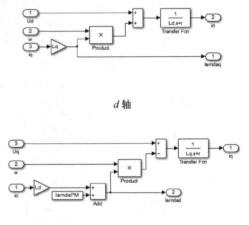

d 轴

q 轴

图 12-19　电压、磁链方程的 SIMULINK 实现

转矩方程的 SIMULINK 实现如图 12-20 所示。

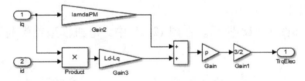

图 12-20　转矩方程的 SIMULINK 实现

机械运动方程的 SIMULINK 实现如图 12-21 所示。在机械运动方程的实现中，添加了负载模式的选择，即可以选择电机的转速由负载转矩和电磁转矩之和计算得到，还是直接赋恒定值。直接赋恒定值的模式在试验中一般是通过负载电机的恒转速控制实现的，也称为恒转速模式。在这种模式下，电机转速保持恒定，不受电磁转矩的影响，

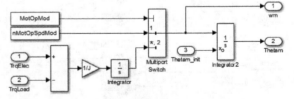

图 12-21　机械运动方程的 SIMULINK 实现

所以便于调节电流的闭环控制特性。另一点需要注意的是，在电机转速到转子位置的积分模块上，还添加了一个转子初始位置的输入，即电机起动时永磁体的初始位置。理论上所有涉及积分的环节都需要设定初值，因为速度、电流等量的初值一般默认为 0，所以之前并未强调积分环节的初值问题。但为了确保建模仿真结果的正确性及仿真工况选择的灵活性，模型中所有积分环节的初值问题是必须考虑的。

12.2.4　逆变器模型

车用电机的逆变器的开关过程具有显著的非线性，但开关特性的时间一般在几十到上百

纳秒级别，与电机动态过程的时间尺度（几十到几百毫秒）差别显著，所以普通计算机很难同时顾及逆变器的开关特性和电机的运行特性。但从另一个方面看，正是因为逆变器的开关特性与电机动态过程在时间尺度上的差异，逆变器的非线性特性对电机动态过程的影响并不大，所以对于面向控制的仿真建模，一般忽略电力电子器件的开关过程。这样逆变器的建模就可以简单地基于式（10-37）实现，如图12-22所示，图中所示的模型也被称为开关模型。从式（10-37）的推导中可以看出，这一模型本质上描述的并不是逆变器的物理特性，而是将驱动信号代表的逆变器极电压换算成了作用在电机上相电压，从这个意义上，即使在电机端口输入模拟电压，而非0、1组成的数字信号，式（10-37）的基本原理也是成立的。

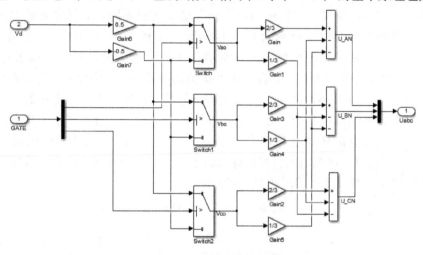

图12-22 逆变器模型的实现

12.2.5 控制器模型

控制器模型在实现中被分为了四部分，如图12-23所示，包括传感器模型、控制算法模型、SVPWM算法和PWM发生模型。该结构与图12-13中的结构略有差别，这是因为本实例的模型是针对永磁同步电机控制算法开发的，所以将控制算法独立封装在了一个模块中，而其他三个模块一般情况下功能相对固定。当然若要针对PWM方法进行研究（如死区补偿、过调制算法等），SVPWM模块也是需要特别关注的。

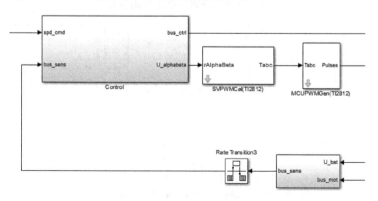

图12-23 控制器模型

传感器本身是连续系统,电机信号通过传感器传递到单片机(DSP)时被离散化,这一过程可以用"Rate Transition"模块进行模拟,其中可以设置单片机的采样频率。在本节中,这些信号包括两路电机相电流、一路直流母线电压和电机转子的转速与转子位置。实际系统中电机转子转速一般由转子位置传感器信号经计算得到,这里为了简化模型,转速信号直接由电机模型中取得。在这些传感器信号中,转速信号用于转速闭环控制,电流信号用于电流闭环控制,直流电压信号用于计算逆变器驱动信号的占空比。

转速与电流控制结构如图 12-24 所示。转速控制器和电流控制器利用 MTPA 算法相连,在这里选取了固定的比例系数。需要注意的是,一般情况下转速和电流的控制频率并不相同,所以它们之间也需要采用"Rate Transition"模块实现不同计算频率的数据的连接。电流及转速控制器均采用结构完全相同的 PI 控制器,且 PI 控制器中添加了抗饱和(Anti-windup)的算法,其具体实现如图 12-25 所示。PI 控制器的参数设计可以参考文献 [2,15]。在电流控制算法中,除了采用基本的 PI 电流闭环控制外,还加入了前馈解耦算法。因为在式(9-35)与式(9-36)中,d、q 轴电流不但受到相应轴上定子电压的影响,它们之间也通过磁链 λ_{ds}^r 和 λ_{qs}^r 互相耦合。为了提高 PI 控制器的性能,可以利用前馈来近似消除这种耦合关系,也称为电流环的前馈解耦控制器。该控制器的本质就是把在式(9-35)与式(9-36)中的耦合项利用电流的目标值计算出来,直接作为输出电压的一部分而不通过 PI 控制器调制。它的 SIMULINK 实现如图 12-26 所示。

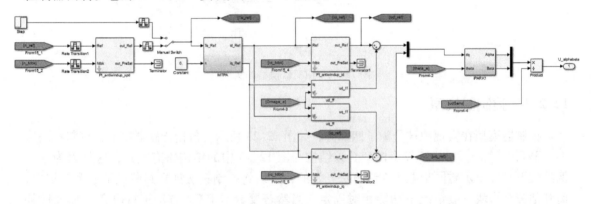

图 12-24 转速与电流控制结构

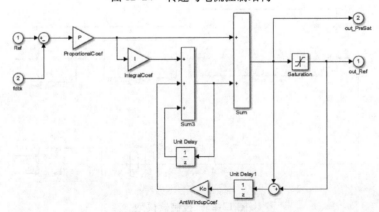

图 12-25 抗饱和 PI 控制器的实现

SIMULINK 的示例中包含 SVPWM 的算法，但一般需要将其与单片机中的 SVPWM 程序对照，确认算法的一致性，有需要的情况下可能需要对该模块做一定的修改。本例中使用的 SVPWM 算法结构如图 12-27 所示。它由 5 部分组成，分别实现扇区判断，即式（10-53）和表 10-6；计算 X、Y、Z，即式（10-51）；给 t_1、t_2 赋值，即表 10-5；计算三相的开通时间，即式（10-54）；分配三相开通时间，即表 10-7。相应模块的具体实现不再赘述。

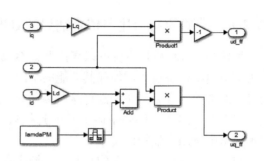

图 12-26 电流环的前馈解耦控制器的 SIMULINK 实现

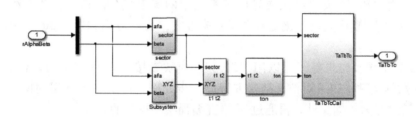

图 12-27 SVPWM 算法结构

PWM 发生模块是控制器模块中比较特殊的部分。因为在实际系统中，它是由单片机的硬件部分完成的，而不是由软件编程完成的，所以其运行原理也与离散化的软件算法有较大区别。根据 5.2 节的介绍，为了保证 PWM 占空比的精度，需要使用精度较高的计时器，而计时器可以用三角波代替。因为目前一般的单片机为 PWM 发生配备的计数器有 16 位，所以三角波的计数最大值为 65535，且应根据 PWM 的周期和定时器的计数频率设定合理的三角波计数值。PWM 发生模块的实现如图 12-28 所示。其中左半部分主要用于将计算得到的三相开通时间转换为比较寄存器的整型值，并进行简单的滤波算法（如滤除窄脉宽等）。在 SIMULINK 中，判断逻辑的实现是比较复杂的，一般采用状态机（或称为 Stateflow）功能，所以这里滤除窄脉宽的算法也采用了状态机。PWM 发生器中的计时器采用 "Repeating Sequence" 模块实现，通过比较器实现 PWM 驱动信号的输出。因为实际单片机（DSP）中这一功能实现的时间精度取决于相应计时器的计数频率，一般微控制器的计数频率都在几十兆赫兹以上，远大于电机模型的求解步长（一般为微秒量级），所以该模块求解时应选取整个模型的最小步长，且一般情况下该模块会产生一定的误差。

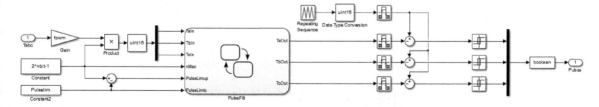

图 12-28 PWM 发生模块的实现

12.2.6 模型的初始化与仿真结果的处理

虽然 SIMULINK 各模块可以直接设置参数,但这种设置方法不适用于复杂模型的设计。因为随着模型模块数的增加和其功能的不同层级的封装,这些直接设置的参数将无法进行方便可靠的维护。常见的做法是将这些参数设置为变量,并单独建立一个 m 文件统一将这些变量定义在工作区(Workspace)中,这样只需在模型的初始化函数中调用该文件,就可以实现模型中所用参数的设置了。

与模块参数相似,模型的封装子系统中存在大量的中间变量。这些变量之间可能存在着复杂的连接关系,同时可能需要被导出子系统用于标定或观测,所以也需要进行规范管理。这里推荐的建模方法是采用"From"和"Goto"模块实现子系统内部局部变量之间连接关系的管理,采用"Bus"模块导入或导出子系统中的局部变量。这种管理方法一方面通过"From"和"Goto"模块大量简化变量之间的连接线,另一方面利用"Bus"模块保证了子系统的封装。

SIMULINK 的仿真结果除了可以用"Scope"模块直接观察外,还可以导入工作区或存为 MATLAB 数据文件,以备对仿真结果进行进一步处理。12.2.7 节介绍的模型仿真结果都是先将仿真结果存为数据文件,再通过 M 语言编程绘图得到的。

12.2.7 仿真结果

下面给出一组模型的计算结果。设定电机目标转速为 1000r/min,在不同时刻分别施加大小为 6N·m、12N·m、18N·m 和 24N·m 的负载转矩,得到电机的相应特性。图 12-29 所示为 d、q 轴的电流控制情况,虚线为目标电流,实线为实际电流。可以发现 d 轴电流为负,这是因为这台电机为嵌入式永磁同步电机,所以 MTPA 曲线在第二象限。

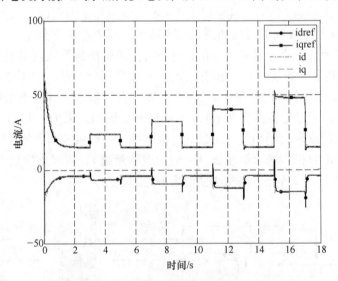

图 12-29 d、q 轴的电流控制情况仿真结果

转速控制特性如图 12-30 所示。从仿真结果看,转速控制器可以很好地把电机转速稳定在 1000r/min,在突加负载的情况下,转速也能迅速回到目标转速。

以上过程的三相电流仿真波形如图 12-31 所示。可以看到电流的波形有比较明显的畸变，因为模型采用的仿真步长为 $2\mu s$，PWM 的周期为 $100\mu s$，这就意味着 PWM 发生单元输出的 PWM 脉宽的最大误差可能为 2%。这部分误差和控制器相互作用造成了电流的畸变。

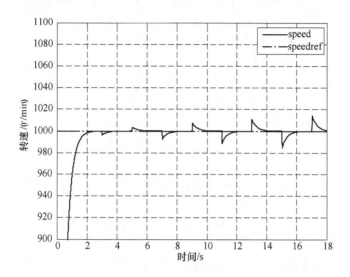

图 12-30　转速控制仿真结果

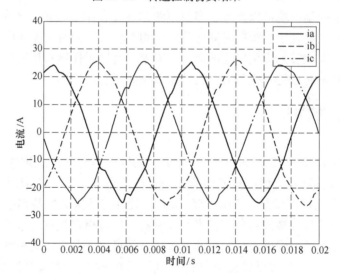

图 12-31　三相电流仿真波形（逆变器 PWM 电压）

若将模型中的 SVPWM 模块、PWM 发生模块及逆变器模型删除，认为存在理想的可控电压源，可以精确地产生三相电压，则仿真结果如图 12-32 所示。可以看到此时的正弦电流波形非常标准，这一方面说明矢量控制算法可以精确地控制交流电机的电流、转矩，另一方面说明实际系统中的干扰和 PWM 发生过程中的畸变对矢量控制的性能有很大影响，是算法设计中必须考虑的因素。

在实际系统中，逆变器死区是 PWM 电压中引起电流畸变的最主要因素，且必须进行相应的补偿。因为死区模型要求的时间尺度较小，仿真时间较长，所以本模型并未引入。若考虑死区，则电机电流将有更为明显的畸变。关于死区的分析、建模及补偿，可以参考

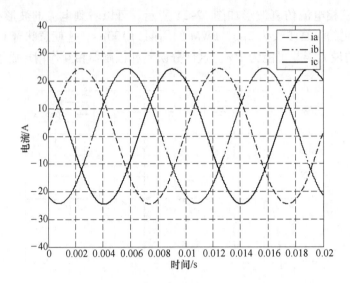

图 12-32　三相电流仿真结果（理想可控电压源）

12.3 节。

本实例中对嵌入式永磁同步电机的矢量控制系统进行了建模。该模型可以比较精确地反映永磁同步电机的工作特性并有效地对矢量控制算法和 PWM 调制算法进行验证。但仔细研究永磁同步电机的控制系统可以发现，即使不考虑逆变器中电力电子器件开关的瞬态过程，该系统中包含的其他物理子系统的时间常数依然相差较大，同时控制器中又存在不同控制频率的离散系统。所以在实际应用中应面向具体需求，有针对性地对该模型进行部分简化或局部细化，才可能真正使该仿真模型对电机控制系统的开发起作用。

12.2.8　硬件在环测试

1. 概述

硬件在环（Hardware – in – the – loop，HIL）测试是实时嵌入式硬件开发测试的重要手段，作为 V 字形软件开发流程的重要环节之一，在汽车领域有广泛应用。关于汽车控制器的 V 字形软件开发流程可以参看文献 [55，56]。硬件在环测试的基本原理可以理解为：利用数字化的软、硬件替代被控对象连接真实控制器，通过模拟被控对象的响应特性，对实时嵌入式控制器进行测试，硬件在环测试的引入一方面可以避免嵌入式控制器直连被控对象时的潜在安全问题，另一方面可以提升软件调试开发的效率，降低开发成本，实现自动化测试。

硬件在环测试的原理示意如图 12-33 所示，该测试系统主要由两部分组成：真实控制器和硬件在环设备。真实控制器与被控对象的交互通过控制信号和反馈信号的传递实现，即由真实控制器发出控制信号到被控对象，用于操控被控对象，并由真实控制器接收被控对象传感器的反馈信号，用于调整控制指令，实现闭环控制。具体到电机控制系统，控制信号主要用于控制三相桥臂的 6 路 PWM 信号，反馈信号主要包括两相电流信号，即直流母线电压信号和转子位置信号（来自旋转变压器、编码器或霍尔式传感器）。当然在实际系统中还有一些额外的辅助信号，如旋转变压器的励磁信号、用于车载通信的 CAN 信号和用于相关继电器操控的数字 I/O 信号等。总之，真实控制器中的软件代码仅仅面对这些信号进行运算，并不与真实的被控对象发生直接联系,所以控制器无须分辨这些信号是由真实被控对象发出的还是来源于一个虚拟的信号发生装置。基于这个基本逻辑,通过引入高性能计算机并结合信号接口,就可以通过模拟真实被控对象的信号的输入输出特性,实现在无真实被控对象情况下的控制器软件的运行、调试和测试。因为实现硬件在环测试的软件核心就是本节介绍的被控对象模型,所以在本节中也会将相关内容加以简要介绍。

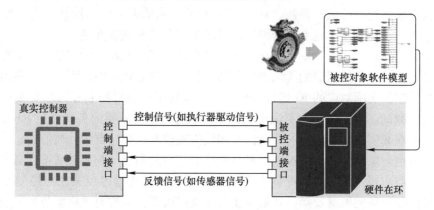

图 12-33 硬件在环测试的原理示意图

对于硬件在环测试的介绍,本节将围绕一个基本问题展开讨论:硬件在环测试与软件仿真和试验测试有什么区别?一般来讲,软件仿真和试验测试是控制系统开发的必备环节,那么硬件在环测试是否是必要的?在哪些场合下需要进行硬件在环测试?它可以起到什么样的作用?这些问题的解决都取决于对以上区别的认识。

要理解这个问题,首先需要解释汽车软件开发中常用的几个缩写:MIL、SIL、PIL 和 HIL（Power – HIL）。以上缩写中的"L"代表"Loop",即用于闭环测试控制算法的软、硬件系统。这些闭环测试被广泛应用于汽车行业,它们的关系是顺次递进关系,贯穿于平台化的汽车软件开发流程。下面对它们进行详细介绍。

1) MIL（Model – in – the – Loop）即模型在环测试。MIL 也就是软件仿真测试,在相关例子中,控制算法和被控对象均为 SIMULINK 模型,即均为 Model。MIL 应用最为广泛,因为不必用任何硬件支撑,通过它就可以完成控制算法的基础逻辑和性能的开发。

2) SIL（Software – in – the – Loop）即软件在环测试。SIL 和 MIL 的唯一区别在于,SIL 中的控制算法模型并不是在 SIMULINK 中直接搭建的模型,而是要下载到实时控制器中的代码模型（一般为 C 代码,通过 dll 可执行文件在仿真平台下运行。在汽车软件开发中,C 代码可以基于 MIL 的模型自动生成,如采用 Mathworks 公司的 Embedded Coder 或 dSPACE 公司的 Targetlink 等）。SIL 的主要目的就是验证代码和模型的一致性,SIL 测试中控制代码和被控对象模型依然都是在计算机中运行的,同样不需要硬件支撑,但 C 代码的生成是需要考虑目标处理器的硬件特性的。

3) PIL（Processor – in – the – Loop）即处理器在环测试。PIL 和 SIL 的主要区别在于控制算法的代码转移到了目标处理器上运行,而控制算法与被控对象模型之间的数据传递一般通过 CAN 或其他串行设备进行。在 PIL 下,处理器硬件平台和编译器均与真实控制器相同,所以可以进一步验证控制算法在 SIMULINK 软件模型上和真实硬件部署之后,在功能、性能上的一致性、完整性，可能还包括：测试算法在处理器上的运行时间，硬件优化代码的性能测试等。需要注意的是，由于 PIL 测试一般采用 CAN 等通信方式，所以无法保证信息交互的实时性，这导致 PIL 测试中代码的运行与控制器代码的实际运行仍存在显著差别。PIL 的主要目的就是验证代码在真实处理器上部署的性能，所以需要真实处理器的硬件支撑。但是在这一环节中并不需要完成控制器硬件的开发，仅局限于处理器内部的代码执行，因此可以采用开发板等硬件进行测试。显然，MIL、SIL 和 PIL 测试都可以与控制系统硬件开发并行进行，实现软、硬件开发流程上的解耦，即对应 V 开发流程的左半边。

4）HIL（Hardware – in – the – Loop）即硬件在环测试，是本节的主题。HIL 需要在真实控制器上完成测试，不但测试的代码被部署到了真实的微处理器中，而且输入输出信号的交互也都通过控制器实际对应的 IO 接口实现，所以能真正实现对控制算法在真实控制器硬件上运行的实时测试。为了以上的测试需求，HIL 系统一方面需要配备高性能 IO 接口，以实时、准确地捕获真实控制器输出的控制信号和模拟被控对象传感器的反馈信号；另一方面需要实时计算被控对象模型，保证控制信号与传感器信号的激励与响应关系符合真实被控对象的动态特性。但应当注意的是，即使在 HIL 测试中，测试流程也仅关注与控制器相关的算法部署，其被控对象的模型及运行环境本质上并没有改变，被控对象模型与真实被控对象的差别在这些测试中均未被考虑。所以从算法性能验证的角度，HIL 相比 MIL 并不能更好地说明算法在真实被控对象上的性能。

2. HIL 系统与原理

具体到电机的 HIL 测试，首先需要了解电机控制器的组成。电机控制器一般包括四部分：主控电路、驱动电路、信号调理电路和主回路（功率逆变电路）。

1）主控电路是弱电控制电路，它的核心是微处理器，用于部署运行控制算法的代码。

2）驱动电路是弱电控制信号与强电控制信号的连接电路，用于将主控电路输出的控制信号转化为可以安全可靠地实现功率器件开通和关断的门极驱动信号。关于门极驱动电路的原理及设计有兴趣的读者可以参考电力电子的相关资料。

3）信号调理电路是将强电信号转换为弱电反馈信号的连接电路，用于检测被控对象的反馈变量，并对检测信号进行调幅、滤波、整形和隔离等处理，并将符合要求的反馈信号传送到主控电路的对应输入接口。

4）主回路如常见的三相逆变电路，用于通过电力电子器件的控制实现电机系统中的功率调制。

一般 HIL 测试系统的本质还是计算仿真设备，并不具备功率调制能力，所以常见的电机系统 HIL 测试只能对主控电路进行测试，其他三部分电路一般被旁路处理。如果要在 HIL 测试中引入对其他三部分电路的测试，则 HIL 中需要引入功率调制电路，可以根据模型计算的特性，吸收或输出真实的电功率，这会导致 HIL 设备的成本大幅度升高，这种带功率调制能力的 HIL 测试设备一般称为 Power – HIL。

常规信号级的电机 HIL 测试一般忽略信号调理电路和驱动电路，并将主回路和电机的软件模型共同部署在 HIL 的计算单元中，这种形式的缺点在于无法对功率电路进行开发调试和性能分析。常规信号级的电机 HIL 测试示意如图 12-34 所示，其中，电机控制器主控板主要引出 6 路 PWM 控制信号和 1 路旋转变压器励磁信号；HIL 测试系统通过模型模拟输出逆变器的直流母线电压、相电流和旋转变压器正、余弦输出信号。此外，测试中一般会增加

CAN 总线，对控制器的通信、指令状态的发送与接收、故障的诊断及响应等进行测试。

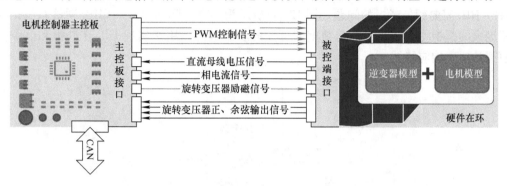

图 12-34　常规信号级的电机 HIL 测试示意图

图 12-34 所示的 HIL 测试系统与 MIL、SIL 和 PIL 测试系统的区别主要集中于 HIL 设备的 IO 接口，HIL 需要通过硬件接口处理真实的高频信号。如采集 PWM 信号就是一个难点，PWM 为阶跃信号，上升沿和下降沿均很陡峭，而相关信息涉及占空比采集的准确性，这里一般会采用极高的采样频率配合 FPAG 硬件实现；又如旋转变压器励磁信号的采集和正、余弦信号的产生，旋转变压器励磁信号的频率一般为 10kHz，而如此高频的正弦信号在被调制后还需要实时输出，要准确完成这一过程不但需要高速的 A/D 和 D/A 转换器，而且要有极高的信号处理计算速度。总的来说，HIL 测试系统相比常见控制系统需要显著、更高速的信号采集和处理能力，所以一般硬件成本较高。

Power - HIL 则在信号级 HIL 的基础上加入了大功率双向可控电源，所以可作为负载与逆变器相连，并基于模型与电机控制器构成和实际系统功率运行特性相似的电路，以此实现电机控制器功率运行的 HIL 开发与测试，其示意如图 12-35 所示。可以看到，当引入三相功率连接之后，所有的功率连接线都是没有方向的，因为其功率流动方向由控制算法和工况决定。因此，Power - HIL 测试系统的连接逻辑和仿真原理与信号级 HIL 测试系统也存在明显的区别，负载特性的模拟并不直接以信号的形式输出，而是通过控制 HIL 设备中的可控电

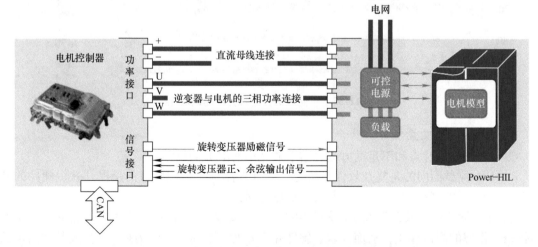

图 12-35　电机控制器功率运行的 HIL 开发与测试示意图

源模拟负载的实际电压、电流特性。同时，由于强电功率的引入，系统的高压安全性也是 Power – HIL 需要额外考虑的问题。图 12-36 所示为一套实际的 Power – HIL 测试系统，这些体积庞大的机柜均为高瞬态、高精度的可控的功率电源，用于实现 HIL 在电机和电源模型中模拟的功率响应特性。

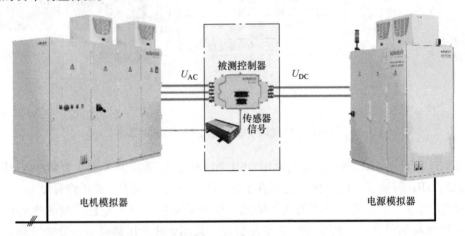

图 12-36　一套实际的 Power – HIL 测试系统

图 12-37 总结对比了不同电机控制器在环测试的测试对象，从测试对象上可以看出，除了真实的电机台架测试，所有基于模型的在环测试手段都依靠于电机仿真模型，这也说明了电机建模在其控制系统开发中的重要性。

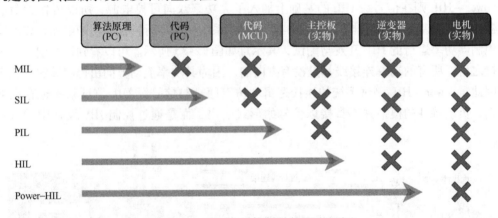

图 12-37　不同电机控制器在环测试对比

3. HIL 的特点及应用

最后，可以从优点和不足两方面总结本节介绍的 HIL 测试技术：

1) HIL 测试面向的是复杂软件系统的产品开发流程，其主要目的是提升软、硬件的开发效率和安全性，降低开发成本。其具体优点包括：

① 辅助软件的高效开发调试。HIL 系统为软件算法（或部分软件算法）提供了与实际运行条件相似的测试环境，从而为软、硬件并行开发，不同软件模块并行开发及软件的调试优化提供了极大的便利，大幅度提升了开发效率。

② 实现高场景覆盖度的自动化测试。由于被控对象基于模型，所以 HIL 测试工况可以

直接用软件设定，易于实现。大规模、高覆盖度的测试场景，包括不同故障注入下的测试场景，均可以在 HIL 系统中实现安全而自动化的测试，这对于复杂软件系统是非常重要的。

③ 可在控制系统测试中引入人因。HIL 系统可以提供对被开发系统进行模拟操作的环境，从而在控制系统开发阶段就引入人因，如测试被开发系统的易操作性和操作的舒适性，或将 HIL 系统用于驾驶员（操作员）的训练。

④ 可对控制硬件做验证。HIL 系统通过虚拟被控对象，为控制硬件的运行提供条件，从而实现对控制硬件的验证，包括微控制器、信号调理电路、传感器、驱动电路及逆变电路（Power – HIL）等。

2) HIL 测试并不能对控制系统的实际性能进行有效测试，因为它更多面向的是软件代码功能测试而非算法性能测试。从优化或评价算法性能的角度，HIL 测试与 MIL 测试并没有本质区别，二者都将软件模型作为被控对象，所以 HIL 测试并不能取代实际的台架测试和道路试验测试。

可能是源于以上两点，对于非产品开发的电机控制算法研究，HIL 测试的应用并不广泛。一方面因为单纯的电机控制算法复杂度并不高，纯软件代码开发难度不大、调试需求不高，另一方面因为目前电机控制的性能普遍较高，不同算法性能的差异更多体现在实际应用中，所以以模型评价算法性能的价值相对有限，反而实际电机测试台架在算法性能优化和评价上更有价值。

相比电机的 HIL 测试，整车控制系统对 HIL 的应用则极为广泛。与电机控制系统相比，整车控制系统算法状态机复杂，诊断跳转等逻辑遍历需求高，所以对软件调试测试要求高；另外，汽车实车测试成本高，不但需要驾驶员介入，而且实车驾驶存在危险，一些极限工况测试困难，所以引入 HIL 测试是可以有效解决相关问题的。

12.3 逆变器死区及其补偿

逆变器死区及其补偿是交流电机控制应用中的另一个重要问题。电压型交流逆变电路中（而且不仅限于交流逆变电路），由于单相桥臂在同一时刻只能输出唯一的电压状态，所以一般上下桥臂处于互补状态，即上桥臂开通 – 下桥臂关断，或上桥臂关断 – 下桥臂开通。但是，考虑到上、下桥臂状态如果同时变化，可能会出现一个桥臂未完全关断时，另一桥臂已经开通的情况，引发短路风险，所以一般先保证之前处于开通状态的器件完全关断后再开通之前处于关断状态的器件，即插入一段上、下桥臂均关断的互锁时间。这段互锁时间是通过门极驱动信号中的延迟开通驱动信号实现的，门级信号的这段互锁时间一般称为逆变器死区。图 12-38 给出了单相桥臂目标 PWM 信号、门极驱动信号和输出极电压的关系，其中 Δt 为逆变器死区，D^* 为目标 PWM 信号，G_u 和 G_l 为对应桥臂的门极信号，上、下桥臂的对应变量分别用下角标 u 和 l 表示，u_p 为极电压。

由于死区的加入，实际输出的电压 PWM 的占空比会与算法给定的目标占空比产生差别，从而影响到电机电流和扭矩的控制性能。死区补偿即通过软件或硬件手段，降低或消除死区对输出电压的影响，保证输出电压与目标电压一致的方法。死区补偿既可以通过硬件实现，也可以通过软件实现。硬件死区补偿一般是通过拓扑设计，消除电路中的短路风险，保证软件中不必设置死区，如彭方正教授提出的 Z – source 逆变器就是典型的无死区逆变拓

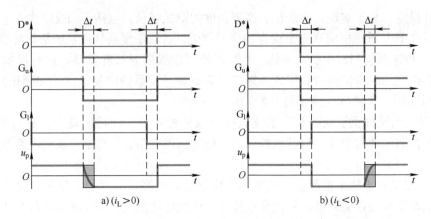

图 12-38 交流逆变电路开关过程中的时序信号示意图

扑,有兴趣的读者可以参考文献 [57];软件死区补偿一般基于死区可能对输出电压造成的影响,修正目标占空比,在给定目标占空比时提前考虑后续死区的影响。因为车用驱动电机的死区补偿大多采用软件死区补偿方法,所以本章主要介绍软件死区补偿方法。

12.3.1 逆变器死区的原理和零电流钳位效应

图 12-39 所示为电压型逆变器中一相桥臂的电路拓扑,VT_u 和 VT_l 为被控的开关器件,一般为 IGBT、MOSFET 或者 SiC 器件,VD_u 和 VD_l 为被控开关器件的反并联二极管,C_u 和 C_l 为开关器件上的寄生电容,u_p 为极电压。

逆变器调制过程中插入死区会直接影响到极电压 u_p 的输出,在无死区情况下,$D^* = 1$ 时 $u_p = 0.5u_{DC}$,$D^* = 0$ 时 $u_p = -0.5u_{DC}$。实际情况下,存在上、下桥臂驱动信号 G_u、G_l 均为 0 的情况,此时电路的导通状态和输出电压相对复杂,无法直接得到结论,下面分别针

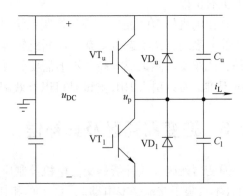

图 12-39 电压型逆变器中一相桥臂的电路拓扑

对负载电流 $i_L > 0$ 和 $i_L < 0$ 两种情况,对死区 Δt 给输出电压 u_p 造成的影响进行分析。

当 $i_L > 0$ 时,分别对上桥臂开通和上桥臂关断两个过程进行分析。

在上桥臂关断过程中,VT_u 初始为开通状态,$u_p = 0.5u_{DC}$,C_l 电压为 u_{DC},VD_l 承受反压。若无死区,则通过 VT_l 开通对 C_l 进行放电,实现 VD_l 的快速开通,u_p 由 $0.5u_{DC}$ 变为 $-0.5u_{DC}$;当插入死区 Δt 时,由于 C_l 电压大于 0,所以即使 G_u 由 1 变为 0,VT_l 仍无法立即开通,由于此时所有器件均关断,所以 C_l 只能通过 i_L 放电,如果 i_L 较小,则 C_l 放电过程较慢,VD_l 并不能迅速开通,u_p 电压由 C_l 上的电压决定,如图 12-38a 所示,如果 i_L 较大,则 C_l 迅速放电到 0,VD_l 开通,电压输出 u_p 基本不受死区影响。

在上桥臂开通过程中,VT_u 初始为关断状态,VD_l 导通,$u_p = -0.5u_{DC}$,所以 G_l 关断并不影响 u_p,直至 G_u 由 0 变为 1,VT_u 开通,$u_p = 0.5u_{DC}$,VD_l 承受反压关断,即此时输出电压 u_p 会延迟时间 Δt,对应于由 $-0.5u_{DC}$ 跳变为 $0.5u_{DC}$。

所以对比 D^* 可知，当 i_L 较大时，死区对输出 PWM 的影响是 $-u_{DC}\Delta t$，当 i_L 较小时，死区对输出 PWM 的影响介于 0 和 $-u_{DC}\Delta t$ 之间，电流越接近 0，死区对输出 PWM 的影响越小，并趋近于 0。

相同的方法可以分析 $i_L<0$ 时上桥臂开通和上桥臂关断两个过程。

在上桥臂关断过程中，VD_u 初始为开通状态，$u_p=0.5u_{DC}$。G_u 变化并不影响电路状态，直至 G_1 由 0 变为 1，VT_1 开通，$u_p=-0.5u_{DC}$，即此时输出电压 u_p 会在延迟时间 Δt 后由 $0.5u_{DC}$ 跳变为 $-0.5u_{DC}$。

在上桥臂开通过程中，VT_1 初始为开通状态，$u_p=-0.5u_{DC}$，C_u 上电压为 u_{DC}，VD_u 承受反压关断，无死区情况下当 G_1 由 1 变为 0 时，VT_1 关断，通过 VT_u 的开通对 C_u 进行放电，实现 VD_u 的快速开通，u_p 由 $-0.5u_{DC}$ 变为 $0.5u_{DC}$。当插入死区 Δt 时，如果 i_L 较小，VD_u 并不能迅速开通，u_p 电压由 C_u 上的电压决定，如图 12-38b 所示；如果 i_L 较大，则 u_p 的输出基本不受死区影响。

对比 D^* 可知，在 $i_L<0$ 时，如果 i_L 较大，死区对输出 PWM 的影响是 $+u_{DC}\Delta t$，当 i_L 较小时，死区对输出 PWM 的影响介于 0 和 $+u_{DC}\Delta t$ 之间。

可以看到，死区对输出电压的影响不能简单地用 Δt 描述，它还与负载电流及器件的开关特性和寄生参数相关。典型的情况是，当 i_L 较小时，寄生电容放电缓慢，导致输出电压 u_p 与负载电流相关，这一现象也称为零电流钳位现象。零电流钳位现象影响的大小主要取决于负载电流和开关器件寄生电容的大小。如果放电电流过小，则死区结束时寄生电容仍未完成放电，此时 VT_1 开通，对 C_1 剩余的电量进行快速放电，VD_1 快速开通，所以零电流钳位现象并不会影响到死区时间以外的逆变电路电压输出。

12.3.2 逆变器死区特性的估计与补偿

在交流电机控制中，一般需要对逆变器死区的影响进行补偿，其原因一方面在于逆变器死区会改变输出电压，从而影响 PWM 的电压利用率，引起额外的电流谐波损耗和转矩脉动；另一方面，逆变器死区会导致控制器无法准确获知作用在电机上的实际电压，这会对在控制器中引入观测器等先进算法造成影响。

对逆变器死区的补偿的软件方法可以理解为两个步骤，第一步是获取逆变器的死区特性；第二步是利用获取的死区特性进行补偿，如图 12-40 所示。其中估计死区影响的算法基于电机的运行状态（主要是相电流）而成，即估计当前死区影响的大小，并将估计的死区影响大小 u_{comp} 提前叠加在电压指令 u^* 中，如果 u_{comp} 约等于死区影响 u_{dist}，则在最终的电压作用效果上，死区影响即被基本消除。

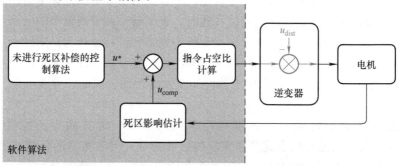

图 12-40 逆变器死区特性补偿算法的基本结构

这里有一个值得讨论的问题：图 12-40 所示的补偿结构是否属于闭环控制？从形式上看，这是个典型的闭环控制，但如果这是闭环控制，那么所谓估算死区影响大小再进行补偿的逻辑就无效了，闭环系统中的变量都存在相互的作用关系，不能用信号单向流动来解释其工作原理。回顾 12.3.1 节中对死区原理的分析，当负载电流较大时，u_{comp} 大部分时间内并不受负载电流的影响，始终为 $+u_{\text{DC}}\Delta t$ 或 $-u_{\text{DC}}\Delta t$，所以大部分工况下，图 12-40 中并不存在反馈机制，无论反馈的电流是多少，u_{comp} 的值不改变，这保证了电压补偿原理的有效性。但是，当电流逐渐变小时，零电流钳位效应增强，反馈电流开始影响死区的大小，u_{comp} 体现出一定的闭环系统的特性，尤其在电流换流时。由于这一算法结构难以进行准确的闭环反馈性能分析和优化，所以一般的死区补偿算法在电流过零点附近都会出现一定程度的性能劣化。这一问题也可以结合图 12-50 ~ 图 12-52 的结果和相关讨论进行理解。

从图 12-40 中可以看出，逆变器死区特性补偿算法的核心在于死区影响估计，下面介绍常见的死区影响估计方法。

在对电流控制要求不高的应用中，一般直接通过控制器中设置的 Δt 结合直流母线电压估计死区的影响，但这种方法无法考虑零电流钳位效应，在电流过零点的补偿效果相对较差。如果要更准确地获取零电流钳位的特性，可以采用直接测量死区特性的方法或设计观测器对死区特性进行在线观测。

直接测量死区特性的方法通过同时测量逆变器的输出电压 u_{p}、负载电流 i_{L} 和控制算法中的指令电压 u^* 获取逆变器的死区特性。为了简化逆变器工作的工况，可以将逆变器直接连接三相对称阻感负载（或连接单相或两项阻感负载），每次测量过程中通过调节 u^* 得到不同负载电流 i_{L} 下逆变器输出的实际电压 u_{p}，通过在一定时间内占空比不变保证 u^*、i_{L} 和 u_{p} 均为直流量。三个被测变量中，u^* 和 i_{L} 可以分别通过常规的微控制器通信和电流传感器（万用表、示波器）直接获取；u_{p} 为实际输出的 PWM 电压，由于其存在大幅度的电压跳变，精确获取难度大，因此需要极高的采样频率。考虑到 u_{p} 一般只关注直流分量，所以可以通过对示波器上一个周期的 PWM 电压取平均值获取 u_{p}；也可以采用万用表的直流档直接测量 u_{p}。直接测量得到的死区特性基本可以满足常规电机控制中死区补偿的需求。其缺点在于需要额外的提前离线标定，难以在线学习，并且不具备自适应能力。当然，如果在控制器上增加额外的硬件进行实时 PWM 电压测量，以上的方法也可以在线应用，例如文献 [58] 中给出的方案。

在控制算法中引入观测器同样可以获取死区特性，图 12-41 中给出了基于 Luenberger 观测器的死区观测器的一种实现方法。死区可以被认为是系统中的电压干扰，所以可以利用电流观测器的结构观测死区电压。其基本原理是利用系统的指令电压估算电流，并通过闭环调节器使得电流的观测值收敛到实际电流值，此时，观测器中调节器输出的电压调整值就等于电压所受到的干扰，即死区特性。所以一些文献中也将死区特性称为逆变器干扰。从物理学背景看，造成逆变电路输出电压与指令电压差异的原因完全归于死区是不准确的，因为它不但包括了 PWM 死区，还包括了电力电子器件非线性的开通、关断、导通特性，以及电路寄生参数的影响等。

通过观测器获取的死区特性多直接用于死区补偿，无法用于还原死区特性（见图 12-42），这是因为电流被用于观测逆变器的死区特性，但三相星形联结的电机电流中没有 3 次谐波分量，所以无法观测得到 u_{comp} 的 3 次谐波分量，3 次谐波分量在死区特性中非常

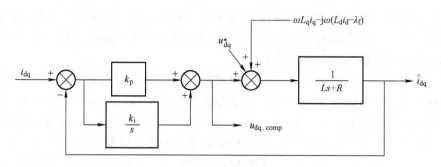

图 12-41 基于 Luenberger 观测器的死区观测器的一种实现方法

显著（见图 12-50），是不能被忽略的。如果希望通过观测器获取原始静止坐标系下死区电压的影响，需要估算逆变器干扰中的 3 次谐波，如文献［59］中利用基波及 5、7 次谐波的信息，实现了 3 次谐波的重构，获得了与直接测量一致的死区特性。

图 12-42 给出了一组试验数据，同时包含了直接测量获取的死区特性和利用观测器估计的死区特性。图 12-42 中，横坐标为相电流的瞬时值，纵坐标为死区对输出电压的影响，即实际输出电压与算法指令电压的差值；深色空心圆为直接测量的结果，电流由示波器测量得到，u_{comp} 用 DSP 中的指令电压和万用表测得的输出电压相减得到。浅色小点为逆变器干扰观测器的估计结果。由于直接离线测量相对耗时，这里只测量了负载电流为正的情况下的死区特性，逆变器干扰观测器在线同步运行，经过一个基波周期就可以完成负载电流变化范围内所有死区特性的获取，所以观测数据更为完整。可以看到，直接测量的结果和观测器估计的结果基本是一致的，当负载电流大于零时，死区为正，随着负载电流的增大，死区影响逐渐饱和，趋近于 $u_{DC}\Delta t \approx 5V$；当负载电流小于零时，死区为负，随着负载电流的进一步减小，死区影响逐渐负向饱和，趋近于 $-u_{DC}\Delta t \approx -5V$；当电流介于 $-0.3A$ 和 $0.3A$ 之间时，零电流钳位效应显著。

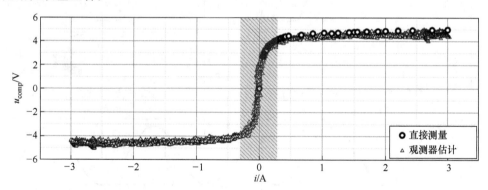

图 12-42 直接测量获取的死区特性和利用观测器估计的死区特性

由这一结果可以推论，一般死区影响在低速小负载情况下最为显著，因为低速导致反电动势小，死区影响在总输出电压中的占比更高，而小负载导致电流在 $-0.3 \sim 0.3A$ 区间的时间占比大，非线性特性更明显。根据纵向动力学的阻力特性可知，车用驱动电机的小负载工况较少，零电流钳位效应的影响并不显著。需要注意的是，高频注入法下需要特别关注死区的影响，高频注入法利用在定子上注入高频电压或电流的方式，通过检测响应变量，获取转子位置信息，具体可以参考文献［60］。在高频注入法中，虽然电流频率很高，但反电动势为 0，死区影响占比同样会很高；同时高频小幅值电流的注入导致电力电子器件工作在频繁换向的状态下，非线性特性会更为明显。

图 12-43 给出了一组永磁同步电机矢量控制在应用死区补偿前后的试验结果对比，图中电机基波频率为 4Hz，采用 $i_d = 0$ 控制，q 轴电流指令为 2A。图 12-43a 中未对死区进行补偿，可以看到在电流控制时，q 轴电流存在显著的基波 6 倍频的波动，这与三相电流 6 次过零对应。因为 PI 电流调节器的作用，闭环控制器输出的指令电压（归一化为 -1~1）在一定程度上会产生畸变，这一畸变也可以理解成电流调节器自动产生的用于补偿逆变器干扰的电压分量。但受到电流环带宽的限制，虽然有电流环的调制作用，时域电流波形中的畸变仍并未消除。观察指令电压和实际测量的线电流的频谱可发现，指令电压频谱中存在明显的 3、5、7 次谐波，而电流频谱中仅有 5、7 次谐波，这是因为死区特性正、负半周的对称性决定了不存在偶数次谐波，而三相星形联结的绕组又决定了电流中不存在 3 的倍数次谐波，所以奇数次谐波仅剩下了 6±1 次谐波。图 12-43b 中为死区补偿后的结果，具体方法是引入图 12-42 中的死区特性，根据图 12-40 中的补偿结构，即根据实时反馈的线电流查表获取此时逆变器造成的电压干扰，并将这一干扰提前补偿在 PI 电流控制器输出的指令电压上。这种补偿方法在电流较大时可以认为是一种开环补偿，因为死区特性饱和，反馈电流的幅值几乎不影响补偿的电压，但在电流较小时，受到零电流钳位效应的影响，这种补偿结构存在闭

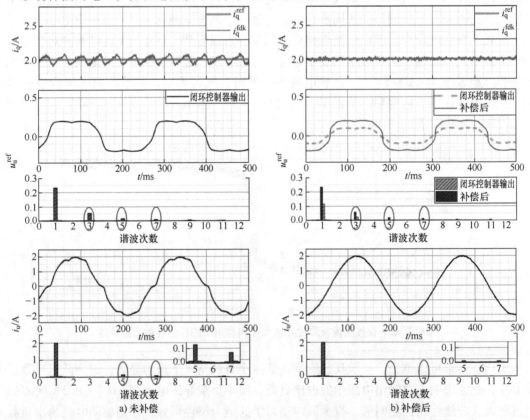

图 12-43 在应用死区补偿前后的试验结果对比

环反馈的特性，所以会在一定程度上对电流进行调制，降低电流过零时的波动。从控制结果上可以看到，q 轴电流的控制相比图 12-43a 中得到了显著的改善，基本不存在 6 倍频的波动。在图 12-43 所示的电压结果中同时给出了闭环 PI 电流控制器输出的电压指令和补偿后的电压指令。同时可以看到，死区补偿不但影响了高次谐波，同时也影响了基波的幅值，补偿前后电压指令的基波幅值相差显著。另一方面，在死区补偿下，补偿的电压正好基本抵消了逆变器的死区效应，所以电流闭环控制器不需要再负担抑制死区干扰的任务，其输出的电压指令中基本没有 5、7 次谐波。从反馈的电流结果来看，电流是比较理想的正弦形态，其频谱中的 5、7 次谐波也基本消除，这说明图 12-43a 中的畸变主要都是图 12-42 所示的死区特性造成的，当采用该特性对输出电压进行补偿时，死区对电流和转矩的影响已经可以忽略不计，达到了死区补偿的效果。

12.3.3　逆变器死区影响仿真分析

为了方便读者更好地理解死区效应，本节中在 SIMULINK 下搭建了逆变器死区的仿真模型，通过仿真的手段模拟死区的影响。为了简化模型的搭建，这里将三相电机替换为三相对称阻感负载，直接模拟理想的三相交流电压指令通过逆变器作用于阻感负载的情况，如图 12-44 所示。因为一般微控制器的死区时间很小，所以如果要在仿真中反映带死区影响的准确 PWM 波形，要使用很小的仿真步长，仿真耗时较长，计算量大。为避免此问题，本节中采用简化的模型，忽略 PWM 调制产生的高频谐波，直接应用图 12-42 中的死区特性进行建模。图 12-44 所示的电路中，交流电压通过开环的三相理想正弦信号体现，逆变器模型同样基于式（10-37）将极电压转换为相电压。

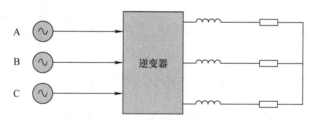

图 12-44　仿真电路示意图

仿真模型整体结构如图 12-45 所示，它由四部分组成，分别是三相对称正弦信号源、死区产生模块、极电压/相电压转换模块（逆变器模块）和负载模块。下面针对这四个模块的实现进行分别介绍。

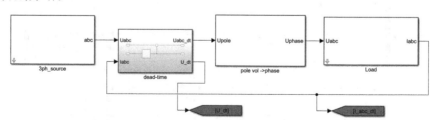

图 12-45　逆变器死区影响仿真模型整体结构

三相对称正弦信号源直接采用三个幅值频率相同、相位互差 120° 的正弦信号发生器，输出三相对称正弦电压信号。

死区产生模块根据实时相电流的反馈和三相对称正弦电压信号，计算在死区影响下逆变器输出的极电压。其中零电流钳位效应采用分段线性近似，即在 SIMULINK 中应用 Lookup Table 实现，如图 12-46 所示。

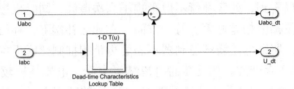

图 12-46　死区产生模块仿真模型

本例中，分段线性化的死区特性如图 12-47 所示，认为零电流钳位的区域电流和逆变器引起的电压幅值变化成正比，这样死区特性即分为三段，这种近似在工程中应用比较广泛，一般也简称为线性模型。这里同时给出了 12.3.2 节中的观测器估计的死区特性，以展示线性近似的来源。需要说明的是，为了简单地说明原理，本例直接将饱和死区电压设为恒定 5V，零电流钳位的区域设为 -0.3~0.3A。在实际应用中应该根据死区特性拟合分段线性函数，以保证近似特性的准确性。因为模型中的死区特性基于 Lookup Table 中的离散数值，所以该模型也可以导入更为复杂的死区特性以取代分段线性化的结果。

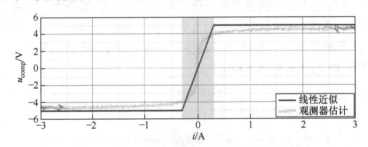

图 12-47　分段线性化的死区特性

极电压/相电压转换模块（逆变器模块）与图 12-22 所示的逆变器模型原理相似，它可将极电压转换为相电压并输出给负载。因为本节的模型忽略了开关作用，没有直流母线和开关状态的输入，所以这里展示的结构与图 12-22 有所差别，具体实现如图 12-48 所示。

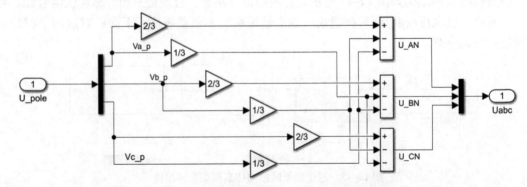

图 12-48　极电压/相电压转换模块（逆变器模块）

负载模块为星形联结的三相对称阻感负载，由于在极电压/相电压转换模块中已经考虑了负载的连接方式及中性点电压，所以该模块可以直接采用一个一阶传递函数进行建模，具体实现如图 12-49 所示。

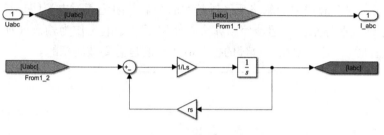

图 12-49 负载模块

完成以上建模工作就完成了一个考虑逆变器死区影响的仿真模型，下面基于这一模型对逆变器死区特性进行分析。首先考察逆变器死区电压的形态，即 $u^* - u_p$，如图 12-50 所示。可以看到逆变器干扰的波形近似为正负各 180°的方波，可以理解为这个方波的幅值近似 12.3.1 节分析中的 $u_{DC}\Delta t$。在方波过零后出现畸变，这是由零电流钳位效应造成的，所以这种畸变发生的位置还与负载的功率因数有关，即电流过零时极电压的相位。从逆变器干扰特性可以看到，精确的过零点检测对实现精确的死区补偿非常重要，该位置检测的微小误差就会使获得的待补偿逆变器干扰特性完全相反，导致逆变器干扰反向增大。实际情况是，考虑到传感器的精度、电流 PWM 调制后的噪声、传感器及控制器的延时等因素，其实不可能实现绝对精确的过零点检测，所以引入零电流钳位区域的线性模型或者观测器模型是非常必要的，因为这两个方法的本质都是在过零点附近引入对电流的闭环调制，而在无法进行准确前馈补偿的情况下，闭环调制是可以在一定程度上抑制电流过零点附近电流的畸变的。

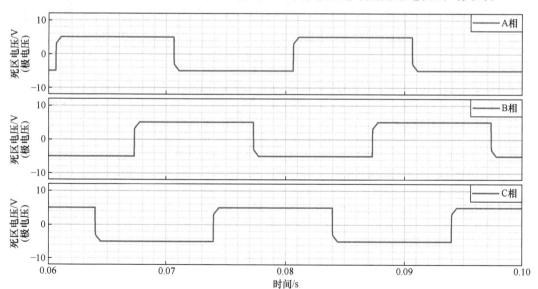

图 12-50 死区电压仿真结果

从电机控制的角度来看，逆变器死区的影响主要体现为对相电流的影响，相电流仿真结果如图 12-51 所示。可以看到，相电流存在明显畸变，图 12-51 中的相电流形态与图 12-43 中的非常相似，每个周期有 6 次畸变，间隔 60°。图 12-52 给出了此时对应的相电压，可以看到相电压的波形与 6 阶梯波非常相似，所以也可以知道死区电压会引入相应的基波和 5、7 次谐波的干扰。很多应用中会忽略死区对基波的影响，因为通过电流闭环控制，这部分影响基本可以被 PI 控制器抵消，但若控制算法中使用了指令电压作为输入（如在基于反电动势估算转子位置时），是否使用了合理的指令电压基波是需要被注意的。

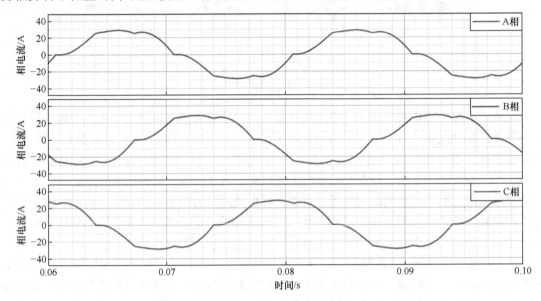

图 12-51 死区影响下的三相相电流仿真结果

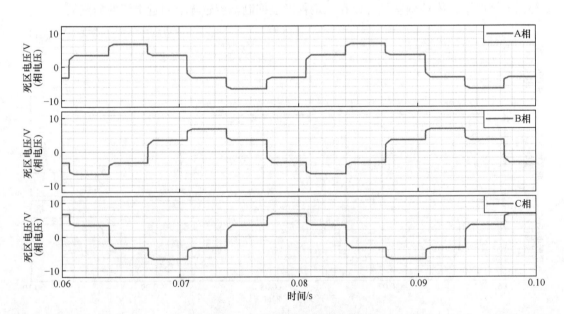

图 12-52 相电压中死区电压的分量

虽然逆变器死区补偿在大部分电机相关教材中介绍得不多，但在这一问题中综合了电力电子器件的非线性、换流过程分析、前馈控制、反馈控制、观测器设计等一系列电机控制系统开发的知识应用,所以本节给出了相对详细的介绍。希望相关内容不仅可以有助于死区补偿策略开发的相关实践,同时也可为读者提供一个综合应用电机与电力电子知识进行控制策略开发的应用实例。

12.4 纯电动汽车纵向动力学模型

随着现代汽车技术的发展,汽车系统也变得越来越复杂,建模已成为汽车电控系统开发过程中的重要流程。建模并不意味着原样照搬汽车的所有系统,因为构建与汽车各方面功能和性能近乎一致的模型极其困难。而且,在一般情况下这种想象中近乎"真实"的模型对解决具体问题并没有太大意义,因为建模的过程就是如何提炼和抽象需解决问题相关因素的过程,而不是去原封不动地在计算机中复现汽车系统本身。抽象得到的因素正是控制系统设计需要关心的因素。例如:整车的动力性基本上只与动力总成的输出功率特性和车身的空气动力学特性相关,但和转向、悬架等功能基本没有关系,所以若要研究整车的动力性,只需对动力总成和纵向动力学特性建模。虽然纵向动力学模型比较简单,但由于车速与发动机输出功率的强相关性,这样一个简化的整车模型完全可以满足车辆动力性、经济性和排放性测试研发的需求。

因为电动汽车、混合动力汽车与传统燃油汽车的主要差异集中于动力总成,且其研发目标也更关注于经济性与排放性,所以电动汽车和混合动力汽车的动力总成匹配、能量管理策略开发等工作也都是基于纵向动力学模型的。纯电动汽车的动力完全由交流电机产生,因此本节以纯电动汽车为例,介绍如何从整车的角度理解交流电机的特性和建模,并基于对交流电机功率效率的理解建立纯电动汽车的纵向动力学模型,利用该模型仿真计算车辆的动力性、经济性。

12.4.1 纯电动汽车系统及模型框架

本实例选取了一台小型的纯电动乘用车,并建立了该款纯电动乘用车的纵向动力学模型。利用 MATLAB/SIMULINK 软件,通过所建模型仿真获得此车在行驶过程中转矩、转速、电压和电流等电机特性及最高车速、0—100km/h 加速时间和百公里电耗的整车性能指标。

仿真模型的总体结构如图 12-53 所示。仿真模型主要由五部分组成:驾驶员模型、电池模型、电机系统模型、传动系统模型和整车动力学模型。该模型的信号流动远比交流电机的矢量控制模型简单,因为这个模型只关注整车动力系统中功率(能量)的流动。可以看到电池、电机、传动系统和整车之间相互连接的变量的乘积都为相应的输出功率或输入功率,这点与 4.2 节所述电子节气门模型的结构非常相似。这种子系统的连接关系一方面证明了这两个模型都是基于功率流动的基本特性建立的,另一方面描述了一个物理现象:任何系统不可能独立输出功率。例如:在矢量控制中,既可以独立控制电机的转速,也可以独立控制电机的转矩,但不可能独立控制电机的输出功率。因为从图 12-53 中可以看出,若电机控制的目标为输出转矩,则电机转速在物理上已经由其输出的转矩和传递到电机转子上的车辆行进阻力共同作用决定,无法做独立转速调整,所以难以直接精确控制电机输出功率。或者说电机的功率输出不仅取决于电机本身的能力,同时受到负载接纳功率能力的限制。

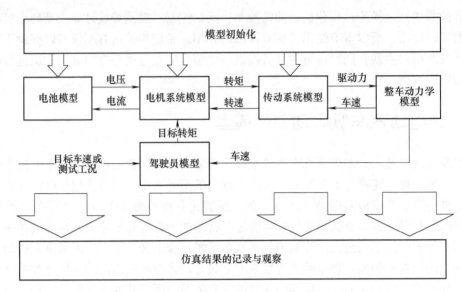

图 12-53 纯电动汽车纵向动力学模型结构框图

在该结构中,驾驶员模型是需要特殊强调的。对于纵向动力学仿真,一般可分为前向仿真和后向仿真,其区别就在于是否采用驾驶员模型。若不采用驾驶员模型,则可将目标车速作为车辆实际的车速,直接输入整车动力学模型,并在图 12-53 中由右向左计算各模型,这种方法即为后向仿真。这种方法的缺点在于整个计算过程与实际的物理过程相反。为了解决这一缺点,后向仿真引入了驾驶员模型。驾驶员模型模拟实际驾驶员,根据目标车速与实际车速的差异,决策加速及制动踏板的开度,实现整车的动力输出。

12.4.2 电池模型

电池模型的输入为电池电流,输出为电池端电压。一般情况下,电池可以等效为"开路电压 - 内阻"模型,写为

$$u_{\text{bat}} = u_{\text{bat}}^{\text{oc}}(\text{SOC}) - r_{\text{bat}}^{\text{oc}}(\text{SOC}) i_{\text{bat}} \tag{12-15}$$

式中,u_{bat} 为电池端电压;$u_{\text{bat}}^{\text{oc}}$ 为电池的开路电压;$r_{\text{bat}}^{\text{oc}}$ 为电池内阻;i_{bat} 为电池电流。

一般情况下,电池的开路电压与内阻不是常数,而是变量 SOC 的函数。SOC 是 State of Charge 的缩写,意为荷电状态,即电池中的剩余电量。电池在充满电的状态下 SOC 为 1,在完全放电的状态下 SOC 为 0。一般电池的荷电状态计算公式为

$$\text{SOC} = \text{SOC}_0 - \frac{\int i_{\text{bat}} dt}{3600 Q_{\text{bat}}^{\max}} \tag{12-16}$$

式中,SOC_0 为初始状态下电池的荷电状态;$Q_{\text{bat}}^{\max}$ 为电池可储存的最大电量,也称为电池的容量。

电池模型的 SIMULINK 实现如图 12-54 所示。模型左侧部分利用式(12-16)计算电池 SOC。利用计算得到的电池 SOC,模型分别获取了相应 SOC 下电池的开路电压和内阻,并利用式(12-15)计算电池的端电压。其中函数 $u_{\text{bat}}^{\text{oc}}(\text{SOC})$ 和 $r_{\text{bat}}^{\text{oc}}(\text{SOC})$ 分别采用两个"Lookup Table"模块实现。该模块意为查表模块,它的原理是利用表格中填入的离散

数据，通过插值的方法建立表格的输入输出之间的函数关系，该模块是最基本的基于数据的建模方法，是不同于之前一直讨论的基于物理原理的建模方法的。为了建立电池 SOC 与其开路电压和内阻的函数关系，建模过程中需要分别试验测得充、放电过程中电池的开路电压及电池的内阻特性，填入模块的表格中。基于填入的试验数据，仿真程序求解过程中会根据输入 SOC 自动查表计算输出的开路电压或内阻。模型右下角部分对电池端电压及电流之积进行了积分运算，用以近似计算电池消耗的电能。

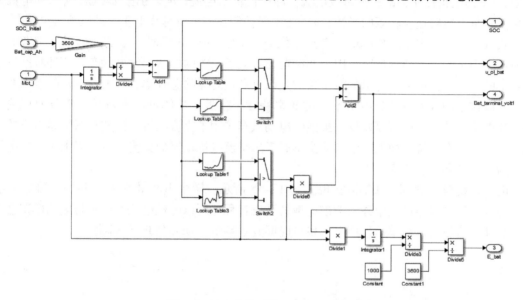

图 12-54　电池模型的 SIMULINK 实现

12.4.3　电机系统模型

在图 12-53 中，电机系统模型主要的输入输出信号共有 5 个，显得相对复杂，但它的实现是极为简单的。在讨论电机系统模型的实现前，首先应该讨论的是在整车系统中的电机系统模型和本书前述的各类电机系统模型有什么区别。它的区别很明显，前述的电机系统模型指的是针对电机本体作为被控对象的建模，而在这里电机系统指的是电机及其控制器构成的整体。对于大部分单输入单输出的控制系统，其控制器的作用就是使系统的输出等于其输入目标指令。所以从这个意义上讲，电机系统模型可以认为近似为"1"，即一个性能优秀的电机系统，其输入为目标转矩，输出转矩则应近似等于目标转矩，这一关系可以表示为

$$T_{mot} \approx T_{mot}^* \tag{12-17}$$

式中，T_{mot} 为电机的输出转矩；T_{mot}^* 电机的目标转矩。

一般情况下，电机的转矩响应速度远远大于整车的动态响应速度，所以式（12-17）忽略了其瞬态过程。若需要考虑电机的瞬态响应，只需在式（12-18）中加入一惯性环节即可。

若只考虑电机动力的输出，则式（12-17）已完成了电机系统的建模。但若还要考虑电机从电池中获取的电流，就必须通过计算其输入的电功率来获得，这里一般直接选取电机的效率特性脉谱（MAP）计算，具体的计算公式为

$$i_{mot} = \begin{cases} \dfrac{T_{mot}n_{mot}(T_{mot},n_{mot})}{9.55u_{mot}\eta_{mot}} & T_{mot}n_{mot} \geq 0 \\ \dfrac{T_{mot}n_{mot}\eta_{mot}(T_{mot},n_{mot})}{9.55u_{mot}} & T_{mot}n_{mot} < 0 \end{cases} \quad (12\text{-}18)$$

式中，i_{mot} 为电机控制器的直流母线电流，即电池输出电流；n_{mot} 为电机转速；η_{mot} 为电机的效率，它是电机转速与转矩的函数；u_{mot} 为电机控制器的直流母线电压，即电池端电压。

式（12-18）中的系数 9.55 是转速单位 r/min 与 rad/s 转换时产生的。这里分别考虑了机械功率为正和负的两种情况，因为两种情况对应了电机的电动和发电状态，两种状态下电机效率的定义互为倒数。这里的效率指的是电机及逆变器的总效率。因为逆变器的效率非常高，所以这里的效率特性与电机本体的效率特性很接近，具体可以参看 8.4.2 节的相关讨论。在电机系统模型中可以发现，虽然纯电动汽车采用了交流电机，但整车系统是电机的上层系统，所以在系统层面上的建模完全不必考虑交流电机系统的交流特性。以上讨论的电气量均为控制器端的直流量。

电机系统模型的 SIMULINK 实现如图 12-55 所示，图中电机效率函数利用二维查表实现。因为采用的电池模型中并未考虑电池的瞬态过程，所以电机电流的计算与电池模型会形成代数环，这里可以简单地采用一个单位时间延迟环节"Unit Delay"解决。

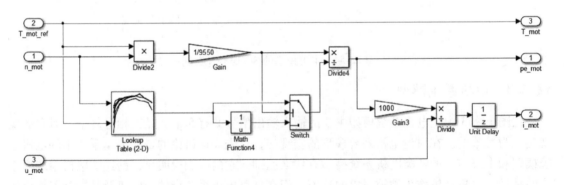

图 12-55 电机系统模型的 SIMULINK 实现

12.4.4 传动系统模型

因为交流电机具有比较宽的调速范围，且具有较大面积的高效运行区间，所以很多纯电动汽车并不配置变速器，而是简单地采用减速器将电机与车轮连接。传动系统模型除了根据速比实现"减速升矩"外，还存在机械传动效率，因此传动系统模型可以写为

$$T_{whl} = \begin{cases} T_{mot}r_{gear}\eta_{trans} & T_{mot}n_{mot} \geq 0 \\ \dfrac{T_{mot}r_{gear}}{\eta_{trans}} & T_{mot}n_{mot} < 0 \end{cases} \quad (12\text{-}19)$$

式中，T_{whl} 为轮上转矩；r_{gear} 为减速器速比；η_{trans} 为传动系统效率。

式（12-19）所表示的传动系统模型的实现如图 12-56 所示。

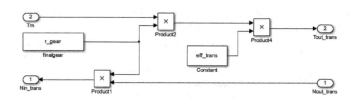

图 12-56 传动系统模型的实现

12.4.5 整车动力学模型

整车动力学模型在汽车理论中已有详细介绍，这里只给出相应公式。在不考虑爬坡度的情况下，车速的表达式可以写为

$$\frac{dv_{veh}}{dt} = \frac{1}{m_{veh}}(f_{trac} - f_{brak} - f_{aero} - f_{roll}) \tag{12-20}$$

式中，v_{veh} 为车速；m_{veh} 为整车质量，若要精确建模，该质量应包含传动系统中旋转部件的转动惯量折算；f_{brak} 为机械制动系统产生的制动力；f_{trac} 为电机通过传动系统输出到车轮上的驱动力；f_{aero} 为风阻；f_{roll} 为滚阻。

因为电机既可以输出正转矩，又可以输出负转矩，当输出负转矩时，电机处于制动能量回收状态（不考虑倒车的情况）。f_{trac} 可以表示为

$$f_{trac} = \frac{T_{whl}}{R_{whl}} \tag{12-21}$$

式中，R_{whl} 为轮径。

风阻 f_{aero} 的表达式为

$$f_{areo} = \frac{1}{2}\rho C_d A v_{veh}^2 \tag{12-22}$$

式中，ρ 为空气密度；C_d 为风阻系数；A 为迎风面积。

滚阻 f_{roll} 的表达式为

$$f_{roll} = m_{veh} g F_0 \tag{12-23}$$

式中，g 为重力加速度；F_0 为滚阻系数。

式（12-20）~式（12-23）所表示的整车动力学模型的实现如图 12-57 所示，其中增加了对阻力方向的判断和对总行驶里程的计算。

12.4.6 驾驶员模型

建立驾驶员模型的目的就是计算合理的加速踏板及制动踏板开度，使实际车速可以比较准确地跟踪目标车速，所以它可以理解为一个闭环速度控制器。利用 PI 控制器实现驾驶员模型的方法为

$$r^* = K_{p\_drv}(v_{veh}^* - v_{veh}) + K_{i\_drv}\int(v_{veh}^* - v_{veh})dt \tag{12-24}$$

$$r_{acc} = \min[\max(r^*, 0), 1] \tag{12-25}$$

$$r_{brk} = \min[\max(-r^*, 0), 1] \tag{12-26}$$

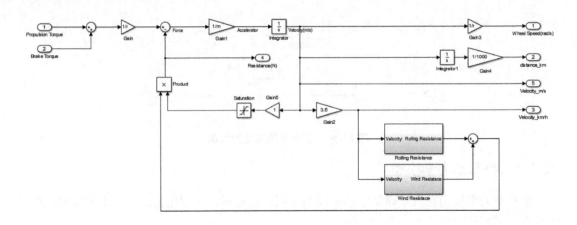

图 12-57 整车动力学模型的实现

式中，K_{p_drv}、K_{i_drv} 分别为比例积分系数；r_{acc}、r_{brk} 分别为加速踏板和制动踏板开度，取值范围为 0~1。

实际汽车系统中会标定 r_{acc} 与电机转矩之间的关系，这里可以简化为

$$T_{mot}^* = r_{acc} T_{max}^+(n_{mot}) \tag{12-27}$$

式中，T_{max}^+ 为电机当前转速下的最大驱动转矩。

$T_{max}^+(n_{mot})$ 函数就是 8.4.1 节所述的交流电机第一象限的外特性曲线。制动转矩的特性比较复杂，因为制动同时涉及机械制动和电机制动，而它们之间的转矩分配还可能受到 ESP 等控制的影响。为了简化建模，可以简单地设置机械制动与电制动转矩之比为定值，从而得到

$$T_{mot}^* = r_{brk} r_{regen} T_{max}^{brk} \tag{12-28}$$

$$T_{brk}^{mech} = r_{brk}(1 - r_{regen}) T_{max}^{brk} \tag{12-29}$$

式中，r_{regen} 为制动能量回收的比例；T_{max}^{brk} 为最大制动转矩；T_{brk}^{mech} 为机械制动转矩。

当然，由式（12-28）得到的电机制动转矩也需要与电机第二象限的外特性进行比较，以保证电机可以输出相应的制动转矩。驾驶员模型的 SIMULINK 实现如图 12-58 所示。

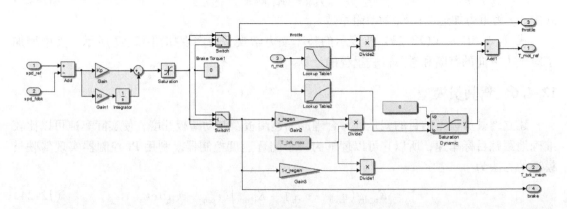

图 12-58 驾驶员模型的 SIMULINK 实现

12.4.7 仿真结果

下面给出部分该模型的仿真结果。以下仿真结果选用了目前国标规定的 NEDC 测试工况，并进行了两次循环。图 12-59 展示了在驾驶员模型控制下，车辆的实际车速对 NEDC 车速的跟踪情况。图 12-60 所示为测试工况下交流电机的直流母线上的电压、电流及输出转矩的仿真结果。图 12-61 所示为两个 NEDC 循环下整车行驶里程、电池耗电量及 SOC 的变化。

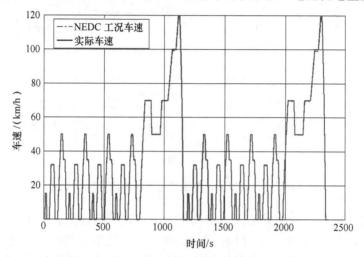

图 12-59　NEDC 测试工况车速跟踪特性的仿真结果

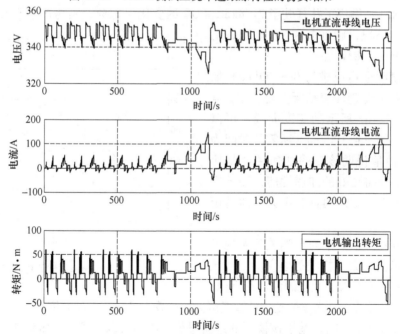

图 12-60　电机电压、电流及输出转矩的仿真结果

在汽车行驶过程中，因为整车质量巨大，所以快速的加速和制动与相对平缓的加速踏板操作可能有相似的车速响应。因此，即使图 12-59 的仿真模型具有很好的车速跟随特性，但图 12-60 中的曲线可能和实际情况有较大差异。但从能量守恒的角度看，这种差异对仿真计

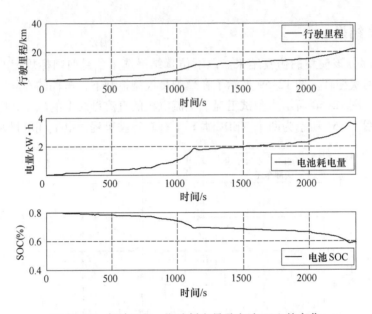

图 12-61 行驶里程、电池耗电量及电池 SOC 的变化

算的电量消耗及 SOC 变化影响并不大。由图 12-61 可以计算得到,该车在 NEDC 测试工况下百公里耗电量约为 16.3kW·h。因为 NEDC 测试工况是相对低速的工况,且此模型忽略了空调等附件损耗,所以可以预计该车实际行驶中的电池耗电量约为 20kW·h。同时发现该车在两个 NEDC 循环下共行驶了 21.8km,SOC 的变化为 21%,若考虑整车充满电到剩余 SOC 为 20% 的情况,则该车在 NEDC 测试工况下的续驶里程为 83km。

利用该模型还可以进行 0—100km/h 加速性能的仿真。设置加速踏板开度为 r_{acc} = 1,得到如图 12-62 所示的速度曲线。可以看到该车从 0 加速到 100km/h 所需的时间为 13.8s。这一数值说明该车的加速性能是比较差的,若要获得更好的加速性能,需要提高电机的外特性,即选用具有更大峰值转矩的电机。

本实例利用非常简单的数学关系实现了纯电动汽车纵向动力学模型的建立。虽然该模型的建立过程中引入了大量的假设和近似,

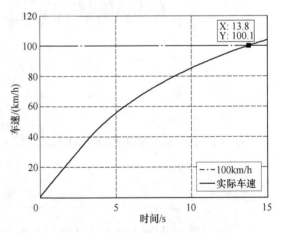

图 12-62 加速测试的仿真结果

但该模型完全胜任纯电动汽车的动力性和经济性的计算,且具有很高的仿真精度。该模型具体的应用可以参考文献 [8]。基于该模型的建模思想,不但可以合理地理解纯电动汽车工作的基本原理,从整车角度理解动力总成、电机的抽象方法,而且可以将发动机类比电机,完成混合动力汽车和传统汽车的纵向动力学建模。

第 13 章
车用电机测试及标准

电机系统的测试及相应的标准是电机系统开发过程中的重要因素。本章重点针对电机的测试，介绍电机测试台架的基本组成、常见的车用电机测试内容及目前国内的车用电机标准。由于电机测试流程及标准的内容较多，本章仅以提纲的形式进行总结，以期为有需求的读者查阅相关标准提供快捷的检索。

13.1 车用电机测试方法

车用电机测试的形式主要可以分为台架测试和实车测试。所谓台架测试，主要是指利用实验室台架，模拟电机工作的工况或环境，测试电机的特性；所谓实车测试，则是将电机安装在实车上进行测试。虽然实车测试更接近电机的实际应用环境，但实车的工况及环境控制都比较困难，难以对电机特性进行全面的测试，同时实车测试的成本也较高，具有一定危险性，所以一般情况下都会对电机进行充分的台架测试后才进行装车。台架测试可以认为是对电机本体及其控制器设计目标的验证，所以制定台架测试的方案和流程同样需要对电机系统及其开发目标具有清晰的理解。本节主要介绍车用电机台架测试的基本方法和内容。

13.1.1 电机测试台架的基本组成

电机测试台架的基本工作原理类似于图 12-53 中的原理，测功机（负载电机系统）模拟传动系统和整车动力学模型，直流电源模拟电池。通过设置测功机不同的负载特性，实现被测电机在不同工况下的运行测试。为了保证电机的测试工况易于控制，电机测试最常见的两种方式为：①设定被测电机为转矩控制而负载进行转速控制；②设定被测电机为转速控制而负载进行转矩控制。当然负载的输出转矩也可以设置为电机转速的函数，向被测电机施加近似于阻力特性的负载。

车用电机测试台架的基本组成如图 13-1 所示。该台架与工业电机测试台架没有本质区别。一般仅认为汽车行驶环境相比工业环境更为恶劣且对可靠性要求更高。电机测试台架的基本组成部分包括：直流电源、被测电机及其控制器、测功机及上位机和台架测控系统。其中，测功机是电机测试台架的核心，用于模拟负载的转矩/转速特性，所以一般也采用交流电机。测功机一般可四象限工作，所以能满足被测电机各工况下工作特性的测试，同时也可

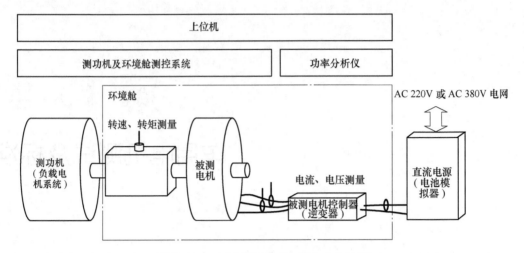

图 13-1 车用电机测试台架的基本组成

以用于被测电机一些参数的测试。在一些低成本的应用场合，测功机也可以用"电机 + 电阻箱"的形式取代。这种情况下台架中的电机负载只能工作在第二象限，用于消耗电能，起到阻尼作用。测功机一般可以设置为转矩模式或转速模式，这两种模式即为前文讨论的两种负载控制模式。测功机和被测电机可以由同一个直流电源供电，也可以分别供电。因为电机具有发电和电动两种模式，一般要求直流电源可以对电网回馈能量。若直流电源采用可编程电源模拟动力电池端电压输出特性，则可称为电池模拟器。电机性能测试的最主要物理量即为电压、电流、转矩和转速，它们表征了电机工作中电功率和机械功率的变化。测试这 4 个独立的物理量并不困难，但对 4 个量进行同时测试时，所有被测量的同步是一大难点，尤其对于交流电压和电流。因为交流电压、电流产生的有功功率不但受二者的幅值影响，而且正比于二者相位差的余弦，所以交流频率越高，测试信号不同步造成的相位误差越大，所计算出来的交流功率的误差就越大。这就是采用不同仪器测试交流电机效率可能会有很大差别的原因。功率分析仪常用于交流电机效率的测试，不同的厂商会有专门的信号同步（或称为相位补偿）算法。上位机和台架测控系统是测试台架必不可少的部分，它需要完成电机和测功机系统的工作状态及环境状态的控制和监测、故障的报警与处理、试验数据的记录等。

13.1.2 车用电机的技术要求及试验方法

我国电动汽车电机标准主要依据 GB/T 18488—2015《电动汽车用驱动电机系统》。该标准分为两部分——第 1 部分：技术条件（GB/T 18488.1—2015）和第 2 部分：试验方法（GB/T 18488.2—2015）。本节将简要概述国标对车用电机提出的技术要求及试验要求。

1. 车用电机的技术要求

对车用电机的技术要求主要分为以下 7 个部分：

1) 一般要求：包括旋转时无定、转子摩擦及异响，电机控制器满足整车要求的通信、故障诊断功能等。

2) 一般性项目：包括外观、外形和安装尺寸、质量、控制器壳体机械强度、液冷系统冷却回路密封性能、电机定子绕组冷态直流电阻、绝缘电阻、耐电压和超速（指电机在热态下应能承受 1.2 倍最高工作转速试验，持续时间为 2min，其机械应不发生有害变形）等。

3）温升：在规定的工作制下，驱动电机的温升应符合 GB/T 755—2019 中 8.10 规定的温升限值。

4）输入输出特性：包括工作电压范围、转矩－转速特性、持续转矩、持续功率、峰值转矩、峰值功率、堵转转矩、最高工作转速、驱动电机系统效率、控制精度、响应时间、电机控制器工作电流和馈电特性等。

5）安全性：包括安全接地检查、电机控制器的保护功能和电机控制器支撑电容放电时间等。

6）环境适应性：包括低温、高温、湿热、振动和盐雾等条件下电机及其控制器的储存和工作特性及防水、防尘和电磁兼容性要求等。

7）可靠性：应满足 GB/T 29307—2022 的规定。

下面对以上技术要求中与本书相关的部分术语进行解释。

持续转矩（Continuous Torque）：规定的最大、长期工作的转矩。

持续功率（Continuous Power）：规定的最大、长期工作的功率。

转速控制精度（Speed Control Accuracy）：转速实际值与转速目标值（期望值）的偏差，或转速实际值与目标值的偏差占目标值的百分比。

转矩控制精度（Torque Control Accuracy）：转矩实际值与转速目标值（期望值）的偏差，或转矩实际值与目标值的偏差占目标值的百分比。

转速响应时间（Respond Time of Speed）：电机控制器从接收到转速指令信息开始至第一次达到规定容差范围的期望值所经过的时间。

转矩响应时间（Respond Time of Torque）：电机控制器从接收到转矩指令信息开始至第一次达到规定容差范围的期望值所经过的时间。

电机系统效率（Motor System Efficiency）：驱动电机系统的输出功率与输入功率的百分比，其中电功率为直流母线侧的直流电功率，机械功率为电机转轴上的机械功率。

电机控制器支撑电容放电时间（Motor Controller Support Capacitor Discharge Duration）：当电机控制器被切断电源后，电机控制器支撑电容（直流母线电容）放电至 60V 所需的时间。

2. 电机及控制器的型号命名

（1）驱动电机的型号命名

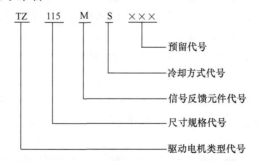

1）驱动电机类型代号一般分为：

KC——开关磁阻电机。
TF——方波控制型永磁同步电机(无刷直流电机)。
TZ——正弦控制型永磁同步电机。
YR——异步电机(绕线转子)。
YS——异步电机(笼型转子)。
ZL——直流电机。

2) 尺寸规格代号一般采用铁心的外径来表示。

3) 信号反馈元件指转子的速度/位置传感器,其代号分为:
M——光电编码器。
X——旋转变压器。
H——霍尔元件。

4) 冷却方式代号分为:
S——水冷方式。
Y——油冷方式。
F——强迫风冷方式。
自然冷却不必标注。

(2) 驱动电机控制器的型号命名

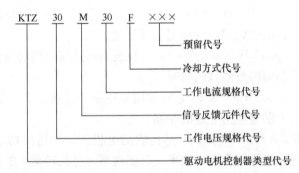

1) 驱动电机控制器类型代号为电机类型前加"K"字母来表示。

2) 工作电压规格代号用驱动电机控制器标称直流电压除以10再取整后的数值来表示,最少以两位数表示,不足两位的,十位用0表示。若采用交流供电,则需将电压值折算至直流值,电压单位为伏特(V)。

3) 信号反馈元件代号同驱动电机的型号中的相应代号。

4) 工作电流规格代号在表示方法上同工作电压规格,工作电流指驱动电机控制器最大工作电流的有效值,单位为安培(A)。

5) 冷却方式代号同驱动电机的型号中的相应代号。

3. 车用电机的试验方法

对应车用电机的技术要求,在 GB/T 18488.2—2015 中规定的电机系统试验主要包括:一般性试验项目、温升试验、输入输出特性试验、安全性试验、环境适应性试验和可靠性试验。

本节选取"输入输出特性试验"中的"转矩-转速特性及效率"试验进行简要介绍。该试验包括以下几部分:

(1) 测试点的选取　测试点即选取用于试验的转速、转矩工况点。这些转速、转矩点（电动或馈电状态下）一般取不少于 10 个，在高速工况下（弱磁状态），转矩点数可适当减少。测试点需要包含必要的特征点（如额定转速/转矩、最高转速、峰值转矩等）。

(2) 测量参数的选择　测量参数主要包括：

1）电机控制器直流母线电压和电流。

2）电机电压、电流、频率和功率。

3）电机转矩、转速和功率。

4）电机、电机控制器及电机系统效率。

(3) 试验方法

1）试验一般采用测功机或具备测功功能的设备作为负载。

2）电机控制器的输入输出功率既可以通过输入或输出电流计算获得，也可以使用功率表直接测量获得（交流电功率测量时应注意交流电压、电流测量信号的不同步会引起功角测量的误差，从而影响功率的计算）。

3）对于需要考虑联轴装置传动效率和试验过程中风摩损耗的情况，需参照标准中的相关方法对试验结果进行修正。

4）试验过程中，应防止被测电机系统过热影响测量的准确性，必要时，转矩-转速曲线可以分段测量。

(4) 效率的测量　在 8.4.1 节中，介绍了在第一象限内电机的效率特性。在电机试验中，一般要求测量电机及其控制器分别在第一和第四象限内的效率特性，因为第一象限为电机驱动状态，第四象限为电机馈电（制动能量回收）状态。这些工况下效率的定义式都为输出功率与输入功率之比，只是不同情况下输出功率与输入功率不同。如在电动状态下，电机系统的效率表示为

$$\eta = \frac{Tn}{9.55UI} \times 100\% \quad (13-1)$$

而在馈电（制动能量回收）状态下，电机的效率则表示为

$$\eta = \frac{UI}{9.55Tn} \times 100\% \quad (13-2)$$

相关内容在 12.4.3 节已经进行了阐述。

(5) 关键特征参数的测量

1）持续功率：指的是驱动电机轴段的持续机械功率，单位为 kW。

2）峰值转矩/功率：一般为驱动电机系统能够持续 1min 或 30s 工作时间的峰值转矩、功率。

3）堵转转矩：锁定电机转子，使电机工作于冷状态下，通过控制器为电机施加所需的堵转转矩，记录堵转转矩和堵转时间。应沿圆周方向等分取 5 个堵转点，改变定、转子相对位置重复堵转试验，并取堵转转矩的最小值为该电机系统的堵转转矩。

4）最高转速：控制器直流母线电压设定为额定电压，并施加不低于产品技术文件规定的负载，电机系统工作稳定后，在此状态下持续工作时间不应少于 3min，并且每 30s 记录一次驱动电机的输出转速和转矩。

5）高效工作区：按照"测试点选取"中的方法，选择效率测试试验点。测试点应分布

均匀且不少于100个,在额定电压下测量并计算测试点的效率。统计高效工作区(电机系统效率不低于80%)测量点数量占总试验测试点数量的百分比,即为高效工作区比例。估计通过试验和计算数据拟合等方式获得电机、电机控制器或电机系统的高效工作区。

6)最高效率:可按照以下两种方式之一选择测试点:①按照制造商或产品技术文件提供的最高效率工作点进行测试;②选择"高效工作区"测试中效率最高值即视为最高效率。

13.2 车用电机标准

13.2.1 标准组织简介

1. IEC

IEC 即国际电工委员会(International Electrical Commission),是由各国电工委员会组成的世界性标准化组织,其目的是促进世界电工电子领域的标准化。国际电工委员会的起源是1904年在美国圣路易召开的一次电气大会上通过一项决议,根据这项决议,1906年 IEC 成立。它是世界上成立最早的一个标准化国际机构。

IEC 的宗旨是通过其成员促进电气化、电子工程领域的标准化和有关方面的国际合作,例如根据标准进行合格评定的工作及电气、电子和相关技术方面的合作等。

2. ISO

ISO 即国际标准化组织(International Organization for Standardization),是一个由国家标准化机构组成的世界范围的联合会。根据该组织章程,每一个国家只能有一个最有代表性的标准化团体作为其成员。

其宗旨是:在世界范围内促进标准化工作的发展,以利于国际物资交流和互助,并扩大知识、科学、技术和经济方面的合作。其主要任务是:制定国际标准,协调世界范围内的标准化工作,与其他国际性组织合作研究有关标准化问题。

3. ANSI

ANSI 即美国国家标准学会(American National Standards Institute),是由公司、政府和其他成员组成的自愿组织。它们协商与标准有关的活动,审议美国国家标准,并努力提高美国在国际标准化组织中的地位。此外,ANSI 使有关通信和网络方面的国际标准和美国标准得到发展。ANSI 是 IEC 和 ISO 的成员之一。

4. CENELEC

CENELEC 即欧洲电工标准化委员会(European Committee for Electrotechnical Standardization),负责电气和电子领域的欧洲标准 EN 的实施与修订。CENELEC 于1976年成立于比利时的布鲁塞尔,由两个早期机构合并而成。它的宗旨是协调欧洲有关国家的标准化机构所颁布的电工标准和消除贸易上的技术障碍。

5. BSI

英国标准学会(Britain Standard Institute,BSI)是在国际上具有较高声誉的非官方机构,于1901年成立,是世界上最早的全国性标准化机构。它不受政府控制,但得到了政府的大力支持。BSI 致力于制定和修订英国标准,并促进其贯彻执行。

6. DIN

德国标准化学会（DIN）是德国最大的具有广泛代表性的公益性标准化民间机构。它成立于1917年，总部设在首都柏林。1917年5月18日，德国工程师协会（VDI）在柏林皇家制造局召开会议，决定成立通用机械制造标准委员会，其任务是制定VDI规则。同年7月，标准委员会建议将各工业协会制定的标准与德国工程师协会标准合并，通称为德国工业标准。

7. SAE

1917年2月，SAE正式定名为美国汽车工程师协会。目前，该协会的标准化工作，除汽车制造业外，还包括飞机、航空系统、航空器、农用拖拉机、运土机械、筑路机械以及其他制造工业用的内燃机等。SAE所制定的标准不仅在美国国内被广泛采用，而且成为国际上许多国家工业部门和政府机构在编制标准时的依据，为国际上许多机动车辆技术团体广泛采用，美国及其他许多国家在制定其汽车技术法规时，也在许多技术内容或环节上常常引用SAE标准，因此SAE标准成为了国际上著名的标准体系。同时，在美国国家标准学会（ANSI）的支持和领导下，SAE代表美国汽车工业界积极参加了国际标准化组织（ISO）道路车辆技术委员会（TC22）的工作。

8. UL

UL是美国保险商试验室（Underwriter Laboratories Inc.）的简写。UL安全试验所是美国相对权威的，也是世界上从事安全试验和鉴定的较大的民间机构。它是一个独立的、非营利的、为公共安全做试验的专业机构。它采用科学的测试方法来研究确定各种材料、装置、产品、设备和建筑等对人员生命财产有无危害和危害的程度；确定、编写、发行相应的标准和有助于减少及防止造成人员生命财产受到损失的资料，同时开展实情调研业务。

9. JISC

日本工业标准调查会（Japanese Industrial Standards Committee，JISC）是根据日本工业标准化法建立的全国性标准化管理机构。它成立于1949年，总部设在东京。1952年9月，日本工业标准调查会代表日本参加了国际标准化组织（ISO），1953年参加了国际电工委员会（IEC）。它制定的日本工业标准（Japanese Industrial Standards，JIS）是日本国家级标准中最重要、最权威的标准。

10. JEVA

1971—1976年间，日本通产省向政府提出了发展新能源汽车的建议，因此创建了日本电动汽车协会（JEVA），专门负责电动汽车标准化的研究与标准的制定。该协会是由汽车、蓄电池、充电器、电机及控制器的制造厂商和其他相关组织组成的。协会下设3个分委会：整车分委会、基础设施分委会和蓄电池分委会。

从20世纪80年代至今，JEVA先后发布了有关新能源汽车的60多项标准（JEVS），从电动汽车术语、整车的各类试验方法与要求，到各种蓄电池、电机等关键零部件和充电系统的技术要求与试验方法，形成了比较完整的纯电动汽车与混合动力汽车标准法规体系。JEVA也在不断完善其标准体系，特别是电动汽车用锂离子蓄电池性能试验方法的制定。

11. SAC

国家标准化管理委员会（Standardization Administration of the People's Republic of China，SAC）的主要职能是负责制定国家标准化事业发展规划；组织国家标准的制定、修订工作，负责国家标准的统一审查、批准、编号和发布。国家标准分为强制性国标（GB）和推荐性国标（GB/T）。强制性国标是保障人体健康、人身、财产安全的标准和法律及行政法规规定强制执行的国家标准；推荐性国标是指生产、检验、使用等方面，通过经济手段或市场调节而自愿采用的国家标准。但推荐性国标一经接受并采用，或各方商定同意纳入经济合同中，就成为各方必须共同遵守的技术依据，具有法律上的约束性。

13.2.2 电动汽车电机系统标准汇总

表13-1列出了国内外典型电动汽车电机系统相关标准，表13-2则列出了电机试验项目标准。

表13-1 典型电动汽车电机系统相关标准

标准组织	标准编号	标准名称
SAC	GB/T 18488.1—2015	电动汽车用驱动电机系统 第1部分：技术条件
	GB/T 18488.2—2015	电动汽车用驱动电机系统 第2部分：试验方法
	GB/T 29307—2022	电动汽车用驱动电机系统可靠性试验方法
	GB/T 36282—2018	电动汽车用驱动电机系统电磁兼容性要求和试验方法
	GB/T 29307—2022	电动汽车用驱动电机系统可靠性试验方法
	GB/T 38090—2019	电动汽车驱动电机用永磁材料技术要求
	GB/T 755—2019	旋转电机 定额和性能
	GB/T 26680—2011	永磁同步发电机 技术条件
	GB/T 41013—2021	电机系统能效评价
	GB/T 34215—2017	电动汽车驱动电机用冷轧无取向电工钢带（片）
	GB/T 17948.1—2018	旋转电机 绝缘结构功能性评定 散绕绕组试验规程 热评定和分级
	GB/T 11026.1—2016	电气绝缘材料 耐热性 第1部分：老化程序和试验结果的评定
	QC/T 1069—2017	电动汽车用永磁同步驱动电机系统
	QC/T 1068—2017	电动汽车用异步驱动电机系统
	QC/T 893—2011	电动汽车用驱动电机系统故障分类及判断
	QC/T 896—2011	电动汽车用驱动电机系统接口
IEC	IEC 60349-1：2010	电力牵引：铁路与道路车辆用旋转电机-第1部分 除电子变流器供电的交流电动机以外的电机
	IEC 60349-2：2010	电力牵引：铁路与道路车辆用旋转电机-第2部分 由电子变流器供电的交流电动机
	IEC 60349-3：2010	电力牵引：铁路与道路车辆用旋转电机-第3部分 用组件损耗总和测定变流器供电交流电动机的总损耗
	EN 1986.1—1996	电驱动道路车辆 能量特性测量方法 第1部分：纯电动车辆
	IEC 60034-18-1：2022	旋转电机 第18-1部分：绝缘系统的功能评估 一般准则
	IEC 60034-18-21：2012	旋转电机 第18-21部分：绝缘系统的功能评估 散绕绕组试验规程 热评定和分级
	IEC 60034-18-31：2012	旋转电机 第18-31部分：绝缘系统的功能评估 成型绕组试验规程 旋转电机中使用的绝缘系统的热评定和分级

（续）

标准组织	标准编号	标准名称
IEC	IEC 60034-18-32：2022	旋转电机 第18-32部分：绝缘系统的功能评估 散绕绕组试验规程 电应力耐受评定
	IEC TS 60034-18-33：2010	旋转电机 第18-33部分：绝缘系统的功能评估 散绕绕组试验规程 热应力和电应力同时施加下的耐受评定
	IEC 60034-18-34：2012	旋转电机 第18-34部分：绝缘系统的功能评估 绕组的测试程序 绝缘系统的热机械应力耐受评定
ISO	ISO 21782-3：2019	电动道路车辆 – 电力推进部件的测试规范 – 第3部分：电机和逆变器的性能测试
	ISO 21782-5：2021	电动道路车辆 – 电力推进部件的测试规范 – 第6部分：电机的运行负载测试
	ISO 21782-6：2019	电动道路车辆 – 电力推进部件的测试规范 – 第6部分：电机和逆变器的运行负载测试
	ISO 21782-1：2023	电动道路车辆 – 电力推进部件的测试规范 – 第1部分：一般测试条件和定义
	ISO 21782-2：2019	电动道路车辆 – 电力推进部件的测试规范 – 第2部分：电机系统的性能测试
SAE	SAE J 2907	车辆驱动电机和电力电子系统功率评定方法
JISC	JIS D1302-2004	电动车辆 – 电机 – 最大功率测量方法
JEVA	JEVS Z 107-1988	电动汽车 电动机及控制器联合试验方法
	JEVS Z 806-1998	电动汽车术语 电机和控制装置
	JEVS E 701-1994	电动汽车 电动机及控制器联合驱动测量
	JEVS E 702-1994	电动汽车 车上使用的等效电机的动力测量（转矩和速度测量）
	JEVS E 901	电动汽车电机和控制器铭牌

表 13-2 电机试验项目标准

项目	GB	IEC	SAE	JIS	JEVS
环境适应性试验	GB/T 18488.2—2015				
绝缘试验	GB/T 18488.2—2015 GB/T 34215—2017 GB/T 17948.1—2018	IEC 69785：1984 IEC 69786：1984 IEC 60349-1：2010 IEC 60349-2：2010 IEC 60034-18-1：2022 IEC 60034-18-21：2012 IEC 60034-18-31：2012 IEC 60034-18-32：2022 IEC 60034-18-33：2010 IEC 60034-18-34：2012			
短路试验		IEC 60349-1：2010			
超速试验		IEC 60349-1：2010 IEC 60349-2：2010			

（续）

项目	GB	IEC	SAE	JIS	JEVS
温升试验	GB/T 18488.2—2015	IEC TR 69785：1984 IEC 69786：1984 IEC 60349-1：2010 IEC 60349-2：2010			JEVS Z 107-1988
性能试验	GB/T 18488.2—2015	IEC 69785：1984 IEC 69786：1984 IEC 60349-1：2010 IEC 60349-2：2010			
功率试验	GB/T 18488.2—2015	IEC 69785：1984 IEC 69786：1984 IEC 60349-3：2010	SAE J 2907	JIS D1302-2004	JEVS Z 107-1988 JEVS E 702-1994
回馈制动	GB/T 18488.2—2015	IEC 69786：1984			JEVS Z 107-1988
电磁兼容性	GB/T 18488.2—2015 GB/T 36282—2018				
可靠性试验	GB/T 29307—2022				

参 考 文 献

[1] WAYGOOG A. Electrical Science for Technicians [M]. London：Routledge, 2015.
[2] SUL S K. Control of electric machine drive systems [M]. New York：John Wiley & Sons, 2011.
[3] LORENZ R D. Self – sensing as an integration focus for motor drives and power devices [C] //2007 International Conference on Electrical Machines and Systems (ICEMS). New York：IEEE, 2007：386 – 391.
[4] GABRIEL R, LEONHARD W, NORDBY C J. Field – Oriented Control of a Standard AC Motor Using Microprocessors [J]. IEEE Transactions on Industry Applications, 1980, IA – 16 (2)：186 – 192.
[5] TAKAHASHI I, NOGUCHI T. A New Quick – Response and High – Efficiency Control Strategy of an Induction Motor [J]. IEEE Transactions on Industry Applications, 1986, IA – 22 (5)：820 – 827.
[6] DEPENBROCK M. Direct self – control (DSC) of inverter – fed induction machine [J]. IEEE Transactions on Power Electronics, 1988, 3 (4)：420 – 429.
[7] ZERAOULIA M, BENBOUZID M E H, DIALLO D. Electric Motor Drive Selection Issues for HEV Propulsion Systems：A Comparative Study [J]. IEEE Transactions on Vehicular Technology, 2006, 55 (6)：1756 – 1764.
[8] YUAN X, LI L, GOU H, et al. Energy and environmental impact of battery electric vehicle range in China [J]. Applied Energy, 2015, 157：75 – 84.
[9] EMADI A. 汽车电力电子装置与电机驱动器手册 [M]. 孙力, 田光宇, 杨正林, 等译. 北京：机械工业出版社, 2014.
[10] CHAU K T, CHAN C C, LIU C. Overview of Permanent – Magnet Brushless Drives for Electric and Hybrid Electric Vehicles [J]. IEEE Transactions on Industrial Electronics, 2008, 55 (6)：2246 – 2257.
[11] CHAPMAN S J. 电机原理及驱动：电机学基础：第5版 [M]. 满永奎, 译. 北京：清华大学出版社, 2013.
[12] UMANS S D. 电机学：第7版 [M]. 刘新正, 苏少平, 高琳, 译. 北京：电子工业出版社, 2014.
[13] 李发海, 朱东起. 电机学 [M]. 北京：科学出版社, 2001.
[14] JAHNS T M. Introduction to Electric Drive Systems：ECE411, Course Note University of Wisconsin Madison [Z]. 2008.
[15] LI Y, ANG K H, CHONG G C Y. PID control system analysis and design [J]. IEEE Control Systems Magazine, 2006, 26 (1)：32 – 41.
[16] YOUNKIN G W, MCGLASSON W D, LORENZ R D. Considerations for low – inertia AC drives in machine tool axis servo applications [J]. IEEE Transactions on Industry Applications, 1991, 27 (2)：262 – 267.
[17] MA Q, RAJAGOPALAN S S V, YURKOVICH S, et al. A high fidelity starter model for engine start simulations [C] //Proceedings of the 2005, 2005 American Control Conference. New York：IEEE, 2005：4423 – 4427.
[18] ROSSI C, TILLI A, TONIELLI A. Robust control of a throttle body for drive by wire operation of automotive engines [J]. IEEE Transactions on Control Systems Technology, 2000, 8 (6)：993 – 1002.
[19] JIAO X, ZHANG J, SHEN T. An adaptive servo control strategy for automotive electronic throttle and experimental validation [J]. IEEE Transactions on Industrial Electronics, 2014, 61 (11)：6275 – 6284.
[20] PAN Y, OZGUNER U, DAGCI O H. Variable – structure control of electronic throttle valve [J]. IEEE

Transactions on industrial electronics, 2008, 55 (11): 3899 - 3907.

[21] DEUR J, PAVKOVIC D, PERIC N, et al. An electronic throttle control strategy including compensation of friction and limp - home effects [J]. IEEE Transactions on Industry Applications, 2004, 40 (3): 821 - 834.

[22] LORENZ R D. Physics - based modeling for computer control: ECE547, Course Note University of Wisconsin Madison [Z]. 2008.

[23] GUZZELLA L, ONDER C. Introduction to modeling and control of internal combustion engine systems [M]. Berlin: Springer Science & Business Media, 2009.

[24] BOSE B K. 现代电力电子学与交流传动 [M]. 王聪, 赵金, 余庆广, 等译. 北京: 机械工业出版社, 2004.

[25] HOLMES D G, LIPO T A. Pulse width modulation for power converters: principles and practice [M]. New York: John Wiley & Sons, 2003.

[26] ERICKSON R W, MAKSIMOVIC D. Fundamentals of power electronics [M]. Berlin: Springer Science & Business Media, 2007.

[27] RASHID M H. 电力电子技术手册 [M]. 杨德刚, 于歆杰, 梁自泽, 等译. 北京: 机械工业出版社, 2004.

[28] VENKATARAMANAN G. Power Electronic Circuits: ECE412, Course Note University of Wisconsin Madison [Z]. 2008..

[29] YUAN X, BROWN I, LORENZ R D, et al. Observer - based inverter disturbance compensation [C] //2009 IEEE Energy Conversion Congress and Exposition. New York: IEEE, 2009: 2520 - 2527.

[30] BASTOS J P A, SADOWSKI N. Electromagnetic modeling by finite element methods [M]. Boca Raton: CRC Press, 2003.

[31] WIAK S, DEMS M. KOMEZA K. Recent Developments of Electrical Drives [M]. Berlin: Springer Science & Business Media, 2006.

[32] GIERAS J F, WING M. Permanent Magnet Motor Technology [M]. New York: Marcel Dekker, 2002.

[33] 高景德, 王祥珩, 李发海. 交流电机及其系统的分析 [M]. 2版. 北京: 清华大学出版社, 2005.

[34] SONG S H, CHOI J W, SUL S K. Current measurements in digitally controlled AC drives [J]. IEEE Industry Applications Magazine, 2000, 6 (4): 51 - 62.

[35] CHUNG D W, SUL S K. Analysis and compensation of current measurement error in vector - controlled AC motor drives [J]. IEEE Transactions on Industry Applications, 1998, 34 (2): 340 - 345.

[36] LORENZ R D, VAN PATTEN K W. High - resolution velocity estimation for all - digital, ac servo drives [J]. IEEE Transactions on Industry Applications, 1991, 27 (4): 701 - 705.

[37] CORLEY M J, LORENZ R D. Rotor position and velocity estimation for a salient - pole permanent magnet synchronous machine at standstill and high speeds [J]. IEEE Transactions on Industry Applications, 1998, 34 (4): 784 - 789.

[38] HARKE M C, GUERRERO J M, DEGNER M W, et al. Current measurement gain tuning using high - frequency signal injection [J]. IEEE Transactions on Industry Applications, 2008, 44 (5): 1578 - 1586.

[39] CAPPONI F G, DE DONATO G, DEL FERRARO L, et al. AC brushless drive with low - resolution Hall - effect sensors for surface - mounted PM machines [J]. IEEE Transactions on Industry Applications, 2006, 42 (2): 526 - 535.

[40] BRIZ F, DEGNER M W, LORENZ R D. Analysis and design of current regulators using complex vectors [J]. IEEE Transactions on Industry Applications, 2000, 36 (3): 817 - 825.

[41] KIM H, LORENZ R D. Synchronous frame PI current regulators in a virtually translated system [C] //Conference Record of the 2004 IEEE Industry Applications Conference, 39th IAS Annual Meeting. New York: IEEE, 2004: 856 - 863.

[42] MORIMOTO S, SANADA M, TAKEDA Y. Wide-speed operation of interior permanent magnet synchronous motors with high-performance current regulator [J]. IEEE Transactions on Industry Applications, 1994, 30 (4): 920-926.

[43] INOUE T, INOUE Y, MORIMOTO S, et al. Mathematical model for MTPA control of permanent-magnet synchronous motor in stator flux linkage synchronous frame [J]. IEEE Transactions on Industry Applications, 2015, 51 (5): 3620-3628.

[44] KIM H, HARTWIG J, LORENZ R D. Using on-line parameter estimation to improve efficiency of IPM machine drives [C] //2002 IEEE 33rd Annual IEEE Power Electronics Specialists Conference. Proceedings (Cat. No. 02CH37289). New York: IEEE, 2002: 815-820.

[45] CONSOLI A, SCELBA G, SCARCELLA G, et al. An effective energy-saving scalar control for industrial IPMSM drives [J]. IEEE Transactions on Industrial Electronics, 2012, 60 (9): 3658-3669.

[46] HU D, ZHU L, XU L. Maximum Torque per Volt operation and stability improvement of PMSM in deep flux-weakening Region [C] //2012 IEEE energy conversion congress and exposition (ECCE). New York: IEEE, 2012: 1233-1237.

[47] LIN P Y, LEE W T, CHEN S W, et al. Infinite speed drives control with MTPA and MTPV for interior permanent magnet synchronous motor [C] //IECON 2014 40th Annual Conference of the IEEE Industrial Electronics Society. New York: IEEE, 2014: 668-674.

[48] FUKUSHIGE T, LIMSUWAN N, KATO T, et al. Efficiency contours and loss minimization over a driving cycle of a variable flux-intensifying machine [J]. IEEE Transactions on Industry Applications, 2015, 51 (4): 2984-2989.

[49] YU C, TAMURA J, REIGOSA D D, et al. Position self-sensing evaluation of a FI-IPMSM based on high-frequency signal injection methods [J]. IEEE Transactions on Industry Applications, 2013, 49 (2): 880-888.

[50] NOVOTNY D W, LIPO T A. Vector control and dynamics of AC drives [M]. Oxford: Oxford University Press, 1996.

[51] 陆海峰, 瞿文龙, 张磊, 等. 基于调制函数的SVPWM算法 [J]. 电工技术学报, 2008 (2): 37-43.

[52] 程小猛, 陆海峰, 瞿文龙, 等. 用于逆变器死区补偿的空间矢量脉宽调制策略 [J]. 清华大学学报 (自然科学版), 2008 (7): 1077-1080.

[53] 程小猛, 陆海峰, 瞿文龙, 等. 一种减小SVPWM线性调制区损失的方法 [J]. 清华大学学报 (自然科学版), 2009 (11): 1861-1865.

[54] 李永东. 交流电机数字控制系统 [M]. 北京: 机械工业出版社, 2002.

[55] EBERT C, FAVARO J. Automotive software [J]. IEEE Software, 2017, 34 (3): 33-39.

[56] SCHAUFFELE J, ZURAWKA T. 汽车软件工程: 原理·过程·方法·工具 [M]. 张聚, 译. 北京: 电子工业出版社, 2008.

[57] PENG F Z. Z-source inverter [J]. IEEE Transactions on Industry Applications, 2003, 39 (2): 504-510.

[58] XIA J, SUN W, YIN Y. et al. FPGA based direct measurement of PWM voltage and inverter disturbance [C] //2016 19th International Conference on Electrical Machines and Systems (ICEMS). New York: IEEE, 2016: 1-4.

[59] 袁新枚, 鲍波, 苏建华. 交流电机电压源逆变器干扰特性自学习方法: CN113258845A [P]. 2021-08-13.

[60] LORENZ R D. Self-sensing as an integration focus for motor drives and power devices [C] //2007 International Conference on Electrical Machines and Systems (ICEMS). New York: IEEE, 2007: 386-391.

[61] 李麟, 李君, 庞博, 等. 基于观测器的逆变器特性自学习与补偿控制 [J]. 吉林大学学报 (工学版), 2022, 52 (7): 1534-1540.